古田武彦
古代史コレクション
19

古田武彦 著

古代は輝いていた I

『風土記』にいた卑弥呼

ミネルヴァ書房

刊行のことば

いま、なぜ古田武彦なのか――

古田武彦の古代史探究への歩みは、論文「邪馬壹国」(『史学雑誌』七八巻九号、一九六九年)から始まった。その後の『「邪馬台国」はなかった』(一九七一年)『失われた九州王朝』(一九七三年)『盗まれた神話』(一九七五年)の初期三部作と併せ、当時の「邪馬台国論争」に大きな一石を投じた。「邪馬台国」という言葉を聞いてきた人よ。この本を読んだあとは、「邪馬一国」と書いてほしい。しゃべってほしい。……〉(『「邪馬台国」はなかった』文庫版によせて)という言葉が象徴するように、氏の理論の眼目「邪馬一国論」はそれまでの定説を根底からくつがえすものであった。

しかも、女王の都するところ「博多湾岸と周辺部」という、近畿説・九州説いずれの立場にもなかった所在地は、学界のみならず、一般の多くの古代史ファンにも新鮮な驚きと強烈な衝撃を与えたのである。

こうして古田説の登場によって、それまでの邪馬台国論争は、新たな段階に入ったかに思われた。古田説とは、(1)従来の古代史学の方法論のあやうさへの問い、(2)定説をめぐるタブーへのあくなき挑戦、(3)真実に対する真摯な取り組み、(4)大胆な仮説とその論証の手堅さ、を中核とし、我田引水と牽強付会に終始する従来の学説と無縁であることは、今日まで続々と発表されてきた諸著作をひもとけば明らかであろう。古田氏によって、邪馬台国「論争」は乗り越えられたのである。しかし、氏の提起する根元的な問いかけの数々に、学界はまともに応えてきたとはいいがたい。

われわれは、改めて問う。古田氏を抜きにして、論争は成立しうるのか。今までの、古田説があたかも存在しないかのような学界のあり方や論争の進め方は、科学としての古代史を標榜する限り公正ではなかろう。

ここにわれわれは、古田史学のこれまでの諸成果を「古田武彦・古代史コレクション」として順次復刊刊行し、大方の読者にその正否をゆだねたいと思う。そして名実ともに大いなる「論争」が起こりきたらんことを切望する次第である。

二〇一〇年一月

ミネルヴァ書房

はしがき――復刊にあたって

一

「虚偽の日本」を捨て、「真実の日本」を描き出す。――この一事が今回の『古代は輝いていた』（全三巻）執筆の目的だった。その真実の淵源としての古代史論である。正しい歴史をさかのぼらなければ、現代の日本に対する正当な歴史認識など、ありえないからである。

昭和五十九年（一九八四）に成立した本書を読み返してみると、現在（平成二十五年、二〇一三）に至る、わたしの探究の道筋がクッキリとここに「定置」されていたことに驚く。三十年の軌跡は、運命のようにわたしを導いてきていたのである。

たとえば、『俾弥呼』（二〇一一）、三国志の魏志倭人伝では「卑弥呼」、しかし彼女が中国（魏朝）に送った「国書（上表文）」では「俾弥呼」と書かれていた。「自署名」である。同じく「邪馬壹国」、わたしの倭人伝研究の原点だった。それはまさに彼女の「国書」の「自署名」のための「自国名」だったのである。〝祖先を祭る〟ための「太陽信仰に基づく国」をしめす国名、三国志の著者、陳寿はこの倭国の国名を知り、中国の周・漢・魏に失われた「死者に対する礼」を保存し、今（三世紀）に伝えるもの、と讃美していたのである。わたしが昨年の九月に公刊した自伝『真実に悔いなし』に詳述した通りだ。

だが、その一見〝意外な到着点〟は、実はこの三冊のしめしたところ、その向かうべき必然の帰結だったのである。

従来の「日本の歴史」は、ちがっていた。あるいは「万世一系」、あるいは「その象徴」と称し、「近畿天皇家一元」の虚偽の歴史を「公の歴史」と称してきた。教科書も、テレビ・ラジオ、新聞等の巨大メディアもそろって「虚偽」と〝知り〟つつ、あたかもそれを「真実」のごとく〝虚示〟してきた。「偽装」の二文字こそ、明治以降の日本国家の根本方針だったのである。

二

今回の三冊を通読すれば、人々は不思議に思うであろう。たとえば、「倭の五王」。「讃・珍・済・興・武」いずれも彼等の「自署名」だ。ことに「倭王、武」。彼の「国書（上表文）」が堂々と掲載されている。中でも当然「武」とは、彼の「自署名」の記録だ。だが、古事記にも、日本書紀にも、彼に当てられている「雄略天皇」の項にも、その前後にも、一切この「自署名」がない。姿を見せないのである。それなのに、なぜ「雄略天皇＝武」なのか。この百三十年もの間、「公教育」において、右の「偽装」が疑われなかったのか。疑わずに、ただ「覚えて」きたのか、後代の読者は、それこそ一大疑問とするであろう。

三

まして、「多利思北孤（たりしほこ）」。「雞弥（きみ）」という妻をもつ男性である。有名な「日出ず（づ）る処の天子、書を日没する処の天子に致す、恙（つつが）なきや。」の「名文句」を、女性の推古天皇に当ててかえりみない。男性の聖徳太子は「摂政」にとどまり、「天子」になったことはない。その「聖徳太子」を「公教育」の記述から〝消して〟みたところで、「近畿天皇家以外」に、「日出ずる処の天子」を称する人物が存在したこと自身、その「同時代史料」から〝消す〟わけにはいかない。前ページの「名文句」の書かれた『隋書』は、当時（七世紀前半）の隋・唐朝の歴史官僚だった魏徴が、俀《たい》国の多利思北孤から送られてきた「国書」を見ながら書いたものだ。しかも、隋朝から俀国へ送られた使者たちは、当の多利思北孤に会って会話を交わしている。

これほどの、確実な第一史料を「無視（シカト）」する「日本の歴史」など、およそ「歴史学」ではない。一片の「小説」に過ぎないのではあるまいか。否、「小説」でも、「ノンフィクション」の〝事実を重んずる〟作品が次々と出はじめている。それが現在だ。

四

ハイライトは、今年上梓された「張莉論文」である。

「『倭』『倭人』について」（『立命館白川靜記念東洋文字文化研究所紀要』第七号、二〇一三年七月発行）は、日本側の「学会」が〝知って、知らぬ顔をして〟あえて「触れず」にきた、わたしの九州王朝論に対して、悪びれず、くりかえし引文した上で、これに対する「賛意」を正面から述べたものだ。

「中国人の私より見れば、『邪馬壹國』の卑弥呼から『俀國』の多利思北孤を一系統とする『倭國』と神武天皇から推古天皇を経て天智天皇・天武天皇と続く近畿大和勢力の『日本』が、どうしても同じ系統とは思われない。」（五〇ページ上段）

この一文に対して私の学説をあたかも「なかった」かのようにふれずにきた、日本の学会所属の学者、テレビ・ラジオ、大新聞などの巨大メディアの「日本人」は恥ずかしくないのであろうか。「心からのおわび」をもすることなく、「偽装の日本史」をもって、幼い、若い、そして一般の日本人を〝だましつづけてきた〟こと、この一事を恥じる一片の良心すら持ち合わせていないのであろうか。

この三冊の本の第一巻（昭和五十九年、一九八四刊）の末尾には、張明澄氏の「寿考論」に対する、わたしの反論が掲載されている。同じ張氏ながら、今回の抜群の張莉論文の出現を見た今年まで、三十年の年月は決して「無駄」に過ぎたのではなかったようである。

平成二十六年一月二十日

古田武彦

はじめに

歴史は、思いがけぬとき、転換の扉を開く。今年の夏、わたしはこのことを痛感した。そのとき、すでに本書を脱稿していた。この三巻で一貫してわたしの説いたところ、それは次の一点だった。〝日本の古代を見る従来の目、それは根本からあやまっている〟。

一に、戦前の皇国史観。そのあやまりはいうまでもあるまい。日本の天皇を世界の絶対的中心と見なした。そして熱狂的に日本の古代を神聖化し、神秘化したのだった。

二に、戦後史学。戦前に生れた津田左右吉の史学、その「造作」史観を根本とした。『古事記』『日本書紀』の神話や説話など、それらはほとんど後代の「造作」、つまり作り物だというのである。六世紀以降の近畿天皇家の史官が机上ででっち上げた物だという主張である。これが定説とされた。

ところが、奇妙なことがある。一見正反対に見える、戦前史学と戦後史学、その両者は実は共通の土俵に立っていた。それは「天皇家中心の一元史観」――これだ。

戦前はいわずもがな。それを否定したはずの戦後史学もまた、この点については同じだった。否、いっそうひどくなったといってもいい。なぜなら、戦前は記紀を金科玉条とした。だから、記紀の記事にないことを、やみくもに天皇家の史実とは見なしにくかった。少なくとも、遠慮があった。ところが、戦後史学は、記紀の記載を「造作」とした。すると、そこにあろうがなかろうが、遠慮なく天皇家中心、近畿中心の解釈が徹底化され、横行することとなった。考古学上の出土物も、いつもその目から解釈されてきた。

そのような戦前・戦後の一元史観を否定する。ここに本書の骨格をなすわたしの史観がある。多元史観だ。出雲王朝・九州王朝・銅鐸王朝・また関東王朝（さらに北海道・東北や沖縄も）など、天皇家に先立つ、または並立した政治・文明圏が、この日本列島に存在していた。天皇家はそれらの中から生《お》い出でた（九州からの）分流王朝にすぎなかったのだ。いいかえれば、〝ワン・ノブ・ゼム〟（権力者の中の一つ）だったのである。

わたしは右のような立場に立った。そしてこの道理に立つとき、はじめて中国や朝鮮半島の文献も、縄文文明も、また記紀や『万葉集』まで、的確に真実《リアル》に分析ができたのである。この多元史観という、人間の理性にとって平明な仮説に立つとき、今までの一元史観では解けなかった数多くの矛盾や謎、それらが次々と解けほどけてきた。それはわたし自身の目にも驚異だった。そのような探究の過程と歴史の大きな流れゆきをしめしたもの、それが本書である。

そしてこの夏、果然、出雲から大量の中細剣が出土した（本巻二六五ページ参照）。この出土は、わたしが本書でのべた神話分析、また古代探究の方法論があやまっていなかったことを、実物をもって裏づけてくれた。いわゆる「出雲王朝」の存在だ。

今わたしは万人の面前に三巻の本書をおき、誇りある真実の古代日本列島への証言としたい。

わたしは、知己の思わざるすすめをうけ、本年四月以来、東都の大学で教鞭をとることとなった。だが、その講義の最初の日にのべたように、わたしは真実を知ろうとする者、ささやかな永遠の素人だ。だから死に至るまでそのような者として、わたしの探究の道をひとり歩み尽くしたいと思う。

一九八四年十一月

古代は輝いていたI——『風土記』にいた卑弥呼

目次

目　次

＊本書は『「風土記」にいた卑弥呼――古代は輝いていたＩ』（朝日文庫、一九八八年）を底本とし、「はしがき」と「日本の生きた歴史（十九）」を新たに加えたものである。なお、本文中に出てくる参照ページには適宜修正を加えた。

第一部　日本古代史の夜明け

第一章　日本人の始源

文献にみる倭人の初源

日本人が文献の上にはじめて姿を現わしたとき、それはいつか。

戦前では、もちろん『古事記』『日本書紀』の神代の巻があげられていた。これに対し、戦後の古代史では、お隣の中国の史書『漢書』の一節をあげる。それが慣例だった。

楽浪海中、倭人有り、分れて百余国を為す。歳時を以て来献す、と云う。（地理志、燕地）

〝これは前漢の武帝（前一四一～八七）の頃、つまり紀元前二～一世紀前後の話だ。日本列島では、ときは弥生時代、その頃倭人がようやく「国」を形造り、中国の楽浪郡（今の平壌あたり）に使者を送ってくるようになった〟――大略、このように解説せられてきた。それは本当だろうか。

わたしがこれに疑問をいだいたのは、他でもない。同じ漢代の書『論衡《ろんこう》』の次の一文に注目したからである。

(1)周の時、天下太平、越裳白雉《えっしょうはくち》を献じ、倭人鬯艸《ちょうそう》を貢す。（巻八）

(2)成王の時、越常《えっしょう》、雉を献じ、倭人暢草《ちょうそう》を貢す。（巻十九）

越裳あるいは越常は、今のベトナムの領域に住した種族を指す。これと並んで、倭人が出現している。

しかも、時は周代。それも第二代の天子、成王（前一一一五〜一〇七九）のときだという。紀元前十一世紀のことだ。弥生時代（前三〜後三世紀頃）どころか、縄文時代後期末、ないし晩期初頭のこととなろう。

〝こんなもの、信用できない〟。従来、こうきめつけられて、頭からソッポを向かれていた。〝縄文時代なんかに〟、そういう判断だ。

しかし、わたしは思う。縄文時代などと、ひと口に気安くいうけれど、わたしたちはこの壮大な歴史的全時間の実態を本当に知っているのだろうか。すでに安定した知識、それをわたしたちは十分に獲得しているのだろうか。

第一、縄文時代とは、一体どれくらいの長さか。論者によって、必ずしも一定してはいないけれど、わが日本列島最初の土器群、それは世界でもトップレベルの、壮麗な土器文明の開始であった。それが一万二千年ないし一万二千五百年前。だから縄文末（前三世紀頃）までは、約一万年前後の期間ということになる。少なく見つもる論者でも、数千年間存続したことに、異議はない。厖大《ぼうだい》な時間帯だ。これに比べれば、弥生期の約六百年、古墳期（四世紀〜六世紀前後）の約三百年など、物の数ではない。それ以後の歴史時代さえ、せいぜい千四百年前後なのだから、縄文とは、比較するのもおこがましい短期間にすぎないのである。

あの三世紀の邪馬一国（従来の「邪馬台国」）すら、甲論乙駁がかまびすしいというのに、それよりずっと前の一万年間ものことは、もう分っている、そんな言い草をする人があれば、その人の顔が見たい。そういったら果して不遜《ふそん》だろうか。やはり広大な未知の縄文の海辺に、この時間帯の中の知識をこれからひとつひとつ、すくい上げてみる。そして本当に確実な真理の砂金を、人間の知識の宝庫にしまいこむ。これは歴史という名の真実を探究する旅人のもつべき、最低限のエチケットではないだろうか。

わたしのいいたいのはこうだ。〝もう、縄文のことは分っている〟といった顔をして、〝その、わたしの学識からすれば、こんな『論衡』の記事など、ウソにきまっている〟。こういって、一笑に付してきた態度、それは一見学者風でありながら、その実、決して真実の探究者にふさわしくはなかったのではないか。そういうことだ。

たとえば、岩波文庫の『魏志倭人伝・後漢書倭伝・宋書倭国伝・隋書倭国伝』（和田清・石原道博編訳）の解説には、右の『論衡』の文などをあげ、

「これらを周代の倭人にかんする知見とはかんがえられぬから、まず西暦紀元前後に、中国人の倭にかんするほぼたしかな記事があらわれたとみるべきであろう」

といっている。このような理解が、戦後史学の通説となっていた。

事実、わたし自身もながらくそれを常識としていたのだけれど、それでも脳裏に一片の疑いがあった。そこであの『論衡』の記事の身元を確かめるために、京大の人文科学研究所の図書室を訪れた。ここは世界でも屈指の、漢籍を蔵するところ、わたしにとって、文字通り知識の宝庫であった。

各種の版本を手にして、目をこらしてゆくうち、わたしは緊張した。その文脈は、およそわたしの常識的予想を裏切っていたからである。

「多くの学者が、史実として認めずにきた記事だ。どうせ、異伝・浮説のたぐい、あるいは荒唐無稽な珍説のたぐいとして書かれているのだろう」。これが、わたしの中の予想だった。ただ、それにしても、一応、この本全体の中の位置づけを確認しておくのがすじ。そう思って、いわば年来の疑問に駄目押しする、そういった感じの、この日の書見だったのである。

ところが、ちがった。珍説・浮説どころか、『論衡』の著者、王充にとって、これはむしろ、疑うべ

くもない、基本の歴史知識、そういった形で書かれていたのである。

白雉を食し、鬯草を服するも、凶を除く能《あた》わず。（巻八）

王充の主張は次のようだった。

〝周王朝の天子は、越裳の貢献した白雉を食べ、倭人の貢献した鬯草を服用していた。いずれも、縁起物として、王朝永続の吉運を願ったのである。ところが、その周王朝はどうなったか。諸君（漢代の読者）の知る通り、秦の始皇帝によって最後の命脈を断たれてしまったではないか。すなわち、あのような迷信は根拠がなかった。「凶を除き、吉を招き」王朝万世の繁栄をもたらすような、そんな不可思議の霊験は存在しなかったのである〟と。

これは漢代の合理主義である。王充はその立場から、周王朝の迷妄を痛打しているのだ。

中国における思想的系譜としては、有名な孔子の言葉がある。

子は怪力乱神を語らず。

子曰く、未だ人に事《つか》うる能わず、焉《いずく》んぞ能《よ》く鬼に事えん。

これは、いわば、春秋期の知識人の合理主義だ。人間重視の言葉として、今も光を失っていない名言だけれど、さすがに孔子の場合、周王朝批判論にまでは、鋒先《ほこさき》は及んでいない。あるいは、孔子の思想の時代的制約と言いうるかもしれぬ。

王充は、これを突破した。孔子の合理主義を徹底させ、孔子自身のなしえなかったところ、周王朝自身の朝廷内の慣行を批判し、これを嘲笑したのである。彼はさらに進んで、天子の座のシンボルともいうべき鼎《かなえ》をめぐる迷信まで、仮借なく、追及している。

さて、今の問題。それは「倭人の鬯草貢献」の件についての、王充の扱い方だ。それは決して珍説・

浮説の類として紹介されているのではない。逆だ。漢代の知識人にとっての安定した歴史知識、そういった形で扱われている。第一、そうでなければ、周王朝の迷妄を排撃する、この苛烈な批判のその証拠といった形で論ずることなどできはしない。また、読者が納得するはずもないであろう。

その上、周代（および春秋戦国期）は（短い秦代をはさんで）王充の生きていた漢代から見て、直前といってもいい時代だ。その頃に伝えられていた周代の歴史は、漢代にも前代の知識として、まだ十分に生きている可能性があろう。

こう考えてみると、この件を珍説・浮説の類として、わたしたち後代人が一蹴する、そのような挙がいかに危険であるかがわかるであろう。ただ、未知の、不分明な縄文に関する既成の観念によって。

――しかしそれが、従来の論者の姿勢だった。

〝「倭人の鬯草貢献」記事は、珍説・浮説とは断ぜられない〟。わたしははじめてこの認識に到着した。そのあと、さらに進一歩することとなった。それは、王充に関する、次の伝記的史料にふれたときだった。

班固、年十三。王充、之を見、其の背を拊《ふ》して彪《ひょう》に謂《い》って曰く、「此の児、必ず漢事を記さん」と。

（呉の謝承の『後漢書』）

王充は後漢の光武帝の建武三年（二七）の生れ。あの『漢書』の著者、班固は建武八年の生れだから、五つ年長だった。共に光武帝の創始した「太学」に学び、二人は相会うたという。王充は揚子江下流の会稽上虞の生れ。班固は黄河中流域の扶風安陵の生れ。出身地こそちがえ、王充は年下の班固の俊秀さを愛していたようである。それをしめすのが、右の逸話だ。

〝彼の勉強ぶりから見ると、彼はきっと朝廷（漢王朝）の記録官になれますよ〟。そのように、父親の班彪に語った、というのである。何も、大それた話ではない。大変ありそうな、ほほえましい挿話だ（この点、東晋の葛洪の『抱朴子』となると、「此の児、必ず天下の知名と為らん」と書かれ、誇大化のあとが見られる）。

この挿話によって知られる大切なこと、それは次の一点だ。『論衡』と『漢書』との読者は同一である。つまり後漢朝初頭、一世紀中葉、洛陽を中心とするインテリたちなのである。

このことは直ちに次の問題を解決しよう。〝『論衡』の「倭人」とは何者か〟。それは当然『漢書』にいう、

楽浪海中に倭人有り。……

という「倭人」と同一の倭人だ。この帰結である。

こんなことにふれるのは、他でもない。この『論衡』の倭人について、「これは、日本列島の倭人ではない。江南にいた種族であろう」という、ユニークな論者がいたからである（井上秀雄・江上波夫氏等）。

その立論は、問題の鬯草を鬱《うっ》金草のことと見なす一説に従った上で、この草の特産地とされる、鬱林郡近くにいたのが、ここにいう倭人、そう見なすのだ。

だが、「鬯草＝鬱金草」というのは、一説にすぎず、この草の正体は不明だ。したがって右の論定の基本は、案外に脆弱だったのである。

問題は、一世紀の洛陽の読者（知識階層）の目だ。ここに重要な論証の石がある。それは日本の読者周知の、志賀島の金石文だ。

（建武中元二年＝五七、春正月）東夷の倭奴国主、使を遣わして奉献す。（『後漢書』光武帝紀下）

建武中元二年、倭奴国、奉貢朝賀す。……光武、賜うに印綬を以てす。（『後漢書』倭伝）

ここに「朝賀」といっている。〝朝廷の儀礼に参加して礼を尽くす〟ことだ。つまり洛陽なる天子の宮殿のもとに参じ、天子への貢献物を奉じているのである。〝楽浪郡に到って貢献した〟というようなケースでは、朝賀とはいわない。志賀島の金印の授与は、洛陽なる、後漢の光武帝の宮殿の儀場で、衆人の面前で行われたのである。

周辺の夷蛮側にとって、たしかに金印授与は名誉なことであったであろう。だが、同時に光武帝の側にとってもまた、このように遠方の夷蛮たる倭人が、礼を尽くしてきたこと、それを朝野（漢王朝の臣下と領民）の前にP・Rすることが、大きな利益と考えられたこと、それを疑うことはできぬ。したがって一世紀中葉の、後漢代のインテリたちにとって、「倭人」といえば、〝天子から金印を与えられた、あの倭人〟。そういうイメージだったはずである。

王充も、班固も「太学」に学んだ。この金印授与の盛儀には、あるいは直接に参加し、あるいは間接に、〝最近のニュース〟として、これを聞いたことであろう。この点も疑うことができぬ。そしてこの盛儀に参加した、洛陽朝野の人々こそ、『論衡』の、そして『漢書』の読者だったはずなのである。

してみると、王充が、

周の時、天下太平……倭人鬯艸を貢す。

と書き、班固が、

楽浪海中、倭人有り。

と書いたとき、当時の後漢の読者は、いずれも、〝ああ、光武帝から金印を授与された、あの倭人だな〟、そう受け取ったはずなのである。そして王充も、班固も、そう受け取られることを、百も承知の上で、書いた。こう解するほかはない。もし、そう受け取られたくない、と思ったとしたら、簡単だ。たとえば「江南の倭人」といった書き方をすれば、それですむことなのであるから。以上のように考えてくると、やはり、江南倭人説は無理だったようである。

〝『漢書』の倭人も『論衡』の倭人も、志賀島の倭人だった〟。わたしはこのような認識をえた。しかし、問題はここにとどまらない。

『漢書』の有名な記事は、果して漢代の記事なのだろうか。もう一度この文章を見つめ直してみよう。

楽浪海中、倭人有り。

ここに「楽浪海中」とある。楽浪郡とは、もちろん漢の四郡の一つだ。前漢の武帝のときとされる。したがって〝これ以下の記事は、漢代の記事〟。そのように思いこみやすい。けれども、問題は文尾だ。

歳時を以て来献す、と云う。

この「と云う」という結び。これは一体、何を意味するものだろうか。果して班固は漢代の記事を書くのに、こういった文形を使っているだろうか。

(高祖十年＝前一九七、冬十月)淮南王……長沙王、来朝す。(高祖紀下)

(武帝、元狩二年＝前一二一、夏)南越、馴象・能言鳥を献ず。(武帝紀)

いずれも、「と云う」はない。当然だ。もし、漢代の記事に「と云う」を付するとすれば、『漢書』の大部分は、漢代の記事だから、全文「と云う」だらけとなってしまう。むろん、『漢書』をめくってみれば一目瞭然のように、そんな気配はない。この一点に注意すれば、先の燕地倭人項の周知の一文を

「漢代の記事」と断定することは、到底できなかったはずなのである。

では、いつのことか。この点、実は解決困難なことではない。なぜなら、この一文に到る、直前の文面を見れば、班固の意図は明白だからである。

(イ)貴む可き哉《かな》、仁賢の化や。然して東夷の天性柔順、三方の外に異る。

(ロ)故に孔子、道の行われざるを悼《いた》み、設《も》し海に浮《う》かばば、九夷に居らんと欲す。以《ゆえ》有る也夫《(か)》。

班固は、周初、箕子（後述）が朝鮮半島にあって、周辺の夷蛮に対して、周の天子への礼などを教えたことをのべたのち、右のようにのべているのである。その趣旨は、

〝東夷は、他の三方（西戎・南蛮・北狄）とはちがい、天性柔順であり、中国の天子に対して礼を守っている。だからこそ、あの孔子が、当時の中国本土内で中国（周）の天子に対する礼を失っているのを遺憾に思い、いっそ桴《いかだ》に乗って九夷（東夷のこと）の世界へ行こうか、と言ったのは、一体その根拠があるのだろうか〟

このように問い、それに対する回答、それが、わたしたち周知の倭人の記事だったのである。つまり、

〝孔子がそう言ったのも、もっともだ。なぜなら、楽浪郡の海中には（昔から）倭人がいて、歳時（きまった周期）によって貢献してきている、といわれているからである〟と。

そういう回答だった。

では、その「昔」とはいつか。当然、周代、それも「孔子以前から」でなければならぬ。つまり周代の前半期だ。それでなければ、孔子の発言に対する回答にはならないのである。

ここに至って、人は知るであろう。班固がここでいっているのは、あの、「太学」の先輩、王充がいっていることと、同一事件だったのだ。そう、あの、

周の時、天下太平、……倭人鬯艸を貢す。

このことをいっていたのである。

このように解析してみると、先にあげた岩波文庫の解説のように、〝『論衡』は周代、つまり日本の縄文期のことだから信用できぬ。これに対し、『漢書』は、漢代、つまり弥生期のことだから信用できる〟といった理解が、厳密な史料批判上、とんでもない誤解であったことが明らかとなろう。

縄文期の日本列島

「史料の分析からは、その通りかもしれぬ。しかし、史実がそうだったかどうか、疑わしい」

そのようにいう人もあるかもしれぬ。わたしもそうだった。史料そのものの解析からは「倭人の周代貢献」の事実を疑うことはむずかしい。しかし、縄文後期末という時代に、倭人がすでにそのような「貢献」という名の政治行為をしていたとは。本当に信じることができるか。そう自問すると、こわかった。自己の史料分析の帰結、それを自分が肯定するのが、こわかったのである。たった一人、孤独の中で探究の原野を歩む。いつ足下にポッカリと大きな落し穴があって落下するかもしれぬ。否、すでにとんでもない迷路をさまようているのかもしれぬ。そのような恐怖がわたしを襲うていた。

一九七八年、わたしが『邪馬一国への道標』（講談社刊、のち角川文庫所収）ではじめてこの問題をいったん書き切ったとき、状況はそのようだった。

けれども、その後、重要な、考古学上の発見が相ついだのである。

その第一は、一九七七年十月に報ぜられた。長野県の諏訪・阿久遺跡だ。中央自動車道建設の調査で発見された。したがって実在する遺跡の一部分にすぎぬにもかかわらず、その住居跡の密集度は驚異的だった。文字通り、一面に軒を接してつづいていた感じなのである。それだけではない。柱穴とおぼし

長野県の諏訪・阿久遺跡

きものをもつ住居跡がその中に点々と介在している。またある住居跡には巨大な黒曜石塊、ある住居跡には小さな黒曜石片と、なかなか多種多様なのである。

わたしはこれを「縄文都市」と呼んだ。今まで知られていた散在した縄文住居跡に比べて、抜群の富裕度をもつ。この都市の住民が相互の密接な連絡と組織をもっていたこと、すなわち一定の政治生活をいとなんでいたこと、それは疑うべくもない。しかも、これは出土する諸磯《もろいそ》式土器のしめすように、縄文前期前半のことであった。

わたしは、この新しい出土例を『邪馬一国への道標』に附載し、縄文期に関する認識の、今後格段に深化すべきことを予告したのであった。

右は日本列島中央部、和田峠出土の黒曜石を背景とした中枢縄文都市の出現だった。これに対し、次いで九州北岸の中部、博多湾岸で発掘された人々を驚かしたもの、それは縄文水田の出現だった。

従来は〝稲作は弥生時代にはじまる〟。これが通念だった。この観念が人々の常識をしばっていた。〝だから、縄文期の倭人貢献などありえない〟。そう、条件反射的に反応していたのである。

ところが、縄文期にも水田があったのだ。それは縄文晩期末とされた。板付遺跡だ。縄文人の足跡もついていた。一九七八年五月前後の発見である。

この板付の縄文水田に対して、放射線炭素年代測定法で検査した自然科学者がある。高知大学・花粉学の中村純氏、北九州大学・生物学の畑中健一氏等である。その報告によると、二千九百年前（前九三〇年頃）の遺跡であるという。また稲の花粉分析からも、同類の結果がえられたとされている。

そしてもっとも肝要の一点、それはこの板付遺跡こそ、博多湾をはさんで、あの志賀島と相対する地だ、という点だ。

志賀島の倭人といっても、志賀島は狭い地域であるから、要するに博多湾岸の倭人、つまり板付遺跡を背景とした稲作伝統をもつ倭人なのである。日本列島最古の水田地帯と、瞠目すべきこの金印出土、この両地帯の一致は果して偶然であろうか。

また日本列島の稲作が中国大陸からの伝播による、ということは、疑いえぬところだ。とすると、この縄文水田の出現に先立って「縄文倭人の貢献」の伝えられていること、これもまた偶然であろうか。少なくとも軽々にこれを疑うことは許されぬ。これが人間の理性の自然な判断ではないであろうか。

一九八一年八月頃、菜畑遺跡（唐津）が発見された。板付よりさらに古い縄文水田だ。

菜畑→板付

この方向は、

菜畑遺跡の水田跡（左）と出土品（炭化米・石包丁・石斧・石鏃）

釜山→対馬→壱岐→唐津→博多

という、『三国志』の倭人伝にもしるされた、朝鮮半島から九州北岸へのメイン・ルート上に位置している。すなわち、この縄文水田が、大陸から半島へ、半島から九州へ、という伝播経路を通ってきていることを示唆しているようである。

それは、わたしたちに、あの『漢書』の一節を思いおこさせる。倭人項の直前だ。

　殷の道衰え、箕子、去りて朝鮮に之《ゆ》く。其の民に教うるに、
　礼義・田蚕・織作を以てす。（燕地）

箕子が朝鮮の民に教えたのは、礼義、つまり中国（周）の天子への礼だけではなかった。田蚕・織作の道をも教えたというのである。そしてこの直後、例の孔子の〝海に浮かんで、九夷におもむく〟話となり、そして有名な倭人項に帰着するのだ。してみると、「田」つまり水田耕作の方法も、このルート、平壌あたり（箕子の故地か）からの伝播ではないか、そのような可能性も、必ずしも無視できないのである。

この点、一方の「蚕」と「織作」についても、同じ博多湾岸に弥生中期を中心として、撩乱《りょうらん》たる開花を見せているのが注目される。その「蚕」のたねは、洛陽・楽浪系だという（布目順郎氏）。

時期は、今のところ、縄文より、ややおくれる弥生前期末以降だけれど、ルートは、同じ方向性をしめしているのだ。

稲の渡来

ここで、「稲の渡来」をめぐる、有名な論争についてのべてみよう。

日本列島の稲は、ジャポニカと呼ばれる。それが中国の江南の稲と共通している。したがって、

江南→日本列島

という、稲の渡来ルートは、現今の人類学者の中では、ほとんど定説化しているといってよいかもしれぬ（佐々木高明編『日本農耕文化の源流』参照）。

これに対し、考古学者の中では、なお朝鮮半島の北・中部（楽浪郡・帯方郡方面）からの南下コースに強い関心をしめす人々も絶えないようである（たとえば岡崎敬氏）。農耕用具（石器・鉄器等）が、

朝鮮半島→九州

の伝播をしめしている以上、このルートへの関心を、考古学者が失わないこと、それはむしろ当然である。たとえ江南と日本列島との間に、農耕用具が共通していたとしても、なお、右の〝朝鮮半島→九州〟の用具伝播を「否定」することはむずかしいであろう。

このように、一方では、〝江南→九州〟のルート（ジャポニカ）、他方では、〝朝鮮半島→九州〟のルート（農耕器具）と、それぞれ有力な「伝播」の証跡を有している。この〝矛盾〟はいかに解くべきだろうか。

この両者が矛盾に見えるのは、なぜか。それは、当時の中国をバラバラの地域（平壌や江南など）に分

割して考え、一個の〝統一〟的な政治・文化世界として見ようとしないからである（もちろん、ここで〝統一〟というのは、のちの秦王朝のような、直接的な統一ではない。周王朝を中心とする文化交流および人的交流の存在を指す）。

箕子の当時、それは周王朝の初期であった。すなわち、当然のことながら、平壌も、江南も、周王朝の政治・文明圏の一端に位置していたのである。

たとえば平壌。箕子が殷の遺民と共にここに来《きた》ったとき、その人々の出身地は、あるいは安陽（殷墟の地）であり、あるいは江南であり、あるいは鎬京（長安の地）であったであろう。彼等は黄河流域における稲の知識をもっていた。同時に江南の水稲、すなわちジャポニカ（後代の命名）の知識ももっていたのである。

彼等が朝鮮半島の民に「田」を教えるとき、それは黄河流域などにおける稲作の知識であったであろう。なぜなら、朝鮮半島北・中部は、黄河流域と天候・地勢においで多く合致していたからである。

これに反し、南方海上の島、九州は全く天候・地勢上の条件を異にしていた。むしろ、中国では江南のそれと共通していた。したがって彼等は田を教えるに、江南風の水田と水稲、すなわちジャポニカのことを語ったことであろう。それを求めるべく、江南に向うべきことを指示したかもしれぬ。そしてそのさいにも重要なこと、それはその倭人が「周朝貢献」を行ったという一点であったと思われる。なぜなら、江南もまた周王朝の影響下にあったからである。

このように、縄文晩期の倭人が学んだのは、ひっきょう周田であったこと、この一事から目をそらさなければ、先の矛盾は、表面の現象にすぎず、そこには真の矛盾は存在しないこと、その肝要の一点が判明するのではあるまいか。

もっとも、わたしは日本列島への稲の渡来について、これを周代以降として、限定しようとするものではない。

否、すでに殷代、さらには先殷期、つまり夏代に、「稲」ことに米粒が伝わっていたとしても、不思議はない、と考える。いわば「殷米」や「夏米」の渡来だ。

後代の倭人伝に、

　夏后少康の子、会稽に封ぜられ、断髪文身、以て蛟竜の害を避く。今倭の水人、好んで沈没して魚蛤《こう》を捕え、文身し、亦以て大魚・水禽を厭《はら》う。後稍《やや》こと以て飾りと為す。

とあり、夏の遺風が倭人に及んだ可能性について言及している。会稽と倭（九州か）という、中国海（渤海から東シナ海まで。わたしの命名）をはさんだ同じ「文身圏」なのであるから、「夏米」や「殷米」の渡来があったとしても、きわめて自然なことなのである（中国側に、この時期すでに稲作の行われていた点については、学術誌『文物』等にくりかえし報告されている）。

けれども、「水田」となれば別だ。米粒の一塊とはわけがちがう。技術、それも、当時の文明の精華の伝来だ。「水田」を持って帰るわけにはいかない。かなりの技術者の渡来すら、必至であろう。

（これに対し、楽浪郡などの中国人集団が渡来し、定住して、あの菜畑水田や板付水田を創始した、と考えるのは、むずかしい。なぜなら、そのさいは九州北岸に「楽浪文化」が発生し、中国人や朝鮮半島人の生活土器が主を占める、そういう形になっていなければならぬ。当然中国風の文字記録なども、堂々と開始するはずだ。要するに、中国人風の生活遺跡が、少なくとも九州北岸の主流となっていなければならぬ。しかし、それはない。それゆえ〝若干の技術者の渡来、受け入れ皿はやはり、倭人たちの社会〟、そのように理解せねばならぬであろう。）

そのさい、必要な大前提、それが「倭人の貢献」だ。中国（や朝鮮半島）の技術者たちは、慈善心あふれる博愛主義者ではなかった。日本列島の各地へ縄文水田の法を伝授してまわったわけではない。倭人側から礼を尽くして「貢献」してきたあと、はじめて「田づくり」の法を授与するときがきた——このように考えるのが、自然のすじではあるまいか。

わたしのこのような仮説、それを裏づけるものこそ、周初貢献倭人の出身地（金印の志賀島）と縄文水田（菜畑・板付）の地帯との一致、これである。

わたしたちは、ながらく「稲の伝来」として、問題を扱うのに馴れてきていた。しかし、縄文晩期に関しては、わたしたちはこれを「周田の伝播」としてとらえねばならぬであろう。

周公の証言

『論衡』や『漢書』は漢代の本だった。その成立は後漢の初（一世紀）だ。これに対し、周初（前十一世紀）の記録とされる『尚書』の中にもまた、倭人の姿はその片影を見せている。

海隅《かいぐう》、日を出《い》だす。率俾《そつび》せざるは罔《な》し。（巻十六）

これは周公の言葉だ。周公とは、周王朝の第一代武王（前一一三四〜一一一六）の弟である。武王は死にのぞみ、周公に遺児の後見を託した。遺児とは、第二代の成王である。周公は兄の負託《ふたく》にこたえ、少年天子の後見役として周王朝の基礎をきずき、同時に後来の中国文明の原型《ウル・タイプ》ともいうべき中枢文化を開花させた。この周公の成王補佐の業は「摂政」とか「左治天下」という名で呼ばれている。史上に著名な「周公の治《ち》」とは、周王朝第二代成王の時期を指すのである。

その周公の言葉として、右の一節が出現する。「率俾」というのは、〝天下に臣服する〟という意味の熟語である（諸橋『大漢和辞典』）。すなわち〝夷蛮が貢献の使者を送ってきた〟ことをしめしている。したがって右の一文は次の意味だ。

〝東の海の彼方の一隅に日の出るところがある。そこに住む夷蛮の地から、貢献の使者がやってきた（そんな遠方まで、およそ貢献しないものはいなくなった）〟。

周公の治がはるか東方海上の夷蛮の地まで、その徳化を与えた、それを誇っているのである。

この「日出づる、海隅の地の夷蛮」とは、何者か。そうだ、すでに読者の予想される通り、倭人のことだ。なぜなら、この『尚書』の冒頭には、次のように書かれている。

島夷皮服

海曲、之を島と謂《い》う。島に居るの夷。

（正義）島は是れ、海中の山。（巻六）

「夷」というのは東方の民族だ。その中に、島を住居とする人々がある、といっているのだ。彼等は、獣の皮を身につけている、という。これがわが日本列島の民、つまり倭人を指している可能性は大きい。朝鮮半島に住む人々では、「島夷」とはいえない。済州島や長山群島（遼東半島の東）の人々のこととすれば、この『尚書』冒頭の、巨視的な地理描写からすれば、あまりにもミニチュアにすぎよう。少なくとも、倭人が「島夷」という表現に当ること、それは確実である。

その上、『尚書』と同時代の書、『礼記』には、次の描写がある。

東方、夷と曰《い》う。被髪文身、火食せざる者有り。（巻十二）

「文身」が倭人の習俗であったことについては、すでにふれた。夏代に遡りうる習俗のようであった。周代も、当然「文身の倭人」だったことであろう。

もう一つ、興味深い描写、それは「火食せざる」風習、つまり〝生《なま》で魚などを食べる〟という習俗の描写だ。海洋民族たる、わが日本列島の民が、魚にせよ、野菜にせよ、「生《なま》」で食するを好むこと、周知のところ。もちろん、時代によって料理法に変遷はあろうけれど、この風習が、この島の気候・風土に根ざすものである限り、三千年昔から行われていたこと、それを疑うことはむずかしい。

以上の諸徴証から見ると、『尚書』や『礼記』の中に現われる「島夷」の民が、わが倭人であること、それは人間の自然な判断力に依拠する限り、当然の帰結だ。あえて疑うことはできないのである。


このような、周人の世界認識からすると、『尚書』の中枢部において、この書の中で最大のスターともいうべき周公、彼の語った言葉の意味は明らかであろう――「倭人の周朝貢献」この事件を、誇りやかにここで語っていたのであった。

周公を喜ばしめたこの貢献、それを導いた人こそ、すでにふれた、あの箕子であった。

彼は殷朝の宰相であった。が、紂王の暴虐にあいそをつかし、ついに朝鮮（平壌あたりか）に逃れて、そこに建国した、という。いわゆる「箕子朝鮮」がこれである。

殷朝を斃して天子の座についた、周朝の第一代、武王は、殷の名宰相だった箕子に敬意をはらった。そこでこれを「臣」として扱わなかった、という。

けれども、箕子は、第二代の天子、成王のとき、みずから鎬京（長安のあたり）なる周都をたずね、臣礼をとった。そのさい、周辺の夷蛮に「中国の天子への礼」を教えたこと、その「成功」を報告した、というのである。すでにのべたところだ。

ここに、倭人と周都との間のルートが成立したのを知る。もちろん、倭人は直接、周都に到ったのではない。「朝献」とは、いまだしるされていない。直接には、「箕子朝鮮」に至った。それを箕子は、周都に取次いだのであろう。例の鬯草も、箕子たちによってもたらされたという、その可能性が強いであろう。

世に「箕子朝鮮」を否定する論者がある。『史記』や『漢書』に明記されたこの人物と、その業績を架空視するのだ。白鳥庫吉がヨーロッパで「イリヤッド・オデッセー架空説」という、近代啓蒙史学を学んで、わが国に帰朝し、この手法を東洋史に適用して、夏・殷・周（前半）架空論を唱道した。その余塵がいまだに残るところ、それがわが国の「箕子朝鮮架空論」である。さらに、朝鮮半島では、かえって戦後、別の理由（ナショナリズム等）で、「箕子朝鮮架空論」が増幅されているかに見える。

しかし、シュリーマンの発掘によって、「イリヤッド・オデッセー架空説」の非は実証された。ヨーロッパの伝統ある古典学者たちは、これに対してながく頑強な拒否をつづけたにもかかわらず、近代啓蒙史学の非は、ついに明証されるに至った（『盗まれた神話』第二章及び、第十章参照）。

東アジア世界でも、そうだ。昭和初年の殷墟の発掘によって、「殷王朝架空説」はけし飛んだ。先殷期（夏王朝）の遺跡すら、徐々に姿を現わしつつある。

まして箕子の場合、その殷末に当る上、彼が周都に上るさい、そのほとりを通過して、その廃墟を悼《いた》んだという殷墟。その当の場所に、当の遺跡が鮮烈にも、その当時の姿を現わした。すなわち、箕子の説話の地理関係は真実《リアル》だった。それなのに、箕子だけを、依然架空視するとは。成心、つまり先入観も極まれり、というべきではないか。

たとえば、「イリヤッド・オデッセー説話」の地理関係（トロヤの位置）だけは真実《リアル》だが、登場人物（パリスやヘレネたち）はすべて架空、そんな言い草が通るだろうか。もし、そう言いたい人があれば、その人たちの側にこそ、今度は「架空証明」の厳格な樹立が要求せられる番だ。それなしに（自分の立場の都合で）、「箕子架空」を主張しつづけることは許されない。

さて、ここで再び確認しておこう。『漢書』の、

楽浪海中、倭人有り。……と云う。

の一節は、右のような『尚書』『礼記』の記事を背景に成立していた。それは、自明のことだ。なぜなら、班固も、『漢書』の読者も、共に「共通の知識の土俵」は、『尚書』や『礼記』にあったからである。右の一節を読んだ漢代の読者は、誰しも、先記の『尚書』や『礼記』の記事、「日出づる島夷の周朝貢献」の記事を思い浮かべたことであろう。著者（班固）も、それを期待したのである。してみれば、これを「周朝以来の貢献」を想起させる一節と、わたしがとるべきは必然だ。

しかるに、現代の日本古代史では、この『漢書』の倭人項を、『尚書』や『礼記』から切りはなし、あたかも「漢代の記事」であるかのように、見なし、書き、使用してきたのであった。その非を、ここに明記させていただきたいと思う。

縄文文明の再発見

考えてみれば、これは不思議ではなかった。なぜなら日本列島の縄文文明、それは約一万二千年前から発生した。それは人類の土器文明の輝かしい草創期だった。最近は大陸（中国の豹子興や桂林甑皮岩・外蒙古のキャフタ等）でも、約一万年前の土器の発見が伝えられはじめているようであるけれども、それでもなお、この日本列島が、地球上屈指の土器文明草創の地であることに変りはない（芹沢長介『日本旧石器時代』参照）。

そして何より確実な事実、それは周文明圏にとって、もとより自己の土器文明とは別途の発達ながら、縄文時代の前期・中期に至る日本列島は、輝かしき土器先進文明地帯だったことだ。〝たかが土器〟と軽侮することなかれ。金属器等の発達した後代人たるわたしたちには、〝金属器なき時代〟における「土器」のもつ、卓抜した意義について、正当な評価の目が失われやすい。それは、人類による加工業

の開始であった。他の動物にとって「魔法」のような、人類固有の文明の樹立であった。

何十万年にもわたる「土器発明以前」の迷妄期ののち、「土器の発明」後、わずかに一万有余年、アッというまに、現代文明の壮麗さを築くに至った。そのように評しても、決して不当ではあるまい。人類史の事実に真実《リアル》に即しているのである。

このように考察してくると、殷・周文明人が、日本列島縄文文明人のことを、全く認識していなかったとすれば、それこそ奇異だ。認識していて、当り前だ。その当り前のことが、先の「島夷」に関する記述なのである。中国において時代はすでに金属器（青銅器）時代だった。

わたしは疑う。班固は、『漢書』の倭人項に先立ち、〝東夷は柔順であって、三方と異っている〟とのべた。「柔順」というのは、ただ先天的な性格だろうか。民族的特性だろうか。非ず。はるか古《いにしえ》より交流の永い歴史を経てきた、その反映。それがこの「柔順」という一語の、歴史的背景として存在したのではなかったであろうか。

環中国海、土器文明圏の成立――この仮説を、わたしは未来の探究者の、その眼前に呈しておきたいと思う。

ここでわたしは、縄文という時代に関する、わたしのイメージを語っておきたい。むろんそれは、すでにのべたように、縄文の大海の岸辺の一粒の砂金にすぎない。すぎないけれど、わたしに「これが本当だ」と思われた砂金の粒、わたしの縄文という時代に対する、物の見方について語り、後来の探究者の参考に供したい。

すでにのべた和田峠、そこは本州屈指の黒曜石の産地だった。そこから出た黒曜石が、関東や東海地方で発見されることは、よく知られている。最近は近畿地方（大和）でも、見出されたという。石鏃などの製品として、だ。これは大変な距離だ。汽車も飛行機もない時代、この距離のもつ重さは、わたしたちの距離感覚からは、想像にあまるものがあろう。

では、その重さを超えて、彼等縄文人は、いかにして往来したのか。当然、たとえば関東から、一縄文人が掘りに出かけ、掘り出してもち帰る。そういったわけにはいかない。当時、黒曜石は貴重品だった。たとえば、現代の金やダイヤモンドのように。だから（たとえ隣の山梨県からでも）のこのこと和田峠へ掘りにゆき、もって帰る。そういうわけにはいかなかったであろう。では、どうしたか。――当然、「交換」、この二字だ。

では、何と交換するか。たとえば、海産物。貝や魚。あの加曽利貝塚（千葉県）を見れば、馬蹄形をなして、巨大な貝殻が堆積している。代々の堆積層が見えている。これは決して「個人」の仕業ではない。「集団」の作業場だ。わたしにはそのように見えた。このおびただしい貝殻の中身、つまり貝肉は、誰が食べたのか。それを貝殻から剝ぎ取った、その当人か。わたしには、必ずしも、そうとは限らなかったように思われる。干した貝肉が絶好の保存食料であることは当然だ。また塩水にひたせば、塩分摂取のための食料となろう。それらは、時として、信州なる和田峠のほとり、阿久遺跡などへ運ばれたものも、あったのではあるまいか。

このような交換の、相互の主体は何か。やはり個人ではなく、集団だったのではないであろうか。「交換」は、原則として、集団と集団の間の行為である。つまり、両集団は経済行為をなす、経済集団なのである。では、経済行為だけか。保存食料を作り蓄える作業、そのためには人々の「統合」と、作業の「集中」が必要だ。そして何よりも、それらの全過程を遂行すべき、集団の意思が必要だ。とすれば、その集団は人間の組織化、つまり、一定の「政治行為」を本質的にふくんでいることとならざるをえない。すなわち、必然的に、それは政治集団なのである。

とすれば、A・B・C・Dと隣接する、各政治集団が生産物交換のための、あるいはその前提をなす交渉、つまり各種の折衝が必要とされるとき、それは、一種の外交行為というべきではあるまいか。

このように論究してくると、疑問の声を出す人もあろう。

〝わたしは聞いている。「縄文に国家なし。国家は弥生から」と。今のような話とは、矛盾するではないか〟と。

これに答えよう。問題は定義だ。「弥生的政治集団」に対して、はじめて「国家」の名を与えるものとする。このような定義に立つとき、〝縄文に国家なし〟の答えがえられること、それは自明だ。もし、〝近代型政治集団〟をもって「国家」の定義とすれば、〝明治時代以前の日本に国家なし。国家は明治から〟という帰結に至ることもまた、必然なのである。

あらかじめ、一つの単語に〝先験的に〟定義を与え、その定義で、連続する歴史事象の連なりを、一挙に切る。――こういうやり方は、確かに痛快だ。しかし反面、そのサーチライトの光がきつすぎて、逆の側、暗部がまるで見えなくなってしまう。そういう犠牲に、わたしたちは盲目であってはならないのではあるまいか。

縄文には、縄文型の政治集団があり、弥生には弥生型の政治集団がある。同じく、古墳期には、古墳期型の政治集団がある。当り前すぎる話だが、このような定義から、それぞれの特質を考える。このような方法こそ妥当だ。

そして事実から見ると、和田峠近辺の集団は、関東や東海や近畿の集団と、直接ないし間接に関係をもっていた。このことは、当然それらの地域の中間地域の諸集団との交渉をふくめ、かなり多種多様の関係の消長があったのではあるまいか。ただ、考古学的出土物としても、金属物などがなく、文献記録もほとんどないため、後代のわたしたちにとって、なかなか把握困難の状況にある。これが実態なのではあるまいか。しかし、その具体的な状況はなかなか把握しにくいにもかかわらず、かなり遠距離間の交渉の存在したこと自体は、疑うことができないのである。

日本列島の本州の中央部では、すでに縄文前期（前四〇〇〇〜三〇〇〇年）において、右のような長距離交渉が行われていた。それから二千年もあとの縄文後期末、九州北岸の倭人が朝鮮半島北半の平壌と交渉をもつ、それが果して異常なことだろうか（C14による、縄文年代の変転と上昇については、別記する）。

この倭人は、のちにも詳しくのべるように、九州北岸の対岸である朝鮮半島南岸部をもまた、生活領域または活動領域としていたようである。九州側の腰岳出土の黒曜石は、釜山近辺からも、石鏃等の製品として出土しているのだ。朝鮮海峡の両岸が同一の生活圏ないし文明圏に属していたことは疑いようはない。

ことに、志賀島の倭人たちは、漁民集団、つまり海洋民族だったから、このような生活圏の分布は、きわめて自然だった。

さて、釜山から平壌まで、それは和田峠から関東南辺、あるいは近畿大和までと、どっちが遠いだろう。あるいは到達困難だろう。それは、簡単には答えられないことだ。

その上、釜山から平壌までの道は、陸上だけではない。水路もある。海洋集団には、陸上より海上の方がより〝楽な道〟であること、いうまでもない。その上、海上の道は、陸上と異り、中間集団との接触なしに到達できる。釜山や博多は、水という道をへだてて、平壌と〝隣接〟しているのだ。

このように考えてみると、わたしたちは「倭人の周朝貢献」が、何一つ意外性のない、平常のことであるのに気づくだろう。わたしたちは、縄文人をみくびってはならぬ。彼等は、わたしたち後代人の「規定」する以上に、自由で活発で、長途の旅をいとわなかったのではないだろうか。わたしたちは彼等に対して、豊饒な未知の中に、今たたずんでいるのである。

わたしたちは、縄文世界の一端をかいま見た。そして彼等の、自由な驚くべき活躍について、その香りをかぎはじめた。まだわたしたちの認識は、あまりにも若い。

そのような中で、わたしは一つの報知を聞いた。それは太平洋の向う側から来た。その情報をめぐって、わたしの知りえたところを、以下に略述しよう。それは、縄文世界について、わたしたちが今まで夢にも思い見なかった光景である。

第二章　日本人はどこへ行ったか

エストラダ・エバンズ学説

一九六五年、南米のエクアドルの考古学者、エミリオ・エストラダ氏とアメリカの人類学・考古学者、エバンズ夫妻による重要な報告が出された。南米エクアドルのバルディビア遺跡から、日本の縄文土器と酷似した土器群が発掘されたというのである。しかもそれは、わが日本列島の縄文中期、九州の有明海沿岸部の土器群と共通する文様をもっているという。

博士夫妻は、次の諸点に注意をうながしている。

第一に、その相似点は一ポイントや二ポイントではなく、各種のタイプの複合した共通性をもっている。つまりこれを偶然の一致と見なすことはできない。

第二に、日本列島には縄文中期に至るまで何千年もの、長い土器文明の伝統がある。いいかえれば縄文中期の土器群は、その、気の遠くなるような長年月の土器技術の蓄積の結果である。しかるに、南米エクアドルの場合、そのような伝統が見出せない。突如、バルディビアの土器文明が開始しているように見える。日本列島で何千年もかかってなしとげた文明を、それとは全く無関係に、全く別の人間たちが突如開始できるはずはない。

第三に、日本列島から南米エクアドルまで、地球上屈指の大暖流が貫流している。いわゆる黒潮、北太平洋海流、カリフォルニア海流などがこれである。したがって日本の縄文人たちの舟が海流にのってこの地に辿り着くことは、十分に可能性がある、と。

そして結論する。

これらの諸点をすべて考えあわせるとき、〝縄文――バルディビアの類似〟に対する、もっとも簡明な説明は、一つだ。――すなわち、縄文からバルディビアへの〝派生〟である。

（エバンズ「縄文とバルディビアとの関係」古田訳著『倭人も太平洋を渡った』創世記刊、八幡書店復刊）

このように、博士夫妻の研究は、結論の大胆さとはうってかわり、きわめて周到にして緻密な検討と検証の上に構築されている。

さて目を転じてこの問題を、海という現場で考えてみよう。

まず、水の問題。

海水はありあまるほどあるけれど、それだけでは生きてゆけない。この点、すでに有名なハイエルダールの実験がある。コン・チキ号の実験だ。

ひょうたんに水を入れ、いかだの下にくくりつける。そうすると、水は熱帯でも腐蝕せず、三カ月の航海に役立った、という。また魚の臓腑の中に水分がふくまれており、これは塩水ではないから、渇をいやすことができる、という。

ところが、この点、黒潮――北太平洋――カリフォルニア海流のコースをひとりで、しかも手作りのヨットで単独航海（世界一周）した青年、青木洋さんによると、問題はさらに簡単だった。一週間から十日くらいごとにスコールが襲来する。だからそれをためるかめか竹づつの類さえもっていれば、Ｏ・Ｋだというのである。ただ季節は、春先から秋半ばくらいまでの間に限る、とのことであった。

　このような航海の基本知識、わたしたち現代人には不足している海のノウ・ハウについても、縄文人たちは、わたしたちよりずっと詳しかったのではないだろうか。

　次に食料の問題。

　この点、ハイエルダールにとっても、一つの実験ポイントだったようである。ところが、これも案ずるより産むがやすし、だった。魚は簡単な道具（釣針と糸）で容易に釣れた。そして大洋の魚は沿海の魚よりずっと大らかで釣りやすいことを発見した、という。この点、青木さんも全く同じ体験をされた。南半球も北半球も、この点、変りはないようである。

　その結果、ハイエルダールは印象的なフレーズを記している。

「わたしたちには、餓えることは不可能であった」

と。

　といって、現代のわたしたちがあまり手軽に遠洋航海に出ることができるわけではない。何しろ、現代は海が各国の領海によって政治的に分断され、事実上、昔日の海ではないのであるから。

　けれども古代人はちがう。まして縄文人には現代の国籍などなかった。魚を追って沖に出て、もしあやまって黒潮に乗ったとしたら、もうそのあとは海のもくずと消えるか、彼方の大陸へと大海流の導きのままに辿りつくか、二つに一つの運命が待ちかまえていたのである。

　けれども、エバンズ博士夫妻の壮大な提起に対して日本の学界の姿勢は冷たかった。むしろ〝意地悪

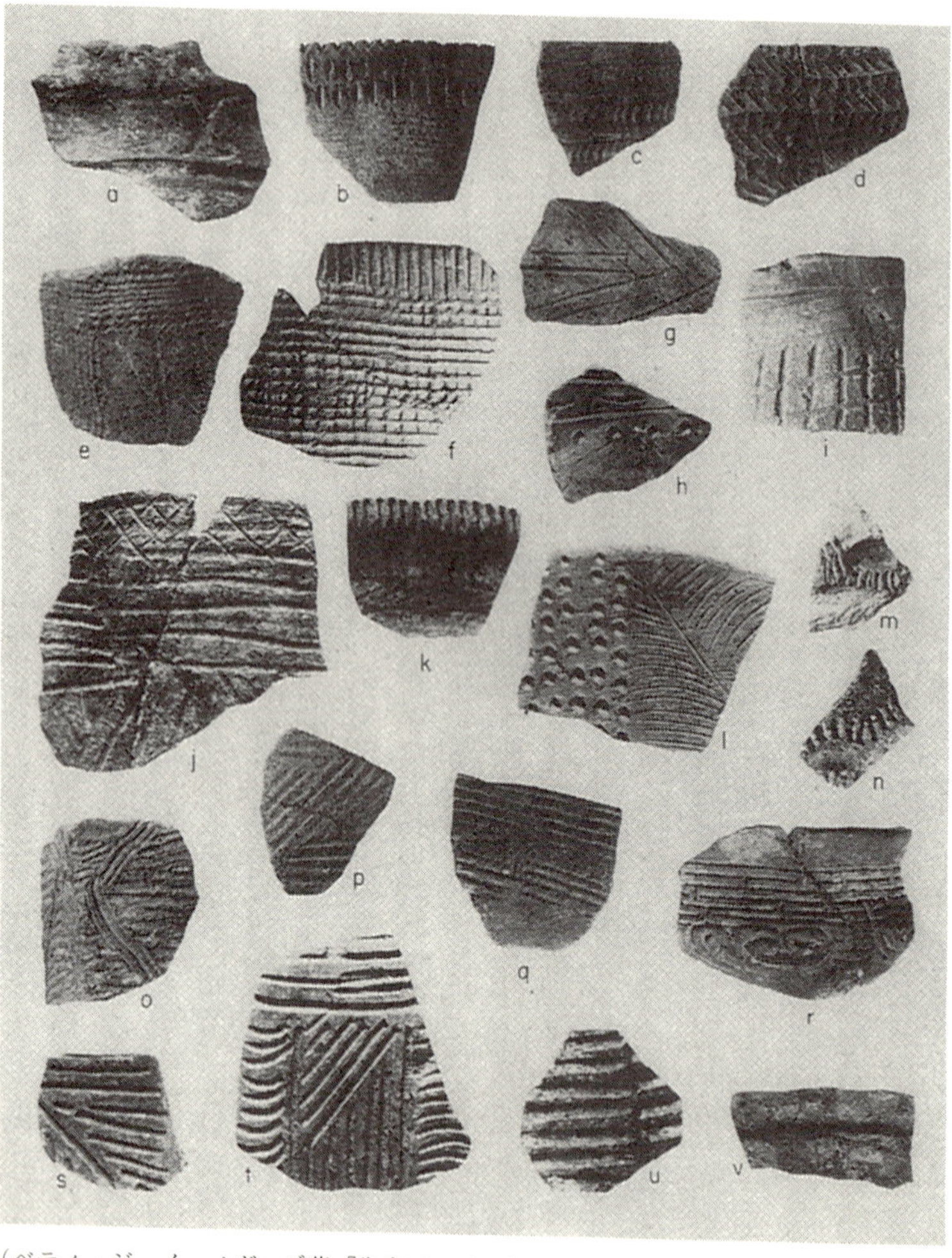

（ベティ・ジェイ・メガーズ著『先史アメリカ』より）

バルディビア遺跡出土土器の文様と縄文土器の文様

かった〞といってもいい。たとえば、岩波の日本歴史講座、また小学館の『日本の歴史』（もちろん教科書も）などを見てみよう。

そこには、このエバンズ説はとりあげられていない。いや、説ではなく、エバンズ博士夫妻が、現地のエストラダ氏と共に行った大発掘そのものさえ全く紹介されていないのである。

これは不可解なことだ。なぜなら縄文土器とよく似た大量の土器群が出土していること自身は、まぎれもない事実だ。ただそれが日本列島の縄文土器と何等かの関係があるかないか、そこから意見が分れる。それだけのことだ。

だが、考えてみよう。もし両者の間に全く関係がなかったとしたら、それはそれでこれほど興味深い現象はない。

なぜなら、地球上の二地域で、全く無関係に大略、相似形の文明が発生した。――これは人間の文明というものを研究する上で、まさに黙視しがたい、否、刮目《かつもく》に値することだ。

かりに他の例をとって考えてみよう。太平洋上のある孤島で、突如あのエーゲ海のクレタ島文明とソックリの文明が花開いていた、としたら。〝そんなもの、直接の関係があるはずはないから〟といって、西欧のギリシャ研究家たちは黙っているだろうか。必ずその現地へ調査団をくりかえし派遣して、その関係の有無を調べよう。そして全く別々の発生だったとしても、その文明史上にもつ意義を徹底的に追究するだろう。

ところが、日本の考古学界は、エクアドルへ現地調査団も発掘調査隊も派遣せず、またこれに対する賛否の学術論文さえほとんど発表せず、ただ冷笑をもって報いているだけなのである。

（さらに日本でその発掘物の全面的な出土展を行う企画も、残念ながら、成立寸前で、実現せずにきているようである。）

人類学・考古学界の宿痾

この状況を見るときに、わたしは思い出さざるをえないことがある。それは、明石の西海岸における明石原人の骨の発見に対し、当時の学界をおおうた冷笑である。そのために発見者、直良信夫氏は傷つき、その人生の運命を大きく狂わせられたという（高橋徹『明石原人の発見』朝日新聞社刊）。

ところが、敗戦後、相沢忠洋氏による、有名な「岩宿の発見」などがあり、旧石器時代に関する研究が格段に進展してみると、直良氏の発見は再検討される必要が出てきたようである。実は、最初直良氏より実骨（骨）を送られた東京帝国大学助教授の松村瞭氏自身、それが本物ではないかと思いながら、学界内部あるいは大学内部の確執や大家、恩師の示唆によって、その旨を公表できなかったというのである（同右）。

その後、この「明石原人」を〝縄文以降の骨〟と見なす見解が発表された（遠藤万里・馬場悠男氏）ようであるけれども（一九八二年十一月二日、朝日新聞夕刊）、そのような見解と論争が、実物の焼失してしまわぬ前に、真剣に出され、詳密に調査され、討議されていたら、――そう願うのは、果してわたしのような者の素人判断だろうか。日本の学界が貴重なチャンスを逸したことは、疑いようもない。

このような、わが国の人類学・考古学界の宿痾ともいうべき体質が、ここにも同じく、姿を現わしているのではなかろうか。

たとえば、若い魂を育てるべき教科書において、太平洋の彼方の地で、注目すべき発掘があったこと、これに対して現地およびアメリカの学者から、これは日本の縄文土器文明の派生である、という興味深い説が提示されていること、日本側の学者の反対説もあること、それを紹介することがなぜなされてはならないのであろうか。

そしてエバンズ夫妻のおびただしい著書や報告書に掲載されている、バルディビア土器と縄文土器との対比写真を掲載したら、どれほど日本の若い魂は、未知への好奇心と独創への意欲にゆすぶられることであろうか。それこそ教科書の本務であろう。

そして一九八一年一月十九日、エバンズ氏は永眠された。終生熱望されつづけた、日本の学界の応答を得られぬまま。日本の学界は再びとりかえしのつかぬチャンスを失ったようである。

ここでエストラダ・エバンズ説に対する、わたし自身の考えをのべさせていただきたい。

わたしの仮説

わたしは幸いにも、一九八一年の七～八月、エバンス夫人（ベティ・J・メガーズ女史）の案内によって、現地のバルディビア遺跡を訪れ、問題のバルディビア土器の実際にふれることができた。さらにエクアドル第二の都市、グアヤキルにある太平洋銀行博物館でエクアドルにおける考古学的出土物の見事な展示群にふれることができた。それは時代別・地域別に集約された、体系的かつ周密な展示であった（すでに、テレビ西日本の一行と共に中央銀行博物館をも訪れていた）。

その結果、エバンズ博士夫妻が力説しておられた一点、つまり縄文中期前後と類似の出土土器が突如出土する実情を再確認させられると共に、それ以後の発展、すなわち日本列島側の縄文後期後半から晩期にかけての土器群に相当するものが存在しないことを再確認した。それだけではない。再び突如、全く異質の様態の土器群（マチャリーラ・チョレーラ・ガンガーラ文明）にとって代られている、という実状をつぶさに観察できた。そこにはおそらく征服などによる文明様相の激変があったように思われた。そして新しい文明は、後のインカ文明へとほぼ連続してゆくものであり、以前とは全く別の性格の文明であることもまた確認できたのである（太平洋銀行博物館自体は、日本の縄文土器との関連の有無の問題に対しては、全く無関係、いわば中立の立場に立つ展示であった）。

このような状況から見ると、わたしもまたエストラダ氏とエバンズ夫妻の提起せられた仮説を、大筋において結局承認せざるをえないことを感じたのである。

けれども、他の注目すべき問題がある。それは、バルディビア遺跡からおびただしく出土する土偶である。それもまた、のちのマチャリーラ・チョレーラ・ガンガーラ文明の土偶とは、全く人相がちがっており、わたしたち日本人にはきわめて親しみやすい顔をしている。しているけれども、日本側の、九州有明海沿岸部の縄文中期とそれ以前の遺跡からはこのような土偶が出土しないのである。この点、かなり豊富な土偶文明をもつ、日本列島の中部地方やそれ以東の縄文文明とは、九州の縄文文明はその文明の質を異にしているのである。

わたしは、この事実は重大であると考える。なぜなら土偶とは、当時の子供の玩具として作られたものではない。むしろその文明の核心をなすものだ。おそらく宗教的儀礼の中枢を占めていたものと思われる。

その土偶の有無という問題は、文明の質を分つ問題だ。ということは、本来、有明縄文人とバルディビア人とは、別の文明の上に立っている、という、根本命題をさししめしているのではあるまいか。では、エバンズ夫妻たちの指摘される、特定の時期における、特定の領域についての、複合した文様の酷似という、この疑いえぬ事実は、どのように理解されるべきだろうか。

わたしは考える。これこそ、有明海沿岸縄文人の渡来によってもたらされた、文明の伝播の問題であろう、と。つまりそのような伝播をうけ入れる、その受け皿としての古代文明、岩偶や土偶を核心にもつ文明がすでに現地エクアドルに存在した。その中にわが日本列島ではるか古《いにしえ》より発展しつづけてきていた縄文文明の花粉が、縄文の舟という名の蜜蜂に運ばれた。そして現地で、ある点では相似し、他の点では相異した性格をもつ、新たな文明の華を結実させたのである、と。

ともあれ、このようなわたしの仮説が、未来の若い研究者たちによって実地で精密に再検証されることを、わたしは期待したい。たとえそれが肯定されようと、空しく否定されるに至ろうとも。

（なおエバンズ説に対する批判論文として、西藤清秀氏の「バルディビア土器の再検討」〈『関西大学考古学研究室開設参拾周年記念、考古学論叢』昭和五十八年三月刊、所収〉がある。これに対する再吟味は、機を改めてしるさせていただくこととする。）

太古、海の狩人は魚を追った。魚を追ってあるいは我を忘れ、あるいは風が変って、思わず黒潮の流れに乗った。大暖流は流れに流れつづけ、とどまることを知らなかった。黒潮、北太平洋海流、カリフォルニア海流と、人間のつけた名前だけ変っていった。だが、流れそのものは変らなかった。ところどころで分岐しては、寒流に合い、小さな交流の場をもった。日本列島の周辺にも、そのようなところに中・小の漁場があるいは生れ、あるいは消えていった。だが、中枢の大暖流はいつも変らず、ひたむきに同じルートを突きすすんでいった。

そしてあるところで、南の彼方から押し寄せてくる冷たい大きな流れと出合った。フンボルト大寒流。南極の方面から北上しつづけてきた流れであった。

出合ったところ、そこは南米の北西海岸、のちにエクアドルと呼ばれる国ができたところ、その沖合いは大暖流と大寒流との集合の領域。ガラパゴス島、太古さながらの動物たちの生息しつづけている岩塊があった。島は二十世紀まで変らず、生きながらえてきていた。

そこは天然の漁場であった。地球上屈指の大漁場であった。もちろん当初は漂流という偶然の神のいたずらだったであろうけれども、太古の魚の狩人たちは、ここに漂着して驚喜したであろう。――これが縄文人「大航海」の最深の秘密である。その地球的背景である。

では、その大暖流の名は。一貫した、地球上屈指の大暖流をいいあらわす名は。

わたしはこう呼びたい。

――「太平洋大暖流」

と。

〈なお、わたしがこのテーマに直面したのは、倭人伝の「裸国・黒歯国」問題からだった。その方角・日程記事によって、これを南米大陸西岸北半部に求めたところ、故米田保氏がエバンズ説の存在を示唆して下さったのであった。今回、現地エクアドルで検証したところ、バルディビア土偶は裸であり、それにつづくチョレーラ土偶は黒歯・彫題〈ペインテッド・フェイス〉の風俗をしめしていた。古田『多元的古代の成立』上、駸々堂刊参照。〉

第二部　日本神話の多元性

第一章　国生み神話の謎

虚構の造作説

戦前の歴史は神話からはじまっていた。戦後の歴史は神話を排除している。この一点ほど、両者を印象的に分つものはないかもしれぬ。戦前は、天皇の神聖なる権力と権威の淵源を神話的伝承に求めた。これに対し、戦後は、津田左右吉の「神話・説話造作説」を基本の立場とした。したがってこれらを一切「史実」から排除したのである。

けれどもわたしは、第三の立場に立つ。神話や説話は貴重な史料である。史実の解明に不可避の価値をもつ。それは、一方では記紀にしるされた神話や説話であり、他方では、わたしたちの社会、神社や習俗に遺存した神話や説話伝承だ。両者ともに、わが日本列島内の古来からの精神の伝統を実証する、無比の史料なのである。考古学的遺物や隣国（中国や朝鮮半島）の史料からはうかがいえぬ、独自の史料価値をもつ。ただ、そのさい肝要の一事、それは先入観としてのイデオロギーに左右されず、徹底した実証を貫き通すことだ。

最初の実例をあげよう。記紀の冒頭を飾る、国生み神話。これを分析してみよう。

伊奘諾尊《いざなぎのみこと》と伊奘冉尊《いざなみのみこと》が磤馭慮嶋《おのごろしま》を原点として、天之瓊矛《あまのぬぼこ》によって、次々と国々を生んでいった。そ

大八洲表

日本書紀〔本　文〕	日本書紀〔第　二〕	日本書紀〔第　六〕	日本書紀〔第　七〕	日本書紀〔第　八〕	日本書紀〔第　九〕	古事記
大日本豊秋津洲	同上	同上	淡路洲	同上	大日本豊秋津洲	淡道之穂狭別島
伊予二名洲	淡路洲	伊予洲	大日本豊秋津洲	同上	淡洲	伊予之二名島
筑紫洲	伊予二名洲	筑紫洲	伊予二名洲	同上	伊予二名洲	隠伎之三子島
億岐洲	筑紫洲	億岐洲	億岐洲	筑紫洲	億岐三子洲	筑紫島
佐度洲	億岐三子洲	佐度洲	佐度洲	吉備子洲	佐度洲	伊伎島
越洲	佐度洲	越洲	筑紫洲	億岐洲	筑紫洲	津島
大洲	越洲	大洲	壱岐洲	佐度洲	吉備子洲	佐度島
吉備子洲	吉備子洲	子洲	対馬洲	越洲	大洲	大倭豊秋津島
			〔『古事記』と同　類―帝王本紀〕			

のように語られている。その国々の名は、右の表のようだ（『古事記』と『日本書紀』の中に、いくつかの異伝が記されている）。

これらの国名を見ると、その表記法が三つのタイプに分れている。

A〈一段地名〉筑紫（洲）大（洲）越（洲）

B〈二段地名〉豊のアキツ（洲）伊予のフタナ（洲）吉備のコ（洲）億岐のミツゴ（洲）

C〈島　　名〉淡路洲　佐度洲（壱岐洲　対馬洲――『古事記』「帝王本紀」系）

○〈胞〉としては「淡洲」あり。

右の分析のポイントは次のようだ。

(一)「大日本豊秋津洲」（『紀』）や「大倭豊秋津島」（『記』）は、一見本州全体の呼び名のように見える。

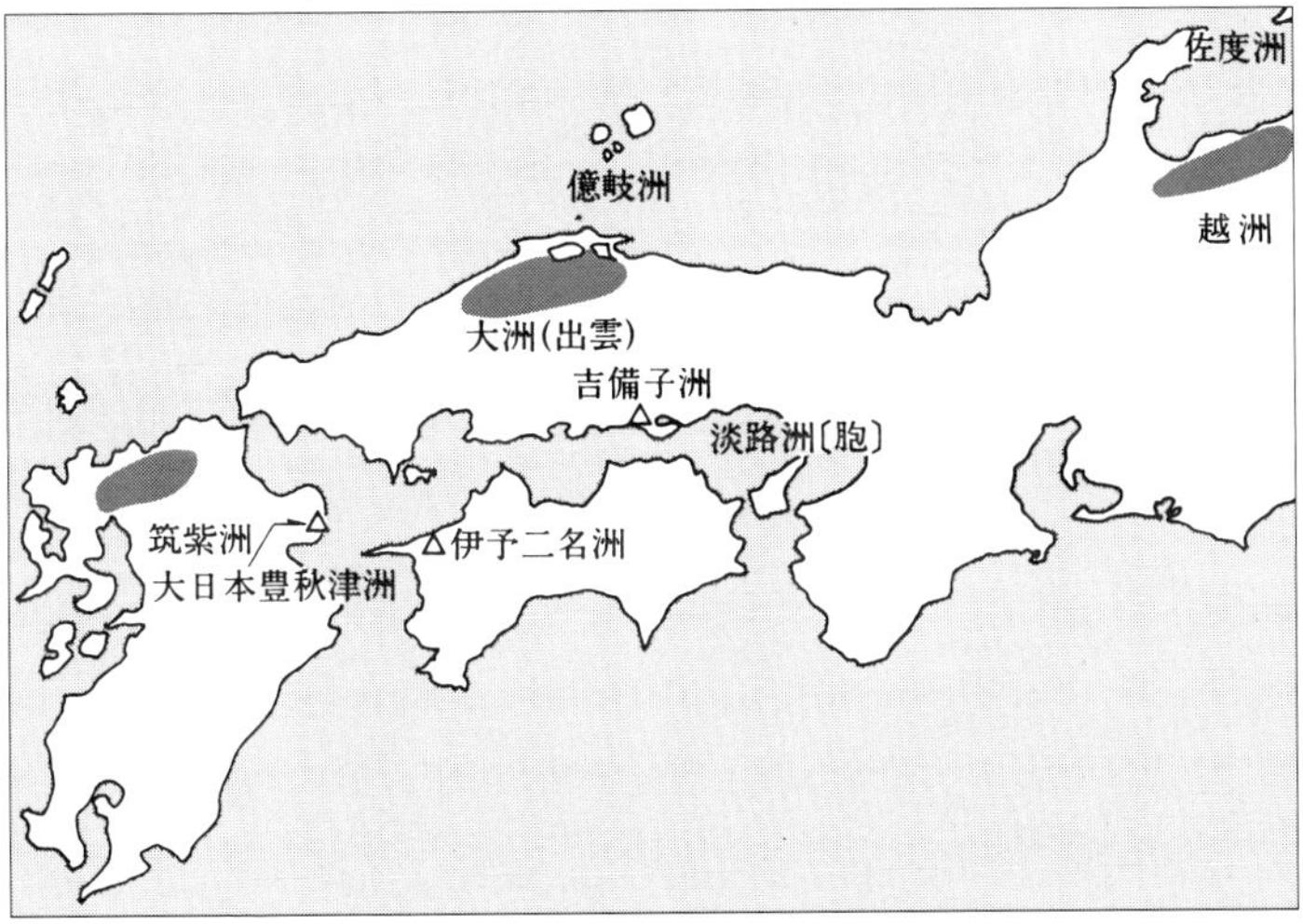

第１図　国生み神話（『日本書紀』本文）

しかし、「大日本」「大倭」という修飾語を取り去ってみると、実は「豊の安岐津」という二段地名。豊国（大分県）の一部（安岐）を指す表現が本体だ。この点、「伊予の国の、二名」「吉備の国の、児（島）」と同一のタイプ。いずれも、瀬戸内海圏の地点（港・湾等）である。

㈡「洲」は「シマ」でなく「クニ」。「大洲」は「オオクニ」であり、出雲だ（「大国主命」の「大国」）。したがって筑紫国（福岡県）→大国（出雲・島根県）→越国（能登半島を中心とする。福井県・石川県・富山県・新潟県）と、日本海岸は一段国名。つまり、面だ。瀬戸内海のように点ではない。

この日本海岸圏の中心は、神話自身のしめすように、筑紫国である。

㈢したがってこの国々の地理的分布は、筑紫を原点とし、出雲・越と日本海岸に勢力圏を伸ばし、さらに瀬戸内海の安岐津（豊国）・二名（伊予国）・児（吉備国）へと勢力の寄港点を伸ばし、淡路島を東限とする、そういった分布だ。きわめて特異の姿である。

㈣これは、弥生時代の細形銅矛の分布圏と大略一致している。いわゆる筑紫矛の原点とその分布だ。一方、この国生み自体、先述のように「天之瓊矛」による、とされているように、右の一致が偶然でないことをしめしている。すなわち、この神話のしめす分布図は、〝弥生（前半）期の、真実《リアル》な政治地図〟なのである。

㈤先章で述べたように、倭人たちは、筑紫（志賀島・板付等の博多湾岸。筑紫郡が中心）を原点として活躍し、すでに縄文後期末から中国側と接触していた。その彼等の勢力圏、それをしめすものが、この国生み神話だった。しかも、これは大陸・朝鮮半島から伝来したことの明白な、銅矛こそ、この勢力圏拡大の唯一最大の原因であった。そのようにのべる神話だったのである。いいかえれば、〝史実を神話風に語ったもの〟そういう性格をもつ。

㈥これに対し、津田左右吉が想定したような、〝六世紀以降の近畿の史官が「造作」した〟のでは、こうはいかない。弥生前期の考古学的出土分布図と一致するはずはないのである。その「弥生図」を、近畿中心に「改作」して変用したもの、それが記紀の手法の実体である。つまり、〝はじめから自由に創作する〟のではなく、〝真実《リアル》な伝承を改用する〟。これだ。率直にいえば、「盗用の手法」だ。

㈦これは反面、戦前風の皇国史観の勝利をしめすものでは、決してない。なぜなら、のちにものべるように、「神武天皇の出発地」は、日向（宮崎県）だった。その日向の地は、決して弥生期の中心地ではなかった。むしろ、その片隅だった。だからこそ、それを（のちに移った）近畿中心の神話へと、不器用な手法で「改作」せねばならなかった。「盗用」せざるをえない。そういう史料状況をハッキリとしめしていたのである。

以上の分析のしめすところ、戦前の第一の古代史観、戦後の第二の古代史観、それはいずれも、神話のしめす原型には適合していなかった。これに対して「神話には、真実《リアル》な史料がふくまれている」。第三の新しい古代史観が実証的に妥当だ。その帰結がしめされたのである。

ここで視界を転じ、今出てきた「天之瓊矛《あまのぬぼこ》」（『古事記』では、天之沼矛）について考えてみよう。

天の沼矛

まず、この意味。『書紀』に、

瓊は、玉なり。此をば努《ぬ》と云《い》ふ。

とあるように、〝玉プラス矛〟の意だ。本居宣長が、

沼矛《ヌボコ》は玉桙《タマボコ》と云如く、玉以て飾《カザ》れる矛《ホコ》なるべし、古へはかゝる物にも玉をかざれる、常のことなり。

（『古事記伝』四）

と書いてより、ほとんど異論を見ていないようである。

ただ、宣長は〝古は、これは「常のこと」だった〟と、無造作に言ってのけている。が、本当だろうか。第一、宣長の言う「古」とはいつか。弥生期か古墳期か、それとも歴史時代か。これは、彼には問うもおろかだ。宣長には、そのような考古学的知識は皆無だったのであるから。では、今のわたしたちの知識で追跡してみよう。

先述のように、この「矛」が筑紫矛であるとすれば、当然銅矛だ。弥生期である（これに反し、近畿の古墳から出土する鉄矛の類をこれに当てようとすれば、先の「国生みの分布図」の原型と、矛盾が生じよう。また弥生期の銅矛と異り、古墳期の鉄矛――ことに近畿――の方は、中心的・シンボル的存在ではない）。とすれば、玉も、当然〝弥生の玉〟、つまり硬玉製もしくはガラス（玻璃）製の勾玉の類となろう。

では、弥生期において、このようなワン・セットの出土は、「常のこと」だったか。――否。

まず、弥生期の近畿では、全く出土しない。これは、淡路島が筑紫矛の東限なのだから、当然だ。しかもこの「矛」は、いわゆる広矛・中広矛の類ではない。なぜなら、弥生後半期に属するこの類の矛は、九州北・中部を中心として、北は洛東江流域（韓地）、南は四国の西半部に及ぶものの、淡路島までは及んでいないからである（この時期、瀬戸内海圏は平剣領域）。

これに対し、弥生前半期から存在していたと見られる細矛、いわゆる細形銅矛、これが淡路島を東限とする分布なのである。

とすると、〝勾玉類プラス細矛〟のセットをもつ弥生墓、となると、決してありふれてはいない。むしろ稀だ。すなわち「常のこと」では、決してないのである。その点、次ページの表によっても、知られよう。

この表の中でも、博多湾岸の須玖岡本の王墓は、細矛5個と多数の勾玉・管玉類を蔵し、まさにこの地（筑紫国の中枢）が、「国生み神話」の原点、その発祥の地だったことを思わせるのである。

もっとも、この王墓の場合でも、三雲遺跡（細矛2個と玉類多数）の場合でも、矛と玉とは、バラバラに出土する。だから、別々に勘定され、別々に保存され、別々に陳列されるのが常だ。しかし、その本来の姿は――。そう、「勾玉類をくりつけた矛」であった可能性が高いのである。そのくりつけた繊維質のひも類が腐蝕し、解体し去った今、廃墟の学としての考古学、その研究者は、これを別々に処理しているのではないか。――わたしのこの想定は果して不当だろうか。

もし、この想定が正しければ、「国生み神話」とは、この須玖・糸島など筑前の王者の「王権の尊厳とその支配領域の拡大」を語る説話であった、そう解すべきこととなろう。

玉・珠─冢─銅鏡・銅矛・鉄刀・鉄鏃等共伴表（弥生期）

	地　名	玉・珠	出土状態	（共　伴　物　銅鏡・銅矛・鉄刀等）
長崎県	塔の首	玉類	箱式棺Ⅲ	広矛２
	塔の首	玉類	箱式棺	鏡
	タカマツノダン	玉類	箱式棺Ⅰ	鏡（仿）
	豊玉	ガラス小玉△	箱式棺	鏡（仿）
	豊玉	ガラス小玉△	箱式棺Ⅱ	鏡（仿）
	美津島	ガラス小玉△	箱式棺Ⅰ	鏡（仿）
	島原	勾玉，管玉15	甕棺	細矛２
佐賀県	桜馬場	ガラス玉△	甕棺	広矛先（？），鏡２，鉄刀片
	大牟田	勾玉，管玉	甕棺	細矛２
	中原	玉類	甕棺	鉄矛
	鏡柏崎	勾玉２	甕棺	細矛２
	宇木汲田	勾玉２，管玉30余	甕棺	細矛２
	北方	勾玉３，管玉36	箱式棺	鏡
福岡県	三雲	勾玉，管玉，玉類（多）	甕棺	細矛２，鏡35，ガラス璧△
	平原	ガラス製玉600以上△，瑪瑙製玉13，琥珀製玉1000以上等	割竹形木棺	鏡42，鉄刀
	臼《お》佐《さ》原	勾玉２，管玉15，小玉22	土壙	鏡
	須玖	勾玉，管玉(多)	甕棺	細矛５，鏡22，ガラス璧２△
	立岩	管玉570	甕棺	鏡
	田川	管玉62	箱式棺	鏡（仿），鉄刀片

△はガラス製品

わたしは、この「国生み神話」の第一の聴衆が、眼前に「天之瓊矛」を誇りやかに提示された公的儀礼の場で、これを聴かされたであろうこと、それを疑うことができぬ。この単語は、彼等にとって文献上の解釈の問題ではなく、支配層の中枢、その神聖な権力の証《あかし》として、明らかに誇示されていたものだったのではあるまいか。

このような神話を、六世紀以降の近畿の史官の作り物のように一括して処理してきた、津田左右吉を鼻祖とする戦後三十余年の古代史学、それは「たらいの水と一緒に赤ん坊を捨てる」愚を犯しつづけていたのではなかったか。わたしは、世の戦後史学の学者・研究者たちにこれを問いたい。

「国生み神話は、弥生期の筑紫で作られた」。このわたしのテーマを確認するもの、それは「天の瓊《ぬ》戈《か》」の存在だ。『書紀』の第一・一書（本文の次に「一書に曰く」の形で異伝を載《の》せる）に、

廼《すなは》ち天瓊戈を賜ふ。

とある。前後の話は、ほぼ共通。この名称だけがちがうのだ。

ところが、弥生の筑紫には「筑紫矛」と並んで「筑紫戈」が出土し、分布する。これは、現在ではよく知られている（むしろ、江戸時代などには、「矛」と「戈」を区別せず、両者の総称として、「筑紫矛」と呼んでいた可能性があろう）。

ことに弥生後期になると、先述のように、九州北・中部を中心にして、中広矛・広矛が分布する。その同時期に、ダブって中広戈・広戈が分布しているのである。

この銅戈もまた、東限を淡路島あたり（神戸市）としている。例の須玖岡本の王墓からも出土しているけれど、中枢域としてはむしろ、佐賀市出土の中細戈鋳型が注目されよう。すでに指摘されている通

り、中枢の「矛」に対して、より周縁的な存在、それが「戈」だったのである（下条信行氏「北九州」『三世紀の考古学』下、所収等）。

このような、弥生期の筑紫およびその周辺の出土状況と、まるで符節を合するかのように、記紀の「天瓊矛」と「天瓊戈」との関係は、前者が主（『記』1、『紀』4、計5）、後者が従（『紀』1）なのだ。

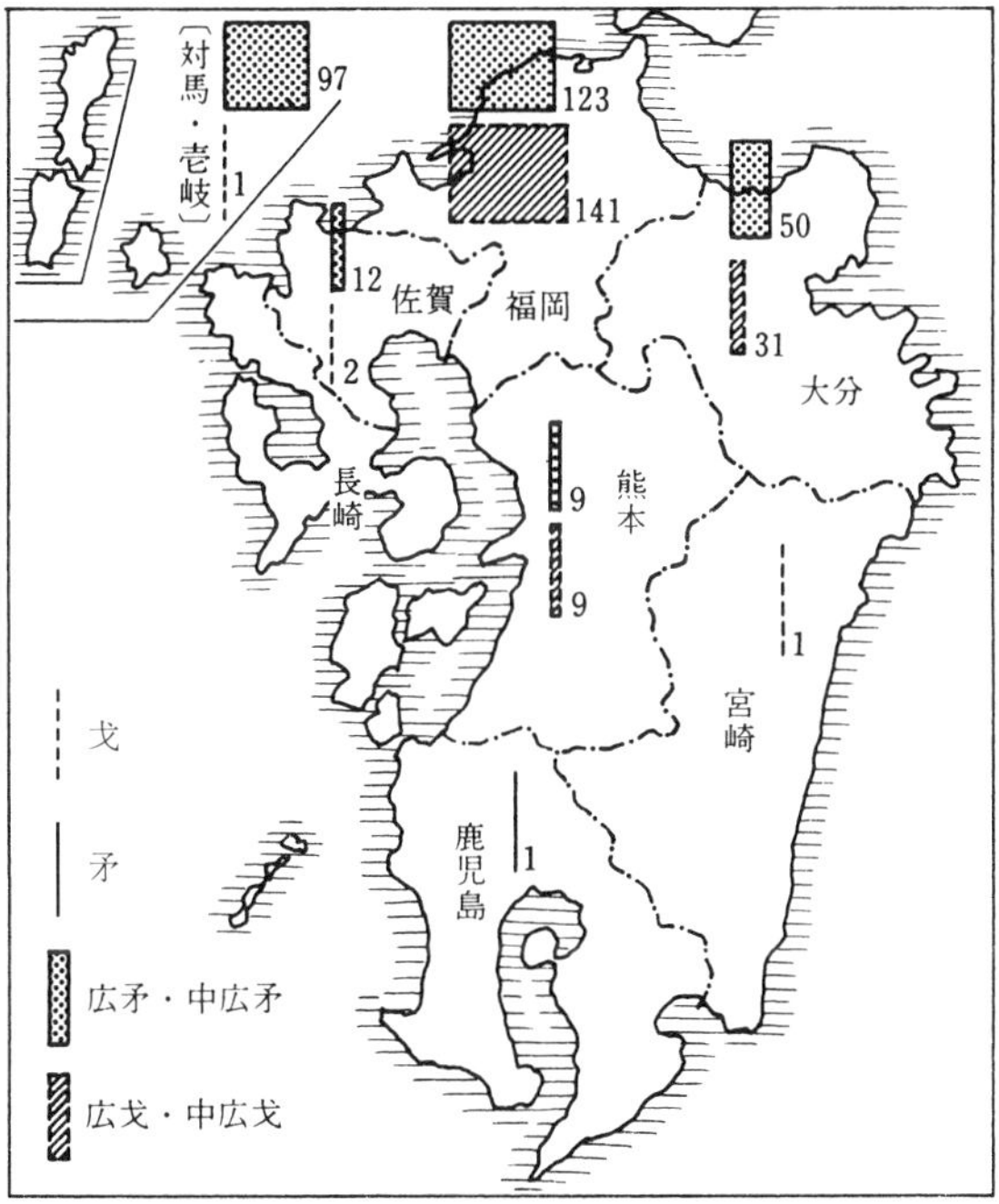

第２図　銅矛と銅戈出土図（九州——県別）

この見事な対応を前にして、なおかつ「偶然の一致だ」とか、「近畿の古墳期にもないわけではない」などと称して、記紀神話と弥生期の筑紫との濃密な関係を否定しようとする論者があれば、それは先入観念による執着に他ならぬ。そういったら過言だろうか。六世紀の近畿の史官の「造作」が、ひとつひとつ弥生の筑紫の出土事実と偶然の一致をしめす。そんな奇跡を誰が信じようか。理性に適合する歴史学は、奇跡や偶然の一致ではなく、人間の理性による自然な一致に依拠しなければならぬ。

「神話は史実を宿さず」と主張する戦後史学の論者、彼等が逆に奇跡めいた偶然の一致に頼らねばならぬとしたら、これは何たる歴史の皮肉であろうか。

一歩を進めよう。新たな問いがある。〝玉と矛（もしくは戈）と、いずれが主か〟。これだ。われわれ後代人の現代感覚から見れば、当然図体の大きい矛（あるいは戈）の方が主、そのように見えるかもしれぬ。

しかし、明白な事実がある。それは、勾玉などの玉は、縄文期以来の日本列島（たとえば九州・大分県の大石遺跡〈縄文後期〉等）の出土物であるのに対し、矛（あるいは戈）は明白に中国ないし朝鮮半島からの舶来品であることだ。中細戈鋳型などがしめすように、国産品はできていたとしても、その身元が舶来品であることは、疑いがない。

さて、この複合セットの成立について、二つのケースが考えられよう。

第一は、縄文期以来、勾玉などの玉を貴重なシンボル物としてきた日本列島（九州）人が、渡来の矛（あるいは戈）を加えて複合セットの複合シンボル物を作った、このケースである（このさい、モデルとなったのは、中国側の「玉具剣」であるかもしれぬ）。

第二は、大陸（中国・朝鮮半島側）からの渡来人が筑紫に侵入して征服者となり、もち来った矛（あるいは戈）に加え、在地民（被征服者）のシンボル物を添付して、この複合シンボルを作った。

この二つのケースだ。後者は、一見ありそうにない状況だけれど、ことを裏づけるのは土器だ。なぜなら、もし後者のケースだったとしたら、渡来支配者は当然、自分たちが大陸で使っていたスタイルの土器（いわゆる漢式土器）を、被征服者に作らせることであろう。つまり九州北・中部に和製の漢式土器がにわかに支配的となる。このような出土事実があれば、後者のケースが考えられよう。

これに対し、一部に漢式土器をまじえながらも、主体は、縄文期以来の土器様式の伝統に立った弥生土器である、こういう実情であれば、やはり前者のケースしか考えられない。いわゆる「瓊矛」なる宝器も、〝日常土器の大海の中の一宝器〟、こういう客観的な状況の中にあること、これを疑うわけにはいかないからである。

事実はどうか。当然前者だ。第一のケースしか考えることができないのである。天孫降臨（後述）などを、安易に大陸からの渡来征服者に結びつけようとする近来の傾向、これに対しては、右のような事実の反証の存在することを明確に書きしるしておきたいと思う。

第二章　天国の所在

「天降る」の意義

前章でふれなかったテーマへ進もう。

「天《あま》の瓊矛」の、「天の」とは何だろう。「伊予の二名《ふたな》」が「伊予の国の二名」を意味し、「筑紫の岡田宮」が「筑紫の国の岡田宮」を意味するように、「天の瓊矛」は「天国《あまくに》の瓊矛」を意味するはずだ。では、「天国」とは、一体どこか。

これには、諸説があった。日向・近江・甘木・筑後・阿蘇・肥後等々。さらに海外（中国ないし朝鮮半島等）にこれを求める説も、すでに江戸時代からあったことを新井白石は伝えている。現今のいわゆる「邪馬台国」論と同じく、天国（高天原を中心に）論は、早くから引く手あまたの花盛りだったのである。けれどもわたしは、記紀の神代巻を精視するとき、自然な帰結はそこにおのずからしめされているように思われた。個条書きしてみよう。

第一に、神話中、神々はしばしば「天降《あまくだ》って」いる。この「天降る」という動詞は、明白に「天国」から他領域へ行くことをしめしている。それを「天国中心」の立場から「降る」と表現しているのだ。

では、その「他領域」とはどこか。記紀のしめすところ、それは意外にも、限られている。筑紫・出雲・新羅、この三領域だけなのである。例をあげよう。

(イ)筑紫洲に降らしむ。(『日本書紀』第六段、一書第二)

(ロ)出雲国の伊那佐の小浜に降り到りて……。(『古事記』事代主神の服従)

(ハ)新羅国に降到りて、曽尸茂梨《そしもり》の処に居す。(『日本書紀』第八段、一書第四)

まず第一に、確認すべきこと。それはこの三つの「領域」は、「天国」ではないことだ。この史料事実を無視しない限り、筑紫・出雲・新羅の三領域に「天国」を求めようとする見解は、これを厳に否定しなければならないのである。

第二に、〝天国から、これらの他領域へ行く〟さい、何等の中間寄継地を必要としていないこと、これがポイントだ。これは何を意味するか。中心の「天国」は、文字通りこれら三領域に囲まれた、地理的中心にある。この帰結だ。いいかえれば、壱岐・対馬を中心とする、対馬海流の海上領域にある、これ以外の帰結は、わたしにはないように思われたのである。

第三に、わたしの右の分析に対する裏付けが見出された。それは、『古事記』の『国生み神話』に記せられた「亦の名」地名だ。そこには、

次に隠伎之三子《おきのみつごの》島を生みき。亦の名は天之忍許呂別《あまのおしころわけ》。

といった風に、各地の「古名」が記されている。それらを図示してみよう(第3図)。

それらの中で「天之〜」という古名をもつところ、それはまさに(一つの例外を除いて)対馬海流上の島々に限られている。ただ一つの例外は「天一根」(女島)だが、その意味は〝天国から分岐した一つの根〟だ(「根」は「茎《もと》」に対する、各分岐をしめす)。すなわち、対馬海流圏から瀬戸内海への分岐したところ、それをしめす古名だったのである。したがって「対馬海流圏＝天国」という大前提と矛盾するど

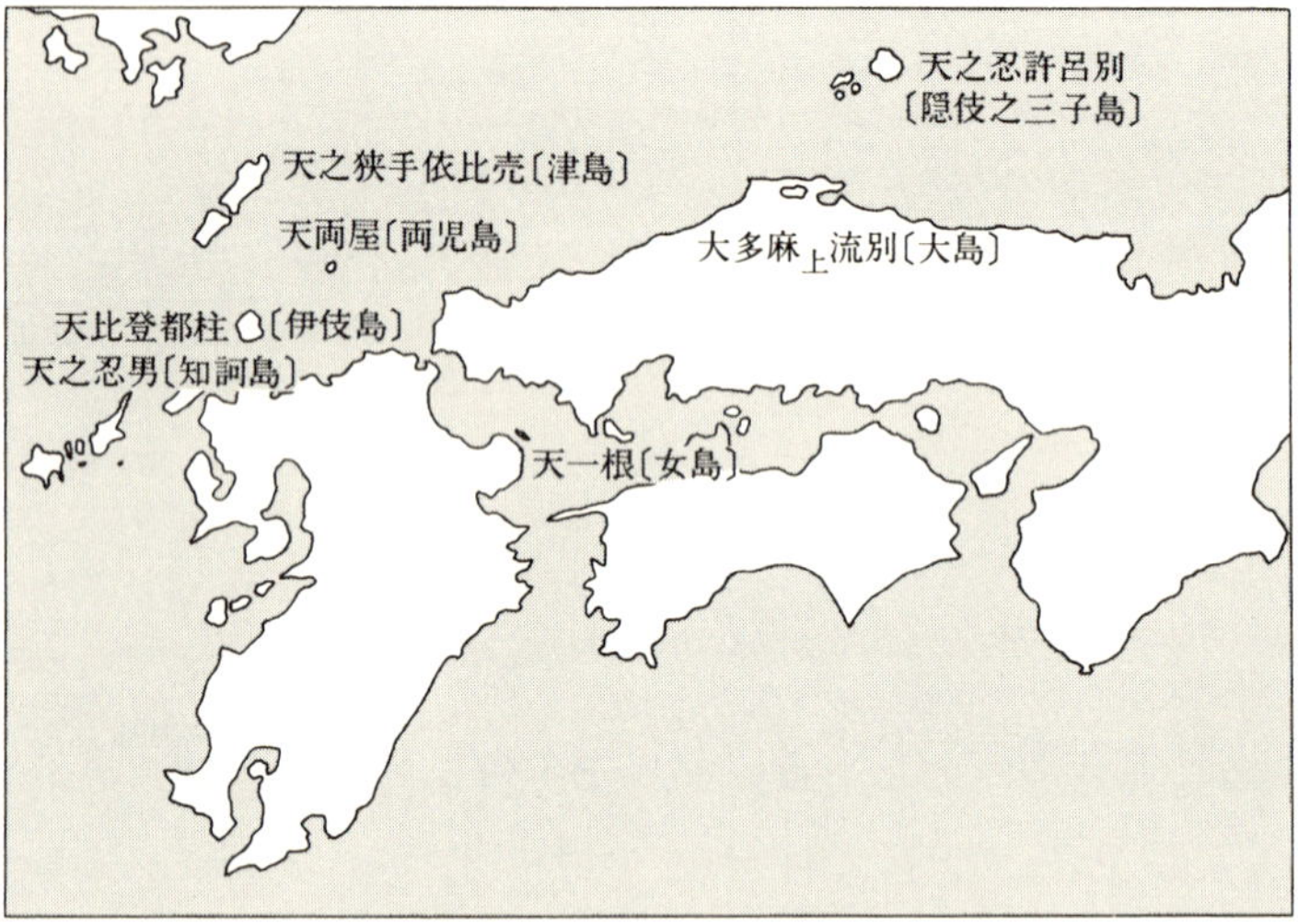

第３図　「天」のつく亦の名地図

ころか、相呼応しているのである。

（「天両屋」は五島列島に擬せられていたことがあるが、むしろ沖の島〈福岡県〉が妥当すると思う。拙著『盗まれた神話』第十三章参照。）

第二と第三と、二つの論証は、全く異った方法に立っている。しかるに、両者の帰結は一致した。なぜなら「天之～」という古名は、そこが「天国」に属している、そういう認識に立った呼び名であること、これを疑うことはできないからである。

したがって両史料と両分析のしめすところ、神話世界の認識が、この対馬海流圏の島々を「天国」と見なしていたこと、この一事しかないのである。そしてこの「天国領域」から周辺の他領域へ行くこと、それを「天降る」と称したのである。

わたしは、右の帰結を、記紀の神話世界を理解すべき、基本をなす定点、そのように見なすこととしたい。

いよいよ有名な「天孫降臨」について語るときがきた。戦前の国史の教科書の冒頭を飾り、終戦直後には〝墨で塗りつぶされる〟べき筆頭にあげられた。もちろん、戦後の教科書には登場していない。日本古代史上の史実とは認められていないのである。

では、果してこれは、津田左右吉の強調したように架空の作り事なのであろうか。古代史上の重要な史実と、全く無関係なものであろうか。あらゆる〝予断〟を避け、ひたすら実証的にこれを分析してみよう。

「天孫降臨」の意義

この神話は、高天原にいた天照大神が孫の邇邇芸命《ににぎのみこと》を次の領域へ派遣した、という話だ。

竺紫《ちくし》の日向の高千穂の久士布流多気《くしふるたけ》に天降りまさしめき。　（『古事記』天孫降臨）

かつて本居宣長は、これを「天上からこの地上への降下」の意と解すべしと力説した。戦前の教科書は、明治以来、これを承けついだ。しかし現在、こんな馬鹿げた話を信ずる人はいまい。

今は、前節までに到達した、その立場から分析しはじめよう。

右の「竺紫（筑紫）の〜」という表現は、当然「筑紫の国の〜」の意味だ。だからこの降臨地は、筑紫国（福岡県）の内部以外ではありえないのである。

この「竺紫」を九州全体と見なす論者がある。たとえば、本居宣長もそうだった。そうでなければ「日向」を宮崎県の日向へもってゆくわけにはいかないであろう。

しかし、実証の立場から見れば、これは無理だ。なぜなら、同じ『古事記』の神武記に、

故《かれ》、豊国の宇沙に到りましし時、……其地《そこ》より遷《うつ》移りまして、竺紫の岡田宮に一年坐《ま》しき。

とある。つまり、明瞭に「竺紫」は「豊国」と区別して用いられている。この用例から見ても、「竺紫」はやはり福岡県であって、決して九州全土の意味では用いられてはいないのである。

これほど明白な道理、これを『古事記』は隅々まで周知しているはずの宣長が無視したのはなぜだろう。それは実証からではなく、観念からだった。なぜなら、〝神武天皇は日向（宮崎県）を故国としていたもうた。それゆえ、この日向こそ「天孫降臨」の降臨地でなければならぬ〟。この観念を生かすために、あえて実証は無視されたのである。〝本居宣長は『古事記』を尊重した〟〝戦前の皇国史観は、記紀の神話をそのまま史実と見なした〟。このように説かれてきた。今でも、本当にそうだと思いこんでいる人もあろう。しかし、それは遺憾ながら事実ではない。

宣長も、戦前の皇国史観の論者も、口先のスローガンにもかかわらず、記紀の記述するところを、決してそのままうけとろうなどとはしていなかった。天皇家中心主義の観念の前には、唯々として古典の真実をゆがめて、かえりみることがなかった。不遜ながら、わたしにはそのように言い切る他はない。

「天孫降臨」の神勅と稲

実証主義の立場からすれば、この降臨地の「日向」の「高千穂」の「クシフル峯」は、筑紫（福岡県）の中にある。それはどこだろうか。

わたしはこれを福岡県の糸島郡前原町の在野の考古学者、原田大六氏の著書『実在した神話』の示唆をえて、現地の手塚誠氏宅の黒田長政文書等の中に「日向《ひなた》山・くしふる山」の名を見出した（『盗まれた神話』参照）。その所在地は、高祖山連峯の麓、日向《ひなた》峠の糸島側の下である。すなわち、ここは、

筑紫→日向→（高千穂）→くしふる

と、三連続地名の一致を見せている。「高千穂」は〝そそり立つ山容〟の修辞句であろう。「高祖山《たかす》」というのも、同類の表現であろう。「日向」は、九州各地にあり、筑紫（筑後）にも、幾つか存在するけれど、いずれにも、このような〝三連続地名の一致〟はない。したがってここがもっとも有力な降臨候補地、公平に見て、そのように見なすべきではあるまいか。

高祖山（左）と日向山

その上、この降臨地の地理的位置をさししめす、鮮明な表現が『古事記』にある。

韓国に向ひて真来《まき》通り
笠沙《かささ》の御前《みまへ》にして
朝日の直《ただ》刺《さ》す国
夕日の日照る国なり。
故《かれ》、此地《ここ》は甚吉《いとよ》き地《ところ》。

邇邇芸命が降臨地に立って発した第一声。そういう形で書かれている。問題は第一行だ。“韓国から、まっすぐに道の通っているところ”というのだから、ここ糸島郡・博多湾岸の地にまことにふさわしい。前にも述べた、

釜山→対馬→壱岐→唐津→前原→博多

という、大陸から日本列島（九州）へのメイン・ルートだ（笠沙は、博多湾岸の御笠川流域、御笠郡の地）。

少なくとも、この降臨地が九州北岸でなければ、この言葉のおさめようはない。「韓国」を韓国岳と解そうとするなど、いわば児戯に類す

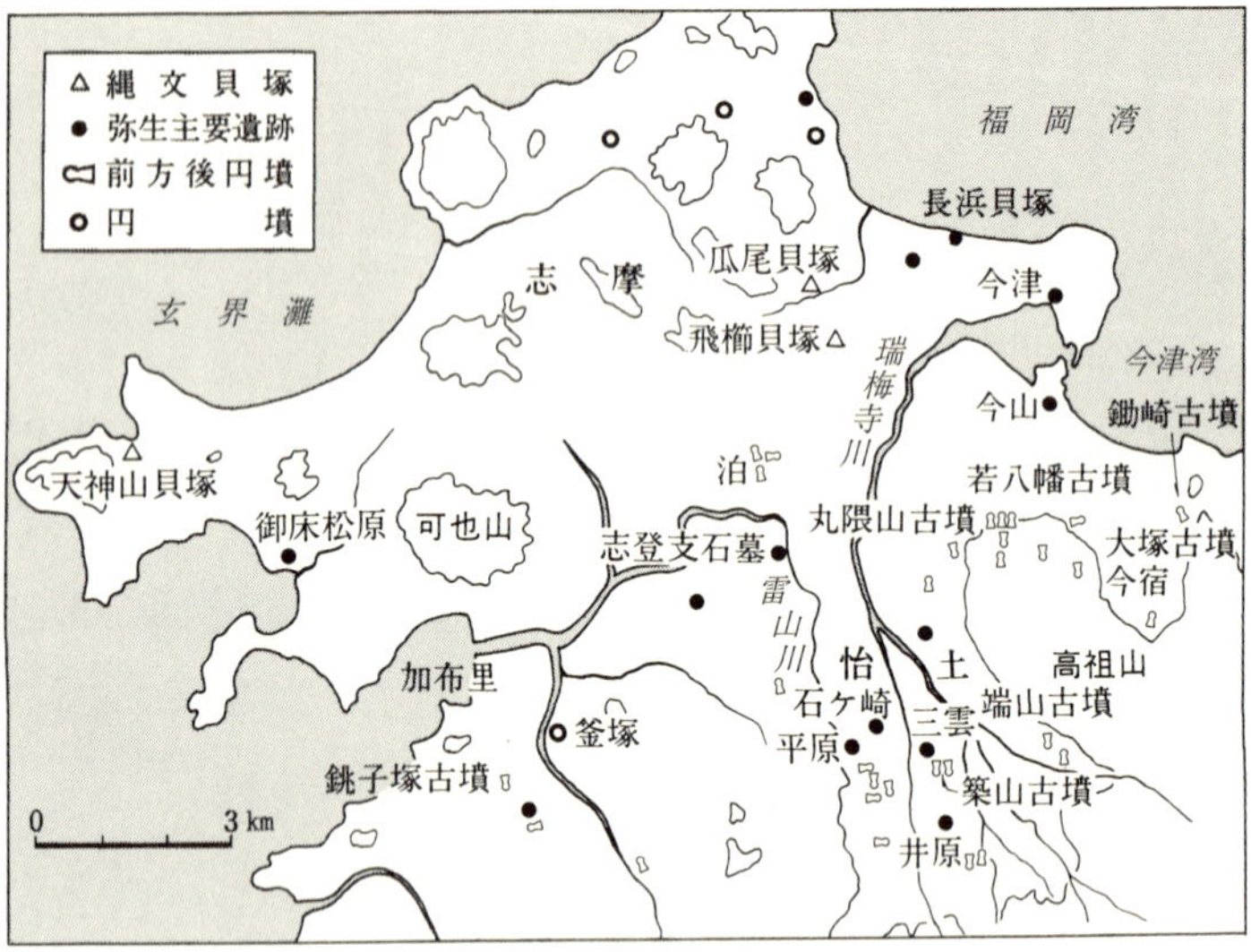

第４図　糸島地方主要遺跡分布図

る小細工であろう。

この六字一句、四行の対句形から見ても、他の降臨地候補地は失格だ。やはりこの高祖山連峯山麓の丘陵地以外になかったのである（ここは、西に「菜畑」の唐津、東に「板付」の博多を両側においた、その中枢地であった。——後述）。

〝壱岐・対馬から糸島への移動、それが「天孫降臨」とは、ミニチュアすぎるじゃないか。それに、そのくらいの移動なんて日常茶飯事じゃないか〟。このように反論する人もあるかも知れぬ。その通りだ。

しかし、天照大神は邇邇芸命に対し、ただ可愛い孫を旅に出したわけではない。それまでは対馬海流圏の支配、それが「天国」＝「海人《あま》国」の本領だった。ところが今度は、南岸（九州北岸）の大地に上陸し、その地に新しい支配を樹立する。それが「天孫降臨」だった。

〝海の支配から、陸の支配へ〟。その一大転機だったのである。

　葦原の千五百秋の瑞穂の国は、是《これ》、吾が子孫の王たるべき地なり。爾皇孫《いましすめみま》、就《い》きて治《しら》せ。

（『日本書紀』第九段、一書第一）

天照大神が邇邇芸命に与えたという「神勅」の一節だ。戦前の教科書では、冒頭を飾り、暗誦させられた。思い出して不愉快になる人々も、年輩者の中には少なくないであろう。けれども、成心を去って冷静に見つめてみよう。ここに言っていること、それは次のようだ。

〝今からお前の向う地は、稲作の豊饒な土地だ。お前はそこへ行き、そこを統括せよ〟と（このあと、「行け。宝祚《はうそ》の隆《さか》えむこと、当《まさ》に天壌と与《とも》に窮《きはま》り無けむ」とあり、「天壌無窮の神勅」と呼ばれた）。

新統治領域への侵出の狙い、それは一つ。――稲だ。そこは稲作水田の豊饒の地なのである。それはどこか。ときは弥生前半期だ。細矛の時代。その時点において、伝統ある水田耕作の中枢地、といえば、当然、菜畑（唐津）→板付（博多）の間にある。そして今わたしたちの到達した降臨地、それはまさにその〝菜畑と板付の中央〟にあった。縄文以来水田耕作の中枢地だったのだ。わたしたちが子供時分、お経の文句のように暗誦させられたこの一節が、深い古代史の真相とかかわりをもっていたことに、わたしは驚かざるをえない。

天照大神を祖神とする、壱岐・対馬の海人族は、大陸・朝鮮半島から日本列島への交通路の第一交差点に住していた。南方からの対馬海流と半島からの島づたいの交通路、その交わった点に彼等は位置していたのである。すなわち、日本列島の島々の民の中で、一番最初に金属器を手にした人々だった。銅矛・銅剣・銅鏡等がそれだ。

その金属の武器の力で、日本列島の他地域に対する優勢を保持した。その力で日本列島中、最良の水田地帯に対する支配、それを宣言したもの、それが右の、いわゆる天壌無窮の神勅だったのである。いいかえれば筑紫の弥生権力、支配層が、自己の権力の正当性を説き、その歴史的由来を語ったもの、そのようなまことに真実《リアル》な神話だったのだ。

戦後史学は、この神勅を荒唐無稽の非史実の筆頭にあげて葬り去った。墨で黒々と消し去られたあと、再びかえりみなかった。

しかしそれは、日本列島に「稲の文化」のひろがりはじめたとき、その中枢地の争奪とその地における弥生権力の樹立という、重大な史実を、神話という名において印象深く鮮明に語るものだったのである。

そしてその当時においては、天皇家の祖先はいまだ九州稲作文明圏の片隅にあって、一地方豪族の末裔という運命の中にいたにすぎなかったのである。

（天皇家がいかにして筑紫から分岐したか、その真相の追究は今後の課題である。また、稲作自身も、「天国」の地たる対馬、壱岐を通って、あの菜畑や板付へ伝えられた、という可能性も大きい。しかしその地は狭少であり、とても九州北岸のような豊饒の大生産地とはなりえなかったのである。）

第三章　国ゆずり神話

「国ゆずり」の深義

この「天孫降臨」と呼ばれる史実のもつ、さらに深い意味、それはこれに先立つ「国ゆずり」と呼ばれる神話の検討からえられる。

天孫降臨に先立ち、天照大神は二柱の神（天鳥船神《あまのとりふね》と建御雷神《たけみかづち》）を出雲なる大国主神のもとにつかわした。そしてその「葦原中国《あしはらのなかくに》」の統治をゆずることを求めた、という。「葦原中国」の範囲は明晰ではないけれど、神話内容からすると、〝出雲（大国）から筑紫に至る〟日本海岸の領域をふくむ地帯の名であったようだ。

二人の使者の口上を聞いた大国主神は、みずからは隠退の身であることをのべ、二人の息子にその回答を聞くように求めた。

まず、長男の事代主《ことしろぬし》神のもとに行ったところ、美保《みほ》の崎で釣をしていた彼は、「受諾」の意思を伝えたあと、海中に身を投じて死んだ。

次子の建御名方《たけみなかた》神は、これを拒否し、建御雷神に追われて信州の州羽《すは》の海（諏訪湖）のそばまで逃げ、そこでついに降服した。

このようにして「国ゆずり」の挙は成ったと記紀は描いている。

しかし、この神話を冷静に見すえてみると、不思議がある。それは「国ゆずり」という言葉の平穏さとは相反し、その実質は統治権の奪取ではないか、という点だ。

この場合、問題は、長男の事代主神の場合だ。記紀では、表面すすんで同意したかのように見える形で描かれている。しかしその直後、次のような描写がある。

即ち其の船を蹈《ふ》み傾けて、天の逆手《さかて》を青柴垣《あをふしがき》に打ち成して、隠りき。（『古事記』事代主神の服従）

因《よ》りて海中に、八重蒼柴籬《やへのあをふしかき》を造りて、船枻《ふねのへ》を蹈みて避《さ》りぬ。（『日本書紀』第九段、本文）

これらは一見、事代主神の隠退を語っているかのように見える。事実、そのように注釈したものも多い（たとえば、右に対する岩波古典文学大系『古事記』『日本書紀　上』の注）。

けれども、現地の美保神社の青柴垣の神事では、事代主神が海中に投じ、民衆がこれに驚き悲しむ、その仕業《しわざ》が神楽化し、行事化されて残されている。決してその逆、つまり国ゆずりを祝う神楽ではないのだ。

この現地の神楽と記紀の描く姿（「国ゆずり」承諾をクローズ・アップする）といずれが原型であろうか。つまり、〝やむをえざる統治委譲ののちの投身自殺と民衆の悲歎〟という悲劇的形姿と、「国ゆずり」成功の楽天的形姿のちがい。

これは、当然、前者の方が現地側の受け取り方の原型をしめしたもの、後者の方が統治権の強制的奪取者、つまり天照大神側の色眼鏡で描かれたもの、「改変」型、そう見なすのがことのすじではあるまいか。その上、事代主神の「投身自殺」の悲劇を、単なる「隠退」のように、ぼやかしてある。そういったら、果して過言だろうか。

以上のように考えてみると、親の大国主神と二人の子供と、誰一人喜んでこれを承知した者はない。これは当然なことだ。突然、〝国をゆずれ〟と迫られて、これを喜ぶ統治者がどこにいよう。名は「国ゆずり」でも、実は強制的奪取なのである。

筑紫の現地伝承

これと同一の、興味深いテーマが筑紫側にも残されている。

「天孫降臨」のさい、天照大神が邇邇芸命を筑紫へ遣わしたとき、筑紫の現地で「先導」役に立ったという神がある。猿《さる》(猨)田《た》毘《ひ》古《こ》(大)神だ。

其の鼻の長さ七咫、背の長さ七尺余り。当に七尋《ななひろ》と言ふべし。且口尻《またくちわき》明り耀《て》れり。眼は八咫鏡《やたのかがみ》の如くして、絶然《てりかがやけること》赤酸醬《あかかがち》に《の》似れり。

(『日本書紀』第九段、　書第一)

と描写されている。

わたしたちが現在、福岡県やその周辺の神社を訪れると、境内に「猿田彦大神」と刻んだ石柱・木柱・木札題字等の多いことに驚く。ここは「猿田彦大神」の信仰分布圏なのである。このような状況から見ると、記紀の「天孫降臨」における〝猿田彦神の先導〟という姿は、すなわち現地(筑紫)で衆人の信仰と崇敬を集めていた大神の歓迎を受けた——そういうスタイルをとっていることが分るのである。ところが、現地(福岡市)に伝わる筑紫舞(田島八幡の神楽)では、猿田彦は別の姿をしめす。天照大神側からの孫の派遣の事を聞き、これを強硬に拒む、つまり「天孫降臨の拒否」を頑として主張するのである。

天照大神側(思兼《おもいかね》神、中富親王)は、これに苦慮し、天鈿女命《あまのうずめのみこと》を派遣する。彼女はさまざまのエロチックな仕草で彼を誘惑しようとする。しかし、彼は肯《がえ》んじない。そういった所作が延々と演ぜられるのである。これは、記紀に見ざるところだ。

ところが、『日本書紀』に次の描写がある。

天鈿女、乃ち其の胸乳を露《あらは》にかきいでて、裳帯《もひも》を臍《ほそ》の下に抑《おした》れて、咲噱《ほほゑみ》て向きて立つ。

（『日本書紀』第九段、一書第一）

天鈿女は、猿田彦に対し、このような誘惑的な姿態をしめす。しかし、何のためにこんなエロチックな仕草をするか、全く不明なのである。なぜなら、右の文の前にも後にも、何の説明もない。ただこのあと、猿田彦が、

吾先だちて啓《みちひら》き行かむ

と言って、先導役に移ってゆくのであるから。

〝古代女性は、自然であり、無邪気にエロチックなのだ〟とでも、勝手に理解して、勝手に納得するのが落ちだ。

けれども、現地の神楽ではちがう。エロチシズムの目的は、明確だ。〝猿田彦大神の頑強な拒絶〟これを軟化させるためである。この拒絶があって、誘惑の仕草が生き生きとした意味をもつ。ナンセンスなエロチシズムとなることをまぬがれる。

このような認識に立って『書紀』の文面をふりかえると、そこには〝不可欠のテーマ〟が削除されているのに気付くだろう。そう、「猿田彦大神の拒絶」、このテーマだ。

『書紀』の一書の「原型」には、本来これがあった。だからこそ、天鈿女の媚態は有意義だった。自然な流れの中にあったのである。しかるに、『書紀』の編者は、これ（天孫降臨への拒絶）を不穏当とし、「一書の引用」にさいしてこれをカットした。したがって全く文章の脈絡を欠く、不自然なエロチシズムとなったのである。

『古事記』は、さらに「削除」をすすめた。この不自然なエロチシズムの個所を再び削除した。したがってはじめから直ちに〝猿田彦の先導〟記事につづく、一見きわめて自然な、あまりにも変哲のなさすぎる文面となってしまったのだ（これは『古事記』と『日本書紀』の全体との先後関係ではなく、『日本書紀』の一書との先後関係の問題である）。

以上の考察が正しければ、時間の先後関係は、

㈠現地の筑紫舞（田島神楽）——猿田彦大神の拒絶と天鈿女の媚態をふくむ。

㈡『日本書紀』の一書第一——猿田彦大神の拒絶をカットし、天鈿女の媚態を残す。

㈢『古事記』——猿田彦大神の拒絶につづき、天鈿女の媚態もカット（猿田彦の先導のみ、残す）。

㈠→㈡→㈢の順序で「改作」は進行した。そのように見なす他はないのである。

もちろん、㈠は〝原型そのまま〟で全体が遺存しているわけではない。中近世的付加要素は多い。にもかかわらず、その本質においては、右の㈠→㈡→㈢という、時の進行を疑うことができない。

第四章 「アマテル大神」の原型性

〝二十世紀の現代に遺されている芸能・伝承の中には、記紀以前の原型をふくむものがある〟。出雲と筑紫の神楽から見出した、この未知のテーマ。それをわたしがもっとも明確な形で認識したのは、天照大神の身元の探究からだった。

わたしはすでに、「天国」を対馬海流圏と見なした。とすれば、天照大神の「原産地」も、当然この領域内でなければならぬ。それはどこか。

天照大御神の原産地

この問題を考える上で、まず検証すべきこと、それはこの神名の読みだ。普通「アマテラスオオミカミ」と読まれている。近畿天皇家内で読みならわされてきたものであろうけれど、本居宣長の『古事記伝』によって、一層確定し、流布されるに至ったものと思われる。

純訓読上の問題からいえば、「天照大御神」と表記するケースも『古事記』にあるから、このケースこそが「オオミカミ」であって「大神」の場合は「オオカミ」が正確だ。通例は記紀ともにこの形なのである。けれども、宣長は『古事記』の訓読にさいし、名詞といわず、動詞といわず、皇祖・天皇に関するものは、敬語読みを乱発し、乱用した。たとえば、

天降也　　（『古事記』葦原中国の平定）

に対し、「天降したまひき」と読んで、はばかることがなかった。これも、おびただしい「原文面の改変」であった。

したがって「大御神」と「大神」の別に一切かまわず、「オホミカミ」と訓読したのであった。

この宣長の敬語過剰読み問題は、「天照」の読みにもあらわれている。これはこのまま読めば、「アマテル」であって、「アマテラス」とは必ずしも読めない。けれども、後者の「ス」について「使役」ないし「敬語」の助動詞めいたひびきが存する（あるいは、その語感につながる）からか、宣長はもっぱら、この後者の読みを採用して疑うことがなかった。同様に、この『古事記伝』の読みは、明治以降、一段と正当化され、権威化され、流布するに至ったのである。

けれども、これとは異なった読み方をする地方がある。対馬だ。

阿麻氐留神社　下県郡　　（『延喜式』神名帳）

とある。これは明らかに「アマテル」である。「天照」の字面にピッタリだ。近畿天皇家内で「アマテラスオオミカミ」と読みならわされ、宣長によって流布されたあと、わざわざこのような「新訓」が行われるとは考えがたい。とすると、この方が古訓を存する。わたしはそのように考えた。すなわち、伊勢の皇太神宮をはじめとする、近畿を中心とする各地の神社における読み（それは通例「アマテラスオオミカミ」と読まれる）より、一層古い読み、つまり原型が、対馬に遺存しているのである。この事実も、この領域（対馬海流圏）を「天国」と見なし、天照大神の原産地とするわたしの仮説を裏づけるものであろう。

鳥居の額

対馬の現地伝承

わたしは第三書『盗まれた神話』を書く前、阿麻氏留神社の現地をおとずれた。

対馬の上県郡と下県郡の境、浅茅湾の最奥部、小船越の地にそれはひっそりと存在した。その石の鳥居の石の額に「阿麻氏留」の四字はハッキリと刻まれていた。ここには、近畿天皇家側の新訓以前の古名が、ささやかな形で、二十世紀の今日に遺存していたのである。

けれども、真の問題はその次にあらわれた。宮司さんは常駐されず（兼任）、すぐそばの氏子総代の方をおたずねした。そこでこの「アマテルオオカミ」に関する伝承をお聞きしたところ、とつとつと、さりげなく、次のような神話を語られた（小田豊氏、昭和五十九年現在八十四歳）。

〝わたしの方の神様は、一年に一回、出雲へ参られます。神無月（旧暦十月）です。その時出雲へ行かれます神々の中で一番最後に参られて、一番最初に帰ってくる、といわれております。その季節はわたしたちが舟で出雲へ行き帰りするにも、一番行き来しやすい時期に当っております〟。

半生を海ですごしたという、その老漁夫（氏子総代）は、おだやかな、飾らぬ口調でそのように語られたのである。

わたしとしてはそのとき、最後の一節にだけ、関心をもった。対馬から出雲へ行くときは、対馬海流を「降《くだ》る」のだから、楽だ。問題は、帰り。東から西へと風の吹く季節、それが丁度この季節に当っているのではあるまいか。〝神話も、自然の地理・気候状況に従って語られるのだな〟。そのときは、そういう感慨に、わたしはとどまっていた。

それから十年余、わたしは前述の出雲と筑紫の神楽に会い、また先述の筑紫舞の問題に没頭したのち、この現地伝承説話のもつ、重大な意義に気づくことができた。

問題のキイ・ポイント、それは次の一点、〝神々の位取り〟である。ここでは〝出雲の大神が主人、天照大神は家来〟なのだ。なぜなら、参勤交代よろしく、年に一度、出雲へお参りする。そのさい、家来の方がデンと居坐っていて、主人の方が参集する、そんな話があろうか。当然、逆だ。居坐っている方が主人、集る方が家来なのだ。ただ、その家来の神々の中で、天照大神はナンバー・ワン。そういう位取りなのである。なぜなら、〝一番あとに出かけて、一番先に帰る〟とは、要するに「待つ間が一番少ない」ということだ。逆に、最下位の神は〝一番先に出かけて、一番あとに帰る〟こととなろう。だから、参集する神々の中では最高位ながら、出雲の大神に対しては、当然従属神。そういう位取りなのである。

これはわたしが少年時代（戦前）以来、学校で聞かされてきた話とは全くちがう。そこでは、天照大神が永遠の主神だった。

宣長のあやまち

すでに本居宣長は、『古事記伝』でこのことをくりかえし説いた。天照大神は、太陽の神格化であり、一地域の神ではない。全地表を照らす最高神だ、というのである。

さて又四海万国、此大御神の御光を蒙り、御霊を蒙りながら其ノ初メの趣をも知らず、此ノ皇国に生《アレ》坐ることをも知らずて、皇国のすぐれて尊きことをもすべて知らずてあるは、外ツ国には、すべて神代の正伝《タヾシキツタヘゴト》説のなき故なり。（『古事記伝』七）

天照大神を皇国（日本を天皇の国とする）の中心とすると共に、全世界の国々の中心とする、宣長流の皇国史観の精髄がここに語られている。それがそのまま、明治以降、敗戦に至るまで、戦前型の皇国史観とされていたのだ。

このような「教養」のもとに育ったわたしたちは、「天照大神は神々の中の神、最高の主神」、そのように思いこまされてきた。これに対し、津田左右吉を承けた戦後史学、そこでは、天照大神をめぐる神話の一切合切を史実に非ずと論断した。後代の造作ときめつけた。その完璧すぎる全否定は、逆から見れば、安易な結論への安住を生むこととなったのではないだろうか。「神話では、天照大神が最高神」。この命題に対して、再吟味さえしようとはせずに来たのである。

しかしながら、今のべた阿麻氏留神社の伝承する天照大神の姿、それは右の概念に反する。宣長流の壮大な天照大神論とは、似ても似つかぬものが、ここにある。これはなぜだろうか。

少なくとも、確認できる一点がある。それは、近畿天皇家が天照大神を自家の最高主神に祀《まつ》り上げてからのち、このような位取りの神話を新作できるものではない、ということだ。とすれば、この神話は当然、それ以前の古型、そういうこととならざるをえない。

このように考えをすすめてくると、この神話内容は、実は記紀神話と矛盾してはいない、そのことに気づくであろう。なぜなら、問題はあの「国ゆずり」だ。あの事件が「国ゆずり」として特記されるのは、なぜだろう。当然ながら、それまでは、出雲なる大国主大神が神々の主神だったのだ。そして天照大神は、家来の神々の中の実力ナンバー・ワンにのし上がっていたのだ。だからこそ、主人たる大国主大神に対して「国ゆずり」を強要しえたのである。

もし、それ以前から、すでに天照大神が主神だったとしたら、「国ゆずり」の下《した》交渉などと七面倒なことをせずとも、簡単に「これから孫をやる。歓迎するように」。そう言えばすむことだ。

迎える方も、この「下命」を光栄として、ひたすら歓迎準備に専念すればいい。何も、承諾してから投身自殺する必要なんかない。そんなことをすれば、最高の非礼となろう。次男の建御名方神も、わざわざ諏訪湖まで落ちのびる苦労をする必要など、毛頭ないわけだ。第一、大国主大神が隠退生活に入る必要すら皆目ないはずではないか。

明らかにこれは「権力の委譲」だ。一見平和裏ながら、強制的な統治権の奪取なのである。諏訪湖まで追うたのも、一人（建御雷神）が一人（建御名方神）を追うたのではあるまい。当然武装した軍勢を率いた追跡だ。だとすれば、大国主大神に「国ゆずり」を交渉したときも、一層大きい武装した本隊を率いての交渉だったはずである。だから、大国主大神や事代主神は抵抗をあきらめたのだ。

このように考えてくるとき、ことの真相は明らかとなろう。阿麻氐留神社の現地伝承は、「国ゆずり」以前の、真実《リアル》な神々の位取りをしめしていたのである。記紀神話と矛盾するどころか、記紀神話を理解する上で不可欠の大前提、それがこの現地伝承だったのであった。

考えてみれば、これは自明の話だ。なぜ、今どき気づいたのか。外国の記紀研究者なら、かえってそのことに、あるいは驚くかもしれぬ。しかし、戦前風の記紀理解のやり方に頭脳を汚染されたままのわたしたち、ことに〝本居宣長の『古事記』理解は、やっぱりたいしたものだった〟といった、盲目的な宣長崇拝が、文壇の中枢、評論家という名の知識人にまで復活した気配のある戦後の思想界では、このような自明の理解さえかえりみられずにきていたのだった。むろん、神話の全否定や神話の抽象的（いわゆる舶来の「神話学」的手法の）理解にとどまってきた、津田左右吉以後の古代史学の罪がその背後にあろう。かえって記紀神話を真に構造的に理解すること、人々はそれを行わずにきていたのであったから。

万人周知の神話

その「盲点」を突いたもの、それがこの阿麻氐留神社の現地伝承だった。それはまぎれもなく、記紀神話より、より古い形を保存していた。いわば、記紀神話成立の直前形だ。

静かにふりかえってみれば、この伝承は、何も特異な伝承ではなかった。

〝出雲へ八百万《やおよろず》の神々が年に一回（神無月）参集することになっている。〟

このテーマは、わたしたちが、祖母や近隣の年寄りたちから、ことにふれて聞かされて育った神話ではなかったか。もちろん、戦前の学校の「国史」の時間には、そんな話はなかった。いつも天照大神は主神だった。最高神だった。

戦後の日本史の教科書には、もちろん、この類の話はカットされている。釈迦やマホメットは出てきても、天照大神は登場しない。それがこの国の教科書だった。

だから、戦前も戦後も、歴史という文脈の中では、この日本人にとって著名の神話、少なくとも西日本の庶民に周知の神話は、とりあげられることは絶えてなかったといっていいであろう。

ただ、国語の時間、「神無月」の説明のときなどには、この神話が採用されたことであろう。実際、この神話なしに、この月名の説明は不可能なのであるから。けれども、それは断片的な知識にとどまった。体系的な思考に結びつかなかった。「その八百万の神々の中に、天照大神もいたのですか」。ある生徒が、もしこのように問うたとしたら、教師は絶句したことであろう。しかしその一点にこそ、日本の神話、ことに記紀神話の成立を解き明かすべき、一つのマスターズ・キイがかくされていたのであった。

最初の記紀神話の聴衆、それは筑紫の弥生期中葉の人々だったであろう。彼等にとっての常識は、〝出雲大神中心の神話〟だった。これに対して〝天照大神は、配下の一神〟これもまた常識だったのである（もちろん、当時これを「神話」と呼んではいなかったであろう。叙事詩であり、「語り」であったであろう）。

この常識に対して、「新作」の神話が説かれた。――記紀神話だ。

〝今まではそうだった。しかし、これからはちがう。これまで家来だった天照大神は、主人になったのだ。最高神の位置にとって代ったのだ。その証拠に「国ゆずり」を大国主たちは承知した。そして現に「天孫」の子孫たるわたしたちが、お前たちを支配しているではないか〟と。

武力による権力奪取という既成事実を、「神話」（語りごと）の形で合理化し、民衆説得の用具とする。然り、神話は筑紫の弥生権力者たちにとって、〝権力正統化のために不可欠なＰ・Ｒの手段〟として、まさに創作されたのであった。

なぜ、そのような神話転換、実は権力の転換がおこったのか。この問いに対して、わたしたちは今や幸いにも、容易に答えることができる。

出雲から筑紫へ

すでにのべたように、「国生み」の原動力は、武器にあった。大陸から伝来された銅矛、銅戈の類、それが決定的だった。そのように彼等自身が証言しているのだ。古来の勾玉の霊力をまとうた新来の金属器による武装、それがそれをもたざる国々を圧倒し、勢力圏をひろげることができた。「国生み神話」は、露骨に、そして明晰に、そう語っていたのである（縄文期の武器が石器であったことは自明だ。これに対し、大国主命の時代はすでに金属器を使っていたようである〈弥生〉。なぜなら「八千矛の神」の異称をもっているから。その「矛」の供給源は「対馬・壱岐」を通じてのものにもとづいていたであろう。ここにこの二島を拠点とした天照大神たちの一族が「勢力の逆転」に成功した背景があったように思われる）。

これに対し、出雲版の「国生み神話」。それは、『出雲国風土記』に伝えられている「国引き神話」だ。八束水臣津野命《やつかみずおみつののみこと》が小出雲国を原点として方々から国を引き寄せる話だ。西は志羅紀（新羅）、北は佐《さ》伎《き》（大社町鷺浦か）、また農波《ぬなみ》（八束郡島根村野波か）、東は高志《こし》の都都《つつ》（能登半島の珠洲《すず》か）から引き寄せて、現在の大出雲国を造成した、というのである。比定地には、幾多の問題があるけれども、大体の構想は、前ページのようだ（この説話に対して新しい分析をしめしたものに、清水裕行氏「『国引き説話』の検討」がある。『市民の古代——古田武彦とともに』一九八一年第3集、大阪府南河内郡太子町春日九八―一一一六、三木カヨ子方、所収）。

そしてそのたびごとに、同一のフレーズがくりかえされる。

童女《をとめ》の胸鉏《むなすき》取らして、大魚《おふを》のきだ衝《つ》き別けて、はたすすき穂振り別けて、三身《みつみ》の綱うち挂《か》けて、霜黒葛《つづら》くるやくるやに、河船のもそろもそろに、国来々《くにこくにこ》と引き来縫《きぬ》へる国は……。

ここに出現する材質は、鉏（木製）と綱だ。他には「御杖《みつえ》」くらい。これも、もちろん木製だ。要するに、金属器以前だ。

この点、金属器（銅矛）を主役とする記紀の「国生み神話」とは、完全に時代相を異にしている。もちろん、出雲の「国生み神話」が先、筑紫（記紀）の「国生み神話」が後だ。この神話の成立層のちがいからも、先にのべたわたしの「国ゆずり神話」への理解は裏づけられよう。

神話の伝播

他国の神話とわが日本列島内の神話、その比較神話学のテーマについて一瞥しておこう。

記紀の「国生み神話」は、次のようにしてはじまる。

廼《すなは》ち天之瓊矛《あまのぬほこ》を以て、指《さ》し下《おろ》して探《かきさぐ》る。是《ここ》に滄溟《あをうなばら》を獲《え》き。其の矛の鋒《さき》より滴瀝《しただ》る潮《しほ》、凝《こ》りて一《ひとつ》の嶋《しま》に成れり。名《なづ》けて磤馭慮嶋《おのごろしま》と曰《い》ふ。二の神（注・伊奘諾尊《いざなぎのみこと》と伊奘冉尊《いざなみのみこと》）、是《ここ》に、彼の嶋に降り居して、因りて共に夫婦《めをと》と為り、洲国《くにつち》を産《う》生まむと欲す。（『日本書紀』第四段、本文）

海上を舞台とした「国生み」、いかにも、島国である。この日本列島内で産出された神話として、ふさわしい。ことに海人族の神話とすれば、なおさらだ。

ところが、これと共通のテーマを表現した神話が東アジアの他の領域にもあるという。

蒙古語族に属するカルミュク族の神話では、原初の海洋に泡が出来、この泡から、すべての生物・

人間・神神が出現したことを伝え、また蒙古人の他の伝承では、天から降った神が、一本の鉄棒で原初海洋をかき廻すと、液体の一部がかたまって大地になったという。

（岩波古典文学大系『日本書紀　上』補注1―二二）

記紀神話の場合と興味深い一致が見られる。物語の性格上、〝偶然の一致〟というケースの可能性も、当然ありえよう。

これに対し、もし両者の間に伝播関係があったとすれば、その方向は「蒙古→日本」でなく、「日本→蒙古」の可能性の方が高いのではないだろうか。なぜなら、

(一)海洋を母胎とする神話に関して、大陸内奥の部族（蒙古族）から、海洋の部族（日本列島人）の方が学び、これを受容するとは考えにくい。逆の方が自然だ。

(二)記紀神話の場合は「銅矛」であるのに対し、蒙古神話では「鉄棒」だ。「鉄棒→銅矛」という変化は考えにくい。時代層として、やはり「銅矛→鉄棒」の方が自然だ。

いずれの点から見ても、もし伝播の可能性ありとすれば、このケースは「南→北」のようである。

現今、日本の神話を他国の神話と比較する場合、共通点があれば、直ちに日本への伝播として断ずる論者が少なくないけれども、やはり学問上、厳密に、両方向の可能性を考慮すべきであろう。そして、

①両者の関係（交渉）が確実であること。

②両者の中で、いずれがより古いか冷静に検証を加えること。

この二点を厳格に立証すること、これが「伝播の論証」の成立上、何よりも肝要ではあるまいか（近年盛んな、「朝鮮半島―日本列島」間の交渉の場合も、同じく右の二点の確認の上に、立論の架かれるべきこと、学問上、不可欠であろう）。

第五章　弥生新作神話の誕生

〝記紀神話は、筑紫の弥生権力による新作神話である〟

わたしの到着した、このテーマをさらに深めてみよう。

造作は弥生にあった

記紀では、「国生み神話」につづき、神々を次々と生みゆく話があり、その最後に「三神誕生神話」が語られている。『古事記』によって見てみよう。

伊邪那伎命（伊奘諾尊）は、「黄泉国」から逃げ帰った後（後述、八八ページ）、筑紫にもどり、禊《みそ》ぎをして身を清める。

筑紫《ちくし》の日向の橘の小門の阿波岐原に到り坐《ま》して、禊ぎ祓《はら》ひしなり。

ここでも、次々と新たな神々を生んだあと、焦点をなす「三貴神誕生」の段に至る。

是《こ》に左の御目《みめ》を洗ふ時、成れる神の名は、天照大御神。次に右の御目を洗ふ時、成れる神の名は、月読命。次に御鼻を洗ふ時、成れる神の名は、建速須佐之男命《たけはやすさのをのみこと》。

まず、この誕生地を吟味しよう。

「筑紫→日向《ひなた》→小門」。この三連続地名を満足させる地域がある。博多湾岸中央部、現在もそこに小門《おど》神社がある。

「国生み神話」の原点とおぼしき淤能碁呂島《おのごろ》（磤馭慮嶋）を目の前にした浜辺だ。「日向」は例の日向《ひなた》峠（現存）、日向山《ひなた》（『黒田長政文書』）の日向だ。小戸の海岸は、この「日向」地帯をバックにしている。とすると、「橘」は「立鼻」であり、あの「高千穂」と同じく、〝地形をしめす修辞〟ではあるまいか。海への突出部を「〜鼻」の形で呼ぶ例は、この地帯にも多い。

（博多湾岸東端部に、現在「立花山」があり、原田大六氏はここを候補地とされる。しかしそこは「日向」「小門」とは離れている。）

要するに〝三貴神は博多湾岸で生れた〟。これが、記紀の主張する、誕生地なのである。

これは、筑紫の弥生権力にとって、きわめて好都合な、そして似つかわしい筋書きだ。なぜなら、板付の縄文水田（もちろん、弥生水田へつづく）から志賀島の金印（弥生中葉）に至る遺物・遺跡のしめすように、ここ博多湾岸は、筑紫の弥生権力の中枢地、いわばお膝元だ。そこで三貴神は誕生した。――これはまことに絵になる光景。これ以上のお膳立てはない。

ないけれども、すでにわたしたちは知っている。天照大神の真の出生地は、ここではなかったことを。――対馬だ。「天国」という名の対馬海流圏、そこ以外に彼女の出身地はありえない。なぜなら「天照る」というその名が、いつわりえず、その「天国」の中なる本籍をしめしているからである。

出世神

阿麻氐留神社の伝承では、彼女は出雲の大神配下のナンバー・ワンだった。しかし、これとてこの女神、本源の姿ではあるまい。出雲の大神の下の、ナンバー・ワンの位置にまで登りつめた、後世風に表現すれば、〝位、人臣を極めた〟時点なのである。

では、本源の姿とは、何か。思い切って言えば、わたしたち日本列島の庶民になじみの深い、あの

「テルテル坊主」、あれではないか、とわたしには思われる。もちろん「〜坊主」の表現は、仏教渡来以後のものだけれど、その習俗は古い。縄文中期の遺跡からも、祈禱・呪術の類に用いたらしい人形《ひとがた》は出土している（たとえば釈迦堂遺跡〈山梨県〉など）。

　このような〝晴天を祈る人々の、信仰対象〟その海上版が、この神の本来の役割ではなかったかと思われる。「天の」は、実は「海《あま》の」を意味する。「天」という、中国流の美字をあてたのは、もちろん後代の仕業だ。「阿麻氐留」の字面がしめす通り、本来は〝海上の安全、晴天下の漁撈と渡海〟を祈るための、漁民たちの守護神の一つだったのではないだろうか。その意味では、縄文の神々の一つだったと考えてもいいであろう。縄文の民、ことに海の民にとってもまた、海上の晴天を祈るための神、それは不可欠であろうから。その点、対馬海流圏に生活する人々の中から生れた神として、まことにふさわしいのである。先に、その真の出身地は対馬だ、といったけれど、より厳密にいえば、壱岐を中心として、この海上の島々を拠点とする海上民が、岩山の多い、神聖なる神の島である対馬にこの神を奉祀したところ、それがたとえば、あの阿麻氐留神社だった、と思われるのである。

沖の島

　対馬海流圏にもう一つ、天照大神と関係の深い島がある。沖の島だ。ここは一面、岩山と岩壁の島。古代の神聖の島としてふさわしい岩島だ。そのかたわらに「小屋島」がある。これに対する大きな島の方が「岩屋島」であろう。つまり両島合わせて「天両屋《あめのふたや》」（両児島）と呼ばれたのではあるまいか（『古事記』国生み神話）。

　そして、記紀神話中に著名な「天の岩屋」、これも、この島のことではあるまいか。

「高天原」や「邪馬台国」同様、「天の岩屋」候補地も各所に存在する。存在するけれど、今までの論証のすじ道からすれば、そこは「天の」を冠しているのであるから、ここ対馬海流圏上の島々の一つでなければならぬ。その中で「岩屋（島）」に当るところ、しかも「天照大神の隠れ処《が》」として、この沖の島以上に、好適なところをわたしは知らない。

しかし、注意すべき点がある。それは、この「天の岩戸隠れ」の神話は、決して本来の神話ではなく、弥生新作神話の一節であろう、と思われる点だ。

まず、そのあら筋を『古事記』によってのべよう。

須佐之男命は、姉の天照大神との誓約（お互いに神々を生み合う）に勝ったと称し、喜んで田を荒してまわった。その挙句、忌服屋《いみはたや》で服《はた》を織っていた天の服織女《はたおりめ》を死なせてしまう。「天の斑馬《ふちこま》」を逆剝《さかは》ぎに剝いで、服屋《はたや》に投げ入れたため、彼女等は驚き、

　梭《ひ》に陰上《ほと》を衝《つ》きて死にき。

としるされている。ために、天照大神は悲しみ、天の石屋《いわや》（岩屋）の戸を開いて中にこもってしまったという。そのため、

　爾《ここ》に高天の原皆暗く、葦原中国悉に闇《くら》し。此れに因りて常夜《とこよ》往きき。

という事態となった。そこで諸神が困惑し、集って衆知を練った結果、高御産巣日《たかみむすびの》神の子、思金《おもいかねの》神の発案によって一策が案ぜられた。

諸神が天の石屋戸の前に集り、天宇受売《あまのうずめの》命は「胸乳《むなぢ》を掛《か》き出で裳緒《もひも》を番登《ほと》に忍《お》し垂れ」て舞った。

そこで、

　爾《ここ》に高天の原動《とよ》みて、八百万の神共に咲《わら》ひき。

という。天照大神は、これを怪しみ、その理由を問うたところ、天宇受売は、

　汝命《いましみこと》に益《ま》して貴き神坐《いま》す。故《かれ》、歓喜《よろこ》び咲《わら》ひ楽《あそ》ぶぞ。

と答える。天照大神が石屋戸のすきまからのぞく。天児屋命、布刀玉命《ふと》が、鏡をさし出す。天照大神は、その鏡に映った自分の顔を、新しい貴神かと疑い、さらに戸から身をのり出す。すかさず、天手力男神が石戸をこじあけ、天照大神を外につれ出した。そこで、

高天の原も葦原中国も、自《おのづか》ら照り明りき。

という、ハッピー・エンドをむかえるのだ。

まことに稚気愛すべき光景だけれど、この天照大神は、明らかに最高神だ。太陽の中央神なのである。石戸一つへだてただけで、外の諸神のはかりごとの真相を知らず、鏡に映じた己が顔を、他の新しい女神と見まちがえて嫉妬するという、まことに超能力ならぬ、通常の女の能力しかもたぬ神として描かれている。これは、のちのち近畿を中心にして、伊勢から日本列島全土を睥睨《へいげい》するに至った時期に比べると、いたく原初的な姿だけれど、にもかかわらず、すでに「太陽神」「八百万の神々の最高神」として語られていることは、疑いがない。

すでに、対馬から年に一度出雲へお参りしていた時代ではない。ずっと出世し切っている姿で語られているのだ。なぜか。

いうまでもない。これは「国ゆずり」と「天孫降臨」以後に、新作された神話だからだ。八百万の神々の中心が出雲の大神だった時代はすでに過去だ。今や八百万の神々の中心は、太陽の最高神、天照大神だ。この一事をP・Rすること、これがこの新作神話の眼目、一番の狙い目だったのである。

だから、このあと、須佐之男神は、出雲へ放逐《ほうちく》される。

千位《ちくら》の置戸《おきど》を負《おほ》せ、亦鬚《ひげ》を切り、手足の爪も抜かしめて、神《かむ》やらひやらひき。

かつては、八百万の神々の集う、中央の聖地だった出雲は、今や、弥生筑紫で作られたこの「新作神

話」では、流刑人のおもむくべき辺域、いわば流謫地あつかいされているのである。記紀神話、実は弥生筑紫神話のもつ政治性、それはここにもまた明瞭である。

この点、たとえばあの「国引き神話」にも見られる、『出雲国風土記』の伝える古代出雲、それとこれとは全く異質だ。むろん、『出雲国風土記』の伝える古代出雲の神話の方が、この地の本来の伝承だ。これに対して記紀は、筑紫に隷属させられたあとの出雲を神話的に定着させようとする狙い、そういう明確な政治目的をもった神話だったのであった。そしてそれはまさに、弥生中葉の史実と中枢権力の所在をありありと語るものだったのである。

したがって記紀神話をはじめから読みすすむときは、三貴神の誕生や天の石戸神話がはじめにあり、「国ゆずり」や「天孫降臨」神話はあとにつづいているけれど、実際の順序は逆だ。後者の成立によって「出雲―筑紫」間の政治的優劣が逆転した。その後に、武力による既成事実を、新作神話によって合理化した。それを新しい教養として、定着させようとしているのである。

スサノオの出生地

弥生筑紫の新作神話で、博多湾岸の誕生とされた天照大神、彼女は本来、対馬など、対馬海流圏の神々の一だった。このことから考えると、同じくワン・セットで右の湾岸の誕生とされた須佐之男神もまた、本来の出身地、つまりその本貫は、別にあった。そのように考えられるのである。では、それはどこか。

わたしはそれは、ズバリ言って出雲であると思う。その理由は次のようだ。

㈠記紀神話は「筑紫が主、出雲が従」の形を主テーマとしている。その新テーゼこそ、その最大の力説点だ。そしてその神話中、「天照大神を姉、須佐之男神を弟」としている。これは、〝筑紫と出雲は兄弟国である。そして前者が主（姉）、後者が従（弟）である〟という形が、もっとも明瞭に記紀神話の骨骼としてしめされたものだ。

㈡右のような状況からすると、天照大神が「天孫降臨」後の筑紫権力によって祖源の神とされている点から見て、須佐之男神が出雲の勢力によって〝本来尊崇されていた在地の代表神〟でなければ、つじつまがあわぬ。いってみれば、この新作神話の趣旨に合わないのである。〝出雲の人々の尊崇してきた須佐之男神、あの神は、実はわが天照大神の弟であった。それが罪をえて、出雲へ移られたのだ〟。このように語ること、それがこの新作神話にとって、必要な要件と思われるからである。

㈢神々の身元、その本来の姿は、その神名そのものに表現されていることが多い。天照大神の場合も、そうだった。これに対して須佐之男神の場合、

須佐（地名）プラス男（尾）

という地形そのものを神名にしている。「男」は「をとこ」ではなく、「〜の尾」という、日本語に存在する地形表現の一つであろう。たとえば、

御陵《みはか》は畝火山の北の方の白檮《かし》の尾の上《ほとり》に在り。（『古事記』神武記）

今、島根県に須佐神社があり、その地は文字通り「須佐」だ。ここを〝須佐之男神が祭られているから、須佐と呼んだ〟と解するのは、事の順序からいって逆、本末顚倒《てんとう》だと思われる。なぜなら、もしそうなら、各地の須佐之男神の祭られているところ、軒なみ「須佐」という地名になっているはずだからだ。やはり、彼は本来、この地の土地神として誕生した神だったのである。

「三種の神器」の史料批判

次は、有名な「三種の神器」の問題にふれておこう。

これは天皇家の宝器として著名であった。戦前の皇国史観では万世一系の証拠物のように喧伝された。これに対し、津田左右吉はこれを記紀成立期（六〜八世紀）の造作と見なした。逆に、

『古語拾遺』の「八咫鏡及び草薙剣の二種の宝器」の記事や「神璽鏡剣」（『日本書紀』崇神紀）を本来形としたのである。

しかしながら、考古学上の所見はこれと異る。近畿の古墳中にこの「三種の神器」セットの出土物が副葬されていることは、周知のところだ（たとえば、大阪府の和泉黄金塚古墳）。ところが、弥生の筑紫の甕棺等の中から、やはりこのセットが出現する（たとえば、糸島三雲の王墓、須玖岡本の王墓等）。したがって「弥生筑紫→古墳近畿」の伝播は疑えないのである（森浩一氏「日本古代文化――古墳文化の成立と発展の諸問題」『古代史講座3』昭和三十七年、学生社刊参照）。

この出土事実からすると、天照大神が「三種の神器」セットを持って現われる（たとえば『古事記』）という所伝を、後代の造作と断定した津田左右吉の判断は、明らかに早計だったわけである。

〝勾玉という縄文以来のシンボルに加うるに、銅剣と銅鏡という大陸伝来の金属器をもってした〟。このワン・セットの宝物は、あの「天瓊矛」と同じく、弥生筑紫が生み出した権力のシンボルだった。ことに彼等筑紫の権力者は、天照大神を最高の太陽神にして己が始祖と称したから、太陽信仰の小道具として銅鏡が加えられたのは、きわめてもっともなことだったのである。

このように、記紀神話のしめす「三種の神器」は後代の造作に非ず、弥生の真実性《リアリティ》をもつ。このことが証明された今、天皇家の「万世一系論」は復活できるだろうか。――否。

なぜなら、古墳時代に出土する「三種の神器」セットは、近畿に限るわけではない。九州の古墳からも、当然出土するのである（たとえば、糸島銚子塚古墳、江田船山古墳等）。

この場合、古墳時代に限っては、この「三種の神器」セット出土物について「近畿→九州」の方向の伝播を考えるべきだろうか。とんでもない。九州はすでに早く弥生期から、このセットをもって「権力

のシンボルの宝器」とする政治文明が成立していた。したがって当然、同一地域（九州）で、

　弥生期九州→古墳期九州

という〝文明伝統の継受〟があった、と。これ以外に考えようがない。「弥生→古墳」を通じて、「三種の神器文明の本流は、一貫して九州」なのである。

　これに対して、弥生末期、「九州→近畿」への文明の分岐が行われた。しかしそれは、決して弥生筑紫の本流の権力中心が東遷した、などというものではなかった。九州文明の一端（日向）からの分岐だった。その証拠に、現在、近畿（大和）最初の「三種の神器」セットの出土遺跡、見田・大沢遺跡（奈良県）4号墳のものは、きわめて貧弱なワン・セットであった（四獣鏡1、勾玉1、管玉7、剣1）。先立つ筑紫の弥生遺跡（三雲、須玖岡本）の豪華絢爛《けんらん》な「三種の神器」セットとは、比肩すべくもないのである。

　したがってその後大をなしたとはいえ、その当初においては、あまりにもささやかな九州文明からの分岐者だった。この点、実は後述するように、記紀の文献分析（神武記）とも一致するところなのである。

　以上のように、考古学的出土物の実証する「三種の神器」セットの歴史的出土状況と分布は、天皇家を日本列島の永遠の主流と見なす「万世一系論」などを支持してはいなかった。それは、ひっきょう、本居宣長以来、戦前の皇国史観流の論者の架構するところ、いわば空中の楼閣にすぎなかったのである。

大国主神の出身地

　須佐之男神と並んで、出雲の代表的な神、大国主神の身元についてふれておこう。

　この神名は「大国の主」という形の構成をもつ。大国が地名であることは当然だ。これが広い意味で出雲領域の古名ではないか、ということはすでにのべた（四五ページ）。

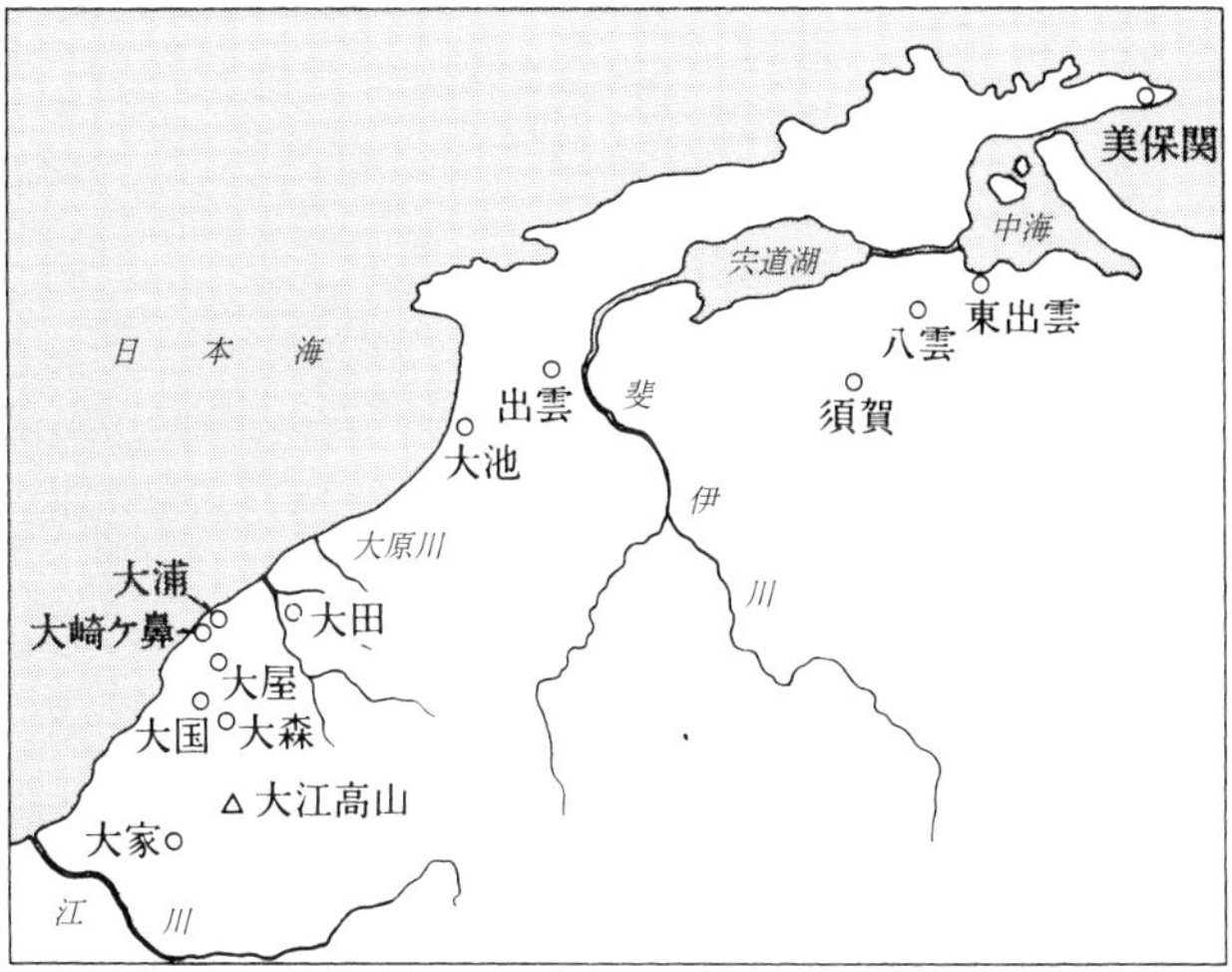

第５図　出雲境域略図

今の問題は、その古名の発祥地だ。ちょうど筑紫国の名の発祥地が筑紫郡筑紫村大字筑紫にあるように。

「大国」の場合、出雲国ではなく、西隣の石見国の邇摩郡（島根県）にある。この周辺には、

大田市、大原川、大平、大屋、大国、大森、

大浦、大崎ケ鼻

といった形で、「大」の氾濫だ。このような地名分布から見ると、「大国」の発祥地はここではないかと思われる。

現地へ行ってみた。大国主神社が山裾にある。石見の津和野藩士、大国隆正（一七九二～一八七一）が山上の小祠を〝顕彰〟すべく奔走し、現社を成したという。それも今は古色の中に沈んでいる（八千矛山）。

この地元には、不思議な伝承がある。「わたしの家では、大国主神が賊に追われて逃げてきたとき、かくまったことがある」と。

（島根県、邇摩郡仁摩町、湯迫温泉、曽我清春氏。古

田「大国主神の誕生地――石見・大国の里」『中外日報』昭和五十五年八月五日参照。）

一見荒唐無稽に見えるけれど、記紀にも、『出雲国風土記』にもない大国主神の姿だ。いまだ出雲全域を支配する主神に出世する以前の姿のようである。

わたしはかつて、京都の郊外の寺で、「わたしの祖先は、親鸞が越後流罪におもむく途中、これを暗殺するべく（貴族から）命をうけ、近江に派遣されたが、果せなかった」という口承を聞いたことがある（京都府久世郡久御山町永福寺）。

また大和の吉野では、「わたしの祖先は、神武天皇が来られたとき、これに抵抗した。そのことは、このあたりでは知られているので、戦時中はつらかった」と苦渋の色濃く語る主人に会った、というお手紙を読者からいただいたことがある。

いずれも、今となっては確認するすべはないけれど、後世の造作視して何か一蹴しがたい真実性《リアリティ》を存している。わたしにはそのように感ぜられたのである。

この大国は、あの有名な石見銀山をバックにひかえている。もし、大国主神がこの地を故地としていたとしたら、この鉱脈（銀山は銅などの鉱質をふくむという）と関連があったのかどうか。未知の課題である。

（大国隆正は、旧姓今井、この顕彰運動の中で「大国」と改姓するに至ったという。）

神は死んだ

記紀には、出雲に関して、謎の一節がある。

伊邪那美神は、伊邪那岐神と共に国々や神々を生みつづけたのち、火の夜芸速男神《やぎはやおの》（亦の名、火の炫毘古神《かがびこの》、また火の迦具土神《かぐつちの》）を生んだ。ところが、火神を生んだのが原因で、彼女は「炙《や》かれて病《や》み」、やがて「神避《かむさ》る」（死ぬ）こととなってしまった。

故《かれ》、其の神避りし伊邪那美神は、出雲国と伯伎国《ははきの》との堺の比婆《ひば》の山に葬《はふ》りき。
（『古事記』火神被殺）

わたしには、この一節がながらく不審だった。その理由をあげよう。

㈠「神が死んだ」という観念自体、記紀神話の世界では、必ずしも一般的でない。たとえば、「天照大神が死んだ」といった形の神話はない。大国主神も、隠退はしても、「死んだ」とは書かれていない。「神の死」を伝える神話は、一般の記紀神話の世界とは、何か異質である。

㈡したがって「神の葬地」、いいかえれば「神の墓」という概念も、同じく異質である。神は「まつられる」けれども、それは必ずしも「その神は死んだから」という理由（大前提）ではないであろう。

㈢にもかかわらず、わたしたち日本人が使う「まつる」という言葉は、死者の霊に対して使われるのが普通である。この点から考えると、「死せる神をまつる」という考え方は、必ずしも奇矯ではない。かえって本来の神のまつり方であったのかもしれぬ。

すなわち、ここには、記紀神話の常識以前の古型がやどされている可能性がある、いいかえれば、記紀神話は古型の改変型なのだ。

弥生筑紫の「新作神話」は、出雲神話などの古型神話の「改作」の上に築かれていた――このテーマを追証すべき、もう一つの実例をあげてみよう。

流された太陽神

伊邪那岐命と伊邪那美命は、天の沼矛《ぬ》（瓊矛）を海中に指《さ》し下《おろ》し、その垂《したた》り落ちる塩から淤能碁呂《おのごろ》島ができた。

その島に天降《あまくだ》り、そこに天の御柱を立て、その柱を二人はめぐりつつ、「国生み」にとりかかった。

ところが、最初、先に伊邪那美命が「あなにやし、えをとこを」と唱え、後で伊邪那岐命が「あなにやし、えをとめを」と唱えた（〃ほんとにまあ、よい男よ〃〃――よい女よ〃の意）。

然れどもくみど（注・夫婦の場の意か）に興《おこ》して生める子は、水蛭子《ひるこ》。此の子は葦船に入れて流し去りき。（『古事記』二神の結婚）

このような望まざる子が生れたのは、〃女が先に言ったからだ〃とのべられている。この理不尽な言い草も、興味深い。天照大神が中枢を占めていた「国ゆずり」「天孫降臨」のあと、男性中心の時代になった段階に、この神話が新作され、追加されたことをしめしている（のちにのべるように、弥生中葉、卑弥呼の出現する以前に、すでに長期男王時代に入っていたことが知られている）。この新作神話は、そのような、新しい教化の道具として、新作されたことがしめされている。

（同時に、「出雲の偉大な女神」であった伊邪那美大神を、夫の伊邪那岐命〈筑紫の主神〉への従属者として描くことに、一つのポイントがあろう。）

それはともあれ、今の問題は「水蛭子」の名だ。〃できそこないの子〃といったイメージをもった言葉だ。少なくとも崇敬された名という感じではない。

ところがこれは、かつて神聖な神の名であった。その証拠に、

是《ここ》に、共に日の神を生む。大日蛭貴《おほひるめのむち》と号す。（『日本書紀』第五段、本文）

「貴《むち》」は「神」や「命」に当る敬称だ。「大」は美称であろう。とすると、語幹は「ひるめ」だ。これが「ひる子」と対《つい》をなす言葉であることを誰が疑いえよう。「こ」は男、「め」は女をしめす接尾辞だ。共通の「ひる」は神聖な太陽を意味する言葉ではあるまいか。

とすると、「ひる子《こ》」は「ひる女《め》」と並んで、男女一対の太陽神だった、そういう可能性が高いのである（この点、梅沢伊勢三氏の指摘）。

ところが、記紀神話では、一方の「ひるめ」を天照大神に結びつけ、最高神として扱った。ところが他方の「ひるこ」は、

　次に蛭児《ひるこ》を生む。已《すで》に三歳と雖《いへど》も、脚猶《なほ》立たず。故に天磐櫲樟船《あまのいはくすぶね》に載《の》せて、風に順《したが》ひて放《はな》ち棄《す》つ。
（『日本書紀』第五段、本文）

という形で、処理されている。ここでは、明らかに〝縄文期以来の神話体系を解体し、新しい弥生の新作神話へと転用する〟。そういう状況がかいま見えるのである。

他方、このような記紀神話の「改作」にもかかわらず、西日本の民衆の中にヒル子大神への信仰は生き残ったようである。たとえば、

　蛭子神社（おいべっさん）　徳島県那賀郡鷲敷町
　〈祭神〉天照大神・蛭子命・事代主命、他七柱
　麻氏良布《まてらふ》神社　福岡県杷木町志波麻氏良山
　〈祭神〉伊奘諾尊・月夜見尊・天照大神・素盞嗚尊・蛭子尊
（『神社名鑑』による）

これらはその一例だ。「ヒルコ尊」は「天照大神（＝ヒルメ尊）」と並んで奉祀されつづけているのだ。これらの祭神が記紀にもとづいて奉祀されたとは、到底考えられない。記紀に反して、あるいは記紀とは別に現地の祭祀伝統が伝えられてきた。そのように見なすべきではあるまいか。とすれば、ここでも二十世紀の現代の神社の祭祀伝承の方が、記紀神話以前の古型を保っている、その実例が見られるのではあるまいか。

不幸な舟

筑紫の弥生神話に現われた葦舟の説話、それはまさに対馬海流圏における弥生の習俗を背景に新作されたようである。

それを裏づけるもの、それは『三国志』の東沃沮《よくそ》伝だ。そこには次の哀話が掲載されている。

一破船を得《う》。波に随いて海岸の辺に在り。一人有り。項《うなじ》中、復《また》、面有り。生きて之を得《う》。与《とも》に語るも、相通ぜず。食わずして死す。

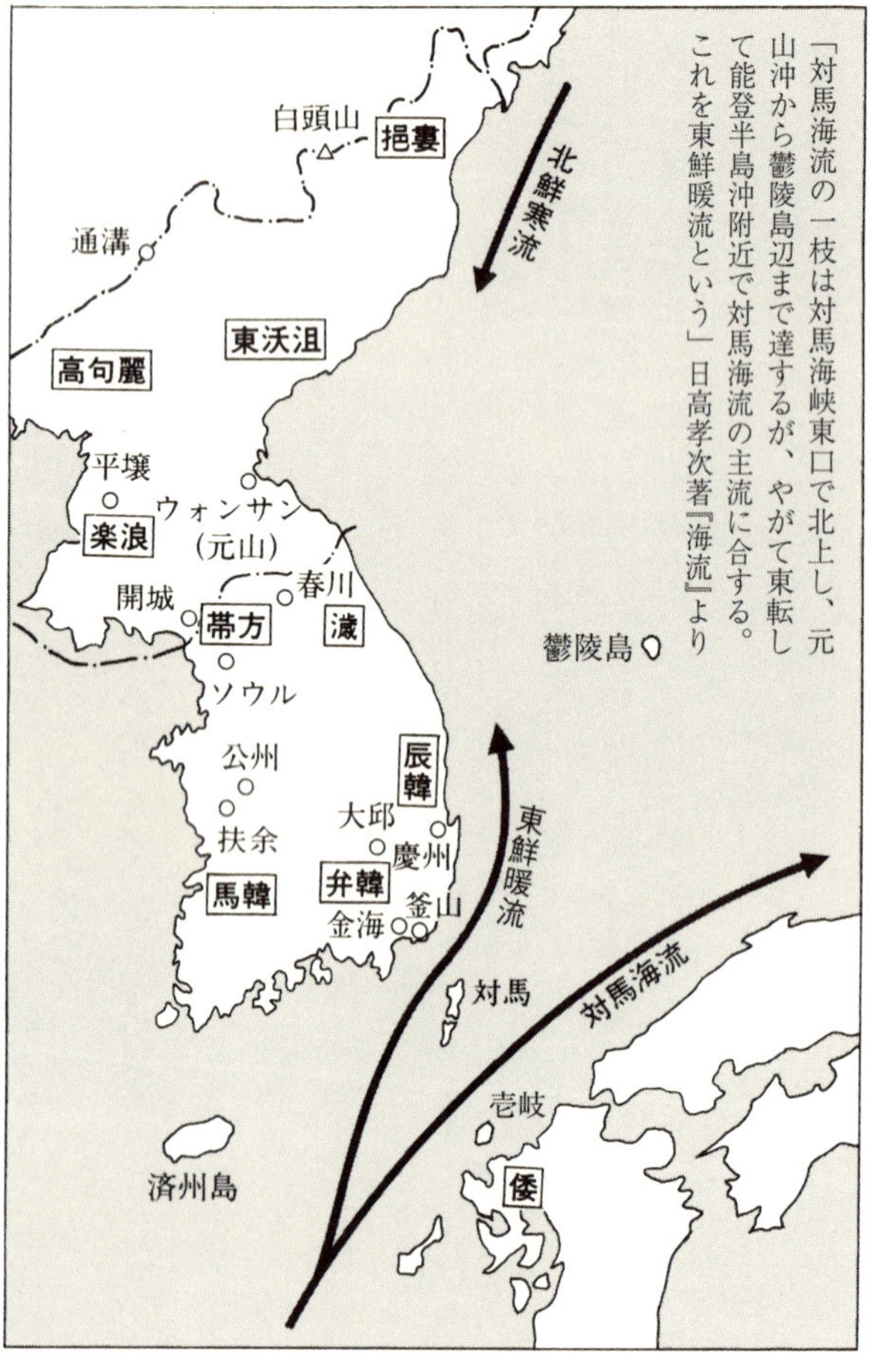

第６図　東鮮暖流

この破船に乗せられていたのは、「シャム双生児」と呼ばれる奇形の人であったらしい。一つの身体に二つの顔。未分離のまま生れた双子だったのである。哀れな彼等は小舟に乗せられて流された。どこからか。おそらく壱岐・対馬を中心とする対馬海流圏であったのではないか。対馬海流は、対馬近辺から、出雲の方に向う対馬海流と、朝鮮半島東岸を北上する東鮮暖流とに分岐する。

この小舟はこの海流を北上して東沃沮の海岸に至ったのではないだろうか。〝彼等と言葉が相通じなかった〟というのも、朝鮮半島側の言語ではなく、「倭語」であったことを思わせる。

ことに三世紀という時期が、記紀中に伝える弥生神話作成時期と合致し、対応する。また「天国＝対馬海流圏」という、わたしの到達点とも一致する。これは、偶然ならぬ符合ではあるまいか。

しかしこの場合は特に、この一致を喜ぶ気にはなれない。これは、わが日本列島の、わたしたちの祖先の中に「うば捨て山」ならぬ、「（障害の）子供捨て海」の習俗が存在したことを裏付けるものだからである。

けれども、それがいかに不幸な事実であったにせよ、事実からわたしたちは顔をそむけるわけにはいかない。真実に正面から顔を向け、これを受け入れる、この一点こそ不可避だ。それから自分たちの種族が、偶然ある父母を通して生み出した不幸な障害の児たちを、己が種族の宝のように共同して愛《いつく》しみ育てる――この新しい神話を、わが日本列島内二十世紀末葉以降の、同じこの島の中で、わたしたちは創《つく》り出すことができるであろうから。

八岐の大蛇

わたしの叙述も、大分横道へそれたようだ。ふたたび出雲の天地へ引き返そう。須佐之男神の出雲における最大の業績として神話化されているもの、それは「八岐大蛇退治」の神話である。まず、あら筋をのべよう（『古事記』による）。

須佐之男神は、その乱行によって天国から追われて、出雲の国の肥の河上の、鳥髪《とりかみ》という地に降《くだ》った。この時、上流から箸が流れてきた。そこでその方へ行ってみると、老夫と老女が童女《おとめ》を中において泣いていた。わけを問うと、「高志《こし》の八俣遠呂智《やまたのをろち》」の害に悩んでいるという。そこで八つの酒船に「八塩折の酒」（くりかえし醸造した強い酒）を盛《も》り、八俣遠呂智に飲ませ、酔うのを待って切り殺した。すると、その尾から大刀《たち》（都牟刈《つむがり》の大刀）が出てきた。これが「草那芸《くさなぎ》の大刀」である（『書紀』では天叢雲剣《あまのむらくも》とする）。

問題点をあげよう。

まず、「高志の八俣遠呂智」を「越（福井〜新潟県）の〜」と解する向きもあるけれど、やはり「出雲国の神門郡の古志郷」のことであろう。なぜなら、その直前に「出雲国の」とあり、それを「是の高志《こし》の」とうけている。またこのあと、「高志国の沼河比売」とあるからだ。こちらの方はまぎれもない、能登半島をふくむ「越」である。

次の問題。『古事記』では、河上から「箸」が流れてきた、とのべている。この点、『書紀』（本文）では、

時に川上に啼哭《ねな》く声有るを聞く。

とあって、「箸」は出現しない。この点、他の「一書」もすべて同じだ。「箸」はない。この点『古事記』の方は、「箸」が普及した後代の「手」による改変であろう（あるいは祭事用の箸か）。

同様に『古事記』は「草薙剣」（『書紀』）を「草那芸之大刀」と書いているが、これも「剣」の方が本来ではあるまいか（銅剣）。

（『日本書紀』の第八段、一書第三では、蛇を斬った剣を「蛇の韓鋤《からさひ》の剣」と表現している。）

第三の問題。老夫・老女の名は「足名椎・手名椎神」（『古事記』）とされているが、『書紀』（本文）では「脚摩乳《あしなづち》」（夫）と、「手摩乳《てなづち》」（妻）とされている。この「―ち」の「ち」は、「神」を意味する古称、あるいは別称であることが指摘されている。すなわち、この老人たちは、天照大神や須佐之男神たち「神」圏とは別種の、「ち」圏に属していたのである。

このような見地をさらにすすめると、問題の「八俣のをろち」もまた、同類の神をしめす「ち」をもつことが注目されよう。

第四の問題。わたしが新たに提起した命題「記紀神話は、弥生筑紫における新作神話である」というテーマから、この神話を見てみよう。当然この神話の筋、その骨骼は、〝筑紫から天降ってきた須佐之男神が、出雲在地の「をろち」という名の蛇（神）を征伐した〟。この点にあることは、疑いがない。

ここからわたしの疑いははじまる。

〝この時期（弥生期）以前において、蛇神は在地（出雲等）の守護神、善神だったのではないか〟と。

なぜなら、この弥生の新作神話においては、小説家がフィクションを作るようにではなく、〝真実《リアル》な素材〟の上に立つのが定《き》まった手法だからである。なるほど、この神話の中では、「をろち」は終始悪役だ。むしろ、〝をろちは人々を悩ましていた〟。このテーマこそこの神話の基本《ベース》である。それは、〝天国からの渡来神が出雲の悪者を退治した〟という記紀神話の「天国中心主義」にとっては、必然の立場だった。その「天国中心主義」とは、すなわち「天国」の後継者（天孫降臨による）たる、筑紫中心主義をしめすものであった。

このような「新作」をささえるイデオロギーから見ると、ここで退治された「をろち」とは、〝出雲において崇敬されていた善神〟――それが本来の原型ではなかったか。わたしはこのような疑いをいだ

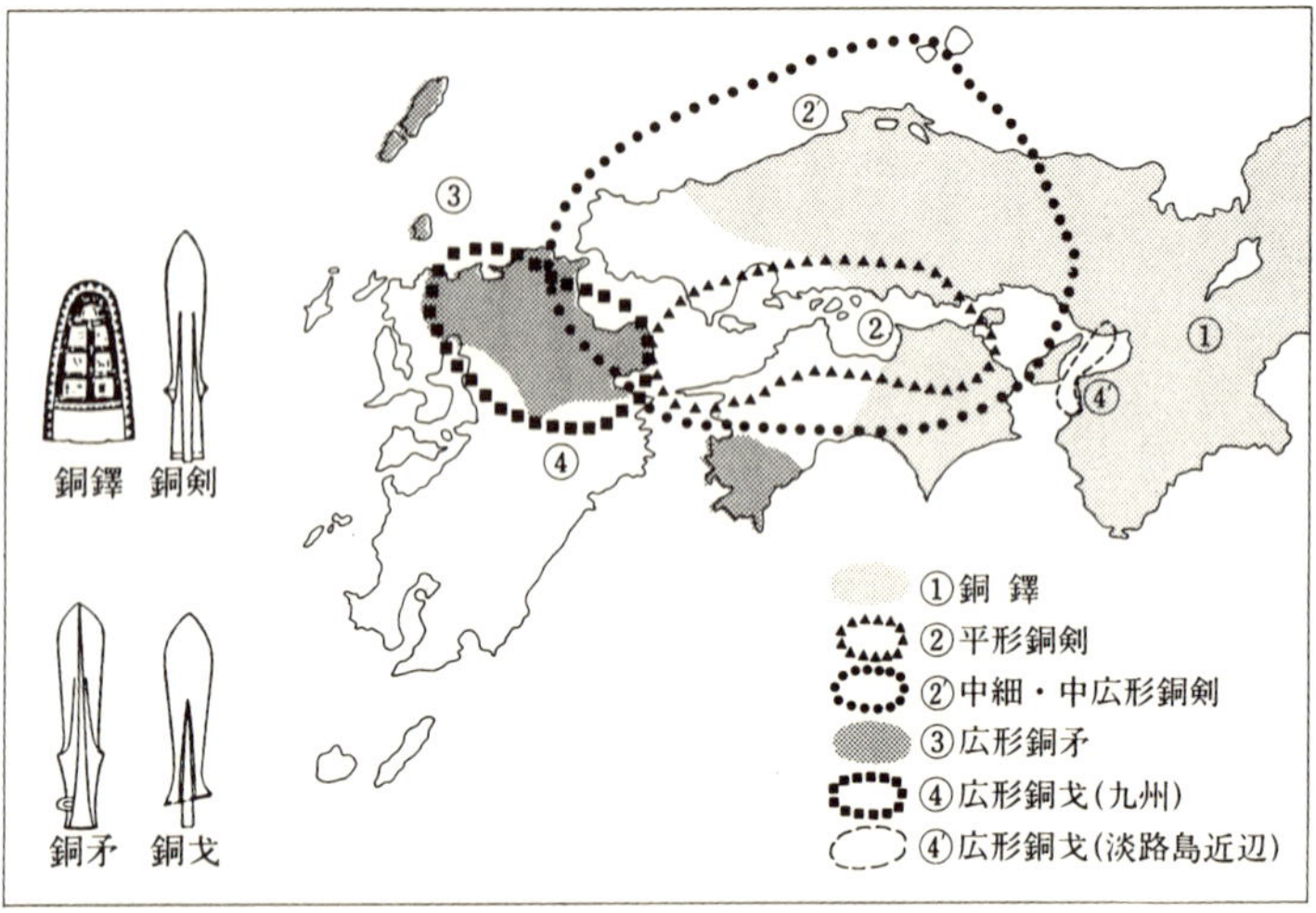

第７図　青銅器分布図
（樋口隆康編『大陸文化と青銅器』（古代史発掘５）（講談社）279図により作図）

き、探索の中に年月を経ていたのであった。

ところがはからずも、わたしの住む京都府の中で、その解答を手にすることとなった。ところは京都府立丹後郷土資料館。壁面に約五メートル前後の大蛇がかかっていた。稲の藁《わら》で編まれたもの。「蛇綱《じゃづな》」と呼ぶ。年末に編みはじめ、一月はじめ、村人がこれをかついで村の中をねり歩く。各家をまわり、その大蛇の首をふりかざし、その口で子供などにかみつく。そうすると、一年中無病息災。つまり厄ばらいなのである。それがすむと、柿の木に懸けたまま、年末まですごす。

ここで注目される点、それはこの大蛇が善神であり、村の守護神である点だ。この大蛇の腹部外側には、小さな蛇が別に作られてまとわりついている。つまり母親と子供の二人、子連れ蛇なのである。その上、尻尾のところには、こうその木で作られた木剣がくくりつけられている。明らかに大蛇側の持ち物なのである。

わたしたちは、あの須佐之男神の八岐のおろち退治において、おろちの尻尾から剣が出現した、とされていることを見た。それとこの二十世紀に現存する習俗と、奇しくも同じスタイルをもっていたのであった。わたしはここに、先に立てたわたしの疑い、それが偶然でなかったことを知ったのである。弥生前半期から中葉にかけて、出雲をふくむ大瀬戸内海圏は「中細・中広形銅剣」分布圏に属している。それが表現されていたのである（島根県簸川郡斐川町神庭、西谷の荒神谷遺跡から中細・中広形銅剣四十三本出土。のち三百五十八本に及んだ。――『朝日新聞』一九八四年七月十八日より八月三十一日まで）。

この時期においては、丹後はいまだこの分布圏に属していなかったように見える。しかし、古墳時代、この丹後地方にこの習俗の存在していた証拠がある。昭和五十六年秋、丹後湯舟坂古墳（京都府熊野郡久美浜町）から出土した金銅の環頭大刀だ。考古学者はこれを「四頭竜環頭大刀」と呼んでいるけれど、これは本当に「竜」だろうか。

金銅の環頭大刀の柄頭

「なんや、竜《たつ》の落し子みたいやな」。発掘されたとき、そういう声があがったそうだが、確かに「竜」にしては、何とも威厳が足りないのである。それとそのデザイン。母と子が一対。玉をくわえている。そして本体は刀。弥生の銅剣は、ここ（古墳期）では鉄刀。――あの「蛇綱」と共通のテーマなのである。その上、この湯舟坂古墳の被葬者は、「蛇綱」の習俗が残っていたこの丹後の領域の支配者であった。このようにしてみると、これは決してはるか遠方の中国の竜を下手に真似しそこねた、そんなものではない。すぐ足下、この日本列島の蛇信仰の表現、このように見るのが妥当ではないだろうか。

　これに対して「竜環刀」の名前を与え、「大和朝廷からの下賜物であろう」などと解説するのを慣例としてきた考古学者、それはやはり天皇家一元主義の病に冒されすぎたもののように、わたしには思われる。

　ともあれ、この「母子の蛇神」たちが善神であり、鉄刀に宿る守護神と見なされていることは、およそ疑いがないであろう。ここでも、わたしのいだいた一見無謀な疑い、それが弥生期〜古墳期以来の習俗の中に、その真実《リアル》な位置をもっていたことが裏付けられるのである。

第六章　日本列島各地の神話

この丹後領域に遺存している蛇神信仰、それはまた関東の田野にも分布しているようである。

蛇神信仰

まず、『常陸国風土記』。次の記事がある。

俗云ふ。蛇を謂《い》ひて夜刀神《やつのかみ》と為《な》す。其の形は、蛇の身にして頭《かしら》に角《つの》あり。率引《ひきゐ》て難を免《まぬか》るる時、見る人有らば、家門を破滅し、子孫継がず。凡そ此の郡の側《かたはら》の郊原に、甚多《いとさは》に住めり。（行方郡）

右の「率引て……子孫継がず」について、岩波古典文学大系『風土記』では、次のように注釈している。

「蛇の害をうけないように引連れて逃げる時、蛇を（恐らくは後をふりかえって）見てはいけないという禁忌であろう」

右では、「率引免レ難時」の主語を人間側のように解しているけれど、これは「蛇族」が主語ではないであろうか。なぜなら、右の文の直前の主文は次のようだ。

古老曰く、石村《いはれ》の玉穂の宮に大八洲馭《しら》せる天皇《すめらみこと》（注・継体天皇）の世、人有り。箭括《やはず》の氏《うぢ》の麻多《また》智《ち》、郡より西の谷の葦原を截《きりはら》ひ、墾《ひら》開きて新に田を治《ち》す。此の時、夜刀の神、相群れ引率《ひきゐ》て、悉尽《ことごと》に到来《き》たり、左右に防障《さ》へて、耕佃《たつく》しらむることなし。

この場合、蛇族の旧居を無断で荒らしたのは、人間の方だ。しかるべき礼儀（まつり）も行わなかったのである。だから蛇族たちは害をなしたのだ。そのさい「夜刀神、相群引率」と書かれている。蛇族は集団で行動し、リーダーがいるのだ。したがってこの主文に対して注された、先の「俗云……」の表現中でも、「率引免レ難」の主語は、やはり蛇族なのである。

ささいな差異のようだけれど、文脈理解を正しくした上で、この関東の土地における、蛇族と人間との関係を要約しておこう。

㈠本来、蛇族と人間とは、平和かつ秩序あるルールのもとに共存している。
㈡人間側が一方的に蛇族の領域を犯すとき、蛇族は人間に害をなす。
㈢蛇たちが「人間からの難」をさけ、他へ移ろうとするときは、人間はその姿を見てはならない。これがルールだ。
㈣もしこのルールを人間が破ったならば、その人の家門に災《わざわ》いがふりかかり、その子孫は絶えるであろう。
㈤逆に、人間がそのルールを守りつづけるならば、蛇神は人間を守り、その家門と子孫は繁栄することであろう。

ここでも、蛇神は、基本的には悪神や害神ではない。ルールを守る人間に対しては、これを守護し、その幸せをもたらす。善神だ。

このような守護神としての蛇神信仰、それは関東の土地の各地に遺存しているようである。昭和五十

第８図　双竜鳳環式環頭分布図

八年春、北陸・丹後・但馬の古代史の旅のさい、わたしが丹後郷土資料館で、あの「蛇綱」について解説したところ、その時の参加者の方々が関東の土地鑑を生かして、心あたり手がかりを調べて下さった。その結果、千葉県下にもこの習俗が遺存していることを知らされた。

さらに注目すべきこと、それは北部関東において、あの丹後湯舟坂古墳出土の金銅の大刀と共通のデザインの「母子の蛇」をもつ大刀が出土していることだ。残念ながら、実物は失われてしまったけれど、その当時の報告（写し等）が残されてあり、それによると、丹後のものと酷似しているという（高崎市佐野出土、明治三年。網干善教氏の資料再発見による）。

関東も、蛇神信仰の故地である点、注意されると共に「日本海岸（丹後）側と北部関東」の関係という点においても注目されよう（後述）。

果して「竜」か

鉄刀の環頭問題を扱った好論文がある。新谷武夫氏の「環状柄頭研究序説」（『考古論集――慶祝松崎寿和先生六十三歳論文集』一九七七年三月、所収）だ。日本列島出土の鉄刀環頭の類型を分類し、それと朝鮮半島や中国出土のものとの交渉を考察した、詳密な論文である（京都府教委文化財保護課の奥村清一郎氏の御教示をえた）。各地出土の表・分布図ともにはなはだ有益だ。その中に、前ページの図がある。

この分布図の不思議さ、それは関東甲信越と日本海岸部に、ほぼ分布が限られていることだ。決して近畿天皇家中心の分布ではない。また中国や朝鮮半島中心の分布とも見えにくい。その上、その人相が、やはり竜の威厳でなく、あの竜の落し子風である。そして何よりも、このいわゆる双竜鳳環式環頭の分布領域が、日本列島内の蛇信仰圏とほぼ一致しているように見える。

新谷氏も「『竜』と『鳳・雀』の区別は、曖昧《あいまい》」と言っておられるけれど、反面「原体のイメージからかなりかけはなれ、全く図案化」した、として、〝本来の竜が、変形（退化）したもの〟と見なしておられるようだ。

けれども、わたしの根本の視点は次のようだ。

①地球上の各地にも存在するだろうけれど、ことに東アジアのモンスーン地帯は、蛇類の絶好の住み処《か》だ。当然そこには「蛇信仰」が早くから発生していたものと思われる。

②中国の「竜」とは、右のような蛇信仰の中の一つ、そのもっとも洗練された姿であって、その逆ではない。すなわち、東アジア各地の蛇信仰を、中国の竜の「退化」形、つまり〝拙劣な模倣〟と見なすのは、思考が逆転しているのではあるまいか。

③日本列島においては、すでに縄文期の関東甲信越文明圏（たとえば尖石遺跡）等において、蛇信仰が存在したことは、縄文土器群のしめすように確実である。その信仰は、弥生（この地帯には、弥生土器は稀少）を通して古墳期にうけつがれ、伝播していた。そのように見なすのが自然であろう。

④とすると、右の縄文文明圏とその周辺（日本海圏）というべき地帯に現われる「蛇文《じゃもん》」をもって、中国の竜の退化したもの、つまり、拙劣な大陸文化の模倣、そのように見なすこと、それはことの道理に反するのではあるまいか。

「環頭鉄刀」の研究は、末永雅雄氏をはじめとして、着実な研究史上の進展を見てきた。しかし、中国中心主義、近畿天皇家中心主義といった先行観念に導かれて整理され、解釈されてきたケースも、なしとしないようである。新たな目でこれを見直すとき、そこには意外にも、日本列島固有の文化伝統の反映、それを見出すことができるのではあるまいか。

関東の統一神

関東の大地に降り立った今、ここにはこの大地独自の統一神が生れ、その統一神をめぐる神話が存在していた。そのことについて、のべてみよう。

史料は『常陸国風土記』。

昔、祖神尊《おやがみのみこと》が、諸神たちのもとを巡行した。そして駿河の国の福慈《ふじ》の岳《やま》に到ったとき、日暮れになって遇宿《やどり》を求めた。ところが、福慈の神は答えた。

「新粟《わせ》の初嘗《にひなへ》して、家《や》内諱忌《うちものいみ》せり」

そこで「今日は駄目だ」というのである。祖神尊が、恨み泣いて言うには、

「即《すなは》ち汝《いまし》が親ぞ。何《な》ぞ宿さむと欲せざる」

そしてのろって（呪詛）言った。

〝お前の居《す》む山は、生涯の極み、冬も夏も雪がふり、霜がおりて、冷寒《さむ》さがひどく、人民《ひと》も登らず、
飲食も奠《まつ》らぬようになれ〟

このあと、筑波《つくば》の岳《やま》に登り、また客止《やどり》を請うたところ、筑波の神は答えた。

「今夜《こよひ》は新粟嘗《にひなへ》すれども、敢《あ》へて尊旨《みこと》を奉ぜずばあらじ」

そして飲食をささげ、敬拝した。そこで祖神尊は喜び、その神宮（筑波山神社二座）をたたえ、

代々に絶ゆることなく　日《ひ》に日《け》に弥《いや》栄え、千秋　万歳《よろずよ》に　遊楽《たのしみ》窮《つき》じ

と言った。

そこで福慈の岳は、常に雪がふって登臨《のぼ》ることができないのに対し、筑波の岳は、歌舞飲喫《のみくい》の盛んな山となった。そこで春と秋の季節は、「坂より已東の諸国」（足柄山以東の関東諸国）の男女が集《つど》い、歌垣《うたがき》が行われるのである、と。

以上が要旨だ。一見して明らかなように、筑波山神社をめぐる、歌垣（男女が歌舞し、飲食する習俗）の縁起譚だ。だが、この神話の背景をなす神観は注目に値する。〝祖神尊が諸神の住み処《か》（山）を巡行する〟という形の巡行譚である。その中心をなす「祖神尊」は、岩波古典文学大系の『風土記』では、「神祖《みおや》の尊」と訂正し、

何神か明らかでない。母神の意ではなく、尊貴な祖先の神というほどの漠然とした意であろう。

と注釈している。「何神」云々は〝記紀神話に出ている、どの神か〟の意だとすれば、そこにないのは当然。ここは記紀神話とは、全く別個の神話世界なのである。「祖神尊《おやがみのみこと》」自身が、その神名、いわば固有名詞だ。少なくとも、当時、常陸などの関東世界では、それで通用したのであろう。たとえば『日本書紀』の一書では、天照大神のことを「日神」と呼んでいる。それだけで、ズバリわかるのだ。これ

と同じだ。

こちら「祖神尊」が、天照大神でないことは、いうまでもない。かつて彼女は対馬海流圏の統一神だった。「祖神尊」の方は、関東圏の統一神なのである。この神話では、福慈の神のこともまた「子に当る諸神の一」と見なしているけれど、実際は〝足柄山以東の関東諸国〟がその勢力圏だったのではあるまいか。なぜなら、福慈の神を悪者扱いしている点、あまりにも筑波の神と対照的だからである（あるいは、筑紫〈主〉―出雲〈従〉の記紀神話と同じく、関東〈主〉―東海〈従〉の時代に産出された神話体系とも、考えられる）。

ともあれ、関東に固有の統一神と統一神話圏の成立していた状況の残影・断片、そのように見なしてあやまらないであろう。

もう一つの神話

なお、もう一つ、『常陸国風土記』には、注目すべき神話がしるされている。

清《す》めると濁れると糺《あざな》はれ、天地の草昧《ひらくる》より已前《さき》、諸祖天神　俗、賀味留弥《かみるみ》・賀《か》味留岐《みるぎ》と云ふ、八百万の神を高天之原に会集《つど》ひし時、諸祖神、告げて云ふ。

「今、我が御孫の命、豊葦原の水穂の国を光宅《しら》さむ」と。

高天原より降り来《きた》る大神、名は香島の天の大神と称《い》ふ。天は即ち、日の香島の宮と号し、地は則ち豊《とよ》香島の宮と名づく。

これは一見して、鹿島神宮縁起だ。この場合は、先の「祖神尊巡行譚」とは異り、記紀神話や出雲神話の影響をうけているようだ。統一神とおぼしき「諸祖天神」が「高天原」にいて、「孫」を地上に遣わす、という発想は明らかに前者。「八百万の神の会集」というアイデアは後者。これらの神話概念がここに合作され、新作されているのである。にもかかわらず、その原型は、両者のいずれとも異るところにあったようだ。

諸祖天神→香島の天の大神

という基本概念がこれである。あるいは、この「諸祖天神」こそ、本来は、先の巡行する神としての「祖神尊」のことであったのかもしれぬ。鹿島神宮が〝自己こそ祖神尊のもとの本流である〟ことを示威するさい、他の神話概念を借り用いたのかもしれぬ。記紀神話自体がそういう手法の上に新作されていたように。

けれども、『常陸国風土記』の中の記載があまりにも断片的である上、関東の他の国々の風土記が（まとまっては）遺存していない。ために、詳密な考察や断定的な判定はできないけれど、〝関東に独自の統一神が成立していた〟その反映が存在することだけは疑えないようである（ここに現われる「天神」の概念が、記紀神話における「天神」と別であることは当然である。後者は対馬海流圏の神話であるのに対し、前者は関東の神話だからである。他にも、琵琶湖、富士山等、各地に各別の「天」がある。「天国」や「天神」も、多元説に立って解すべきなのである）。

フジの神の本源の姿

断片的な神話史料ながら、わたしに断言できることがある。それは〝福慈の神を悪者、あるいは薄情者扱いするような神話は、決して富士山とその周辺で作られたものではない〟。この一事だ。富士山を中心とする古代信仰圏において、この山が神聖かつ中心的な神の山であったこと、わたしはそれを疑うことができぬ。

もし、『甲斐国風土記』や『駿河国風土記』が遺存していたとすれば、おそらくそれがしるされていたことであろう。しかし、それはない。

代って現在、浅間《せんげん》神社（山梨県東八代郡一宮町一ノ宮）の大神幸祭《みゆき》などにはその遺風が残されているのではあるまいか。もちろん富士山のお膝元、北口本宮《もとみや》富士浅間神社などの伝承も貴重だ。これらの富士山周辺の神社等の伝承を集合するとき、古来の富士の神信仰は、その全貌をうかがいみることができるであろう。

そのさい、注意すべきことがある。たとえば木花開耶姫命《このはなさくやひめのみこと》。この祭神が浅間神社（一の宮）から山宮神社へ渡御（お里帰り）するわけだが、この神を記紀神話の中の木花之佐久夜毘売《このはなのさくやひめ》と同一視してはならない。

なぜなら記紀の場合、天孫降臨のあと、邇邇芸能命が、笠沙の御前《みまえ》（博多湾岸か）で会った娘だ。「大山津見神の女《むすめ》、名は神阿多都比女《かむあたつひめ》、亦の名は――」という形で出てくる。つまり九州、それも筑紫の神の一族の娘なのである。これに対して、こちらの木花開耶姫命の方は、富士山の主神。渡御の範囲も、その界隈にとどまる。同名異神だ。

人間の場合も同じだ。たとえ同姓同名の人であったとしても、九州の阿蘇山しか登ったことのない人と、富士山なら毎年登っている山梨県や静岡県の人と、同一人物であるはずがない。神だからといって、勢力分布圏をはなれて、自由におきかえるわけにはいかない。これがルールだ。しかるに、中近世の神話学では、これらを同一神として結びつけて解説するのを常とした。この宿弊から脱しなければ、わたしたちは真実《リアル》な古代の神々に対面することができないであろう。

〝記紀神話は、筑紫を原点として、西日本のみをその舞台とする神話であって、決して日本列島全体を代表とし、舞台とする神話ではない〟。この自明の命題を、もっとも率直簡明に証明するもの、それは記紀神話における〝富士山の不在〟ではあるまいか。

もし、記紀神話が、東日本をもおおう神話であったとしたら、富士山が登場しないはずはない。そして富士の神がそれなりに主要な神の一として登場しないはずがないのである。なぜなら、富士山は日本列島の中でも卓抜した秀麗の山であり、古代人（ことに東海の人々）がこれを神の坐《す》みたまう霊山として崇敬しなかったはずはないからである。すなわち、すぐれて「神と神話をもつ山」だったはずだ。しかるにそれらがない、というこの事実ほど、記紀神話が日本列島の西隅に生れた神話であることを証明するものはない。

もしかりに、記紀神話が、近畿で生れたとしよう（この見解に立つ神話学者、古代史家は数多い。むしろ「定説」とさえいえるかもしれぬ）。もしそうだったとしたら、西なる筑紫の近辺の島々（壱岐や対馬）をあつかいながら、東なる東海の名山、富士山を一切あつかわぬとは、不自然きわまりないのである。先入観なしに、人間の理性に依拠して判断できる人々なら、この道理を疑いえないであろう（同じく、琵琶湖が神話舞台として登場していないことは、記紀神話の近畿史官造作説を決定的に疑わせるものである）。

白山をめぐる世界

中部地方の名山、それは富士山だけではなかった。日本海側近くには、白山があった。白山比売神社は、北陸の神々の中で代表的な神だったのではないかと思われる。その点、わたしの見た、一つの徴証をあげよう。

中近世に成立したと思われる白山比売の一幅の画像、それが同社の宝物館に展示されていた。その両脇に脇士のように描かれた二神、それは「伊邪那岐神・伊邪那美神」であった。

わたしはそれを見て一驚した。記紀神話や近畿や筑紫の神話常識では、ありうべくもない絵柄だ。もちろんこれは、仏教の三尊様式の入ったあと、それを模したデザインだろうけれど、それにしてもこの両神が脇士とは。

思うに、この北陸地方では、白山比売は統一神であり、主神だった。そこへ後世、記紀神話が入ってきた。そこでこの著名の男女神が脇士として利用されたのではあるまいか。わたしにはそのように思われる。

もとより、北陸の神々についても（東海の神々と同じく）、無知なわたしだ。だから、何も断言するつもりはない。ないけれど、わが日本列島における神話群理解の道、それは決して「記紀からはじまる」ものであってはならぬ。それを言いたいのだ。天皇家中心の一元主義神観から、多元神観への転換、これが古代の神々の真実《リアル》な姿を見るために、不可避の道なのである。その転換の中から、豊かな、わが日本列島の宗教的遺産の宝庫が開かれることであろう、未来の探究者によって。わたしはそれを信じたい。

出雲の統一神

記紀神話以外の、そして記紀神話以前の統一神、それを鮮明に語る史料、それは『出雲国風土記』だ。先の「国引き神話」のあとでは、次の神話が注目される。

楯縫《たてぬひ》の郡（楯縫の郷《さと》）

楯縫と号《なづ》くる所以《ゆゑ》は、神魂命詔《の》るに、

「五十足《いそた》る天の日栖の宮の縦横《たてよこ》の御量《みはかり》は、千尋《ちひろ》の栲縄《たくなは》持ちて、百《もも》結び結び、八十《やそ》結び結び下《さ》げて、此の天《あめ》の御量《みはかり》持ちて、天の下造らしし大神の宮を造り奉れ」

と詔りて、御子、天の御鳥命《みとりのみこと》を楯部《たてべ》と為《し》て天《あま》下し給ひき。その時、退《まか》り下り来まして、大神の宮の御装束《みよそほひ》の楯を造り始め給ひし所、是《これ》なり。

仍《よ》りて、今に至るまで、楯《たて》・桙《ほこ》を造りて、皇神等《すめがみたち》に奉る。故《かれ》、楯縫と云ふ。


これは「天の下造らしし大神」と呼ばれる「大穴持命」（大国主命と等置する）の宮を造る話だ（「国ゆずり」の引退用とする注釈があるけれども、この文面にはその指摘はない）。そのモデルが「天の日栖の宮」だというのである。これはどこにある宮殿であろう。記紀神話では出てこない（「天之御巣」『記』、「天日隅宮」『紀』とは、似て非である）。しかし、「対馬海流圏＝天国」という概念は、筑紫と出雲に共通であろう。

両地に共通の、眼前の海域だ。

では、出雲の海域ではどこか。いうまでもない。隠岐の島だ。『古事記』の国生み神話の「亦の名」では、「天之忍許呂別《あめのおしころわけ》」と呼ばれていた。現在も、その中枢（三つ子の島）に海士《あま》がある。『和名抄』にも隠岐国に海部《あま》郡海部《あま》（安末）がある。「天の日栖の宮」とは、ここにあったものと、出雲でいわれていた神殿ではないだろうか。これを天照大神たちの住む高天原（壱岐・対馬あたり）の宮殿と見なすのは、根拠がない。筑紫新作神話中心の目で、出雲神話を解釈する手法だ。しかし、天照大神たちの宮殿より、これはより由緒の深く、かつ古い宮殿だった。前にのべた「国ゆずり」「天孫降臨」をめぐる分析からすれば、当然そうなろう。「筑紫中心の一元主義」——それはわたしの、決してえらばざる道だ。ましてこれを「高天原（大和朝廷）の宮殿」（岩波古典文学大系『風土記』一六七ページ注一二）などと解するとは。近畿天皇家中心主義も、きわまれりというほかはない。この「天の日栖の宮」が、古代出雲人の脳裏に描いた、出雲の神々に関する、出雲神話内の宮殿であったこと——これをわたしは疑うことができない。そしてそれが出雲神話理解の基本のルールであることをもまた、わたしには疑うことができないのである。

神魂命

出雲神話の中の統一神、中枢をなす神、それは先の神話に出てきた神魂命《かもすのみこと》（後述）だ。次のような形で出現する。

①御祖《みおや》、神魂命の御子、支佐加比売《きさかひめ》命……。（嶋根郡、加賀の郷）
②神魂命の御子、八尋鉾長依日子《やひろほこながよりひこ》命……。（嶋根郡、生馬の郷）
③神魂命の御子、宇武加比売《うむかひめ》命……。（嶋根郡、法吉《ほほき》の郷）
④御祖、神魂命の御子、枳佐加比売《きさかひめ》命……。（嶋根郡、加賀の神埼）

⑤楯縫と号《なづ》くる所以《ゆゑ》は、神魂命詔るに……。（楯縫郡）
⑥神魂命の御子、天津枳比佐可美高日子《あまつきひさかみたかひこ》命……。（出雲郡、漆沼《しつぬ》の郷）
⑦天の下造らしし大神の命、神魂命の御子、綾門日女《あやとひめ》命を誂《つまど》ひましき。（出雲郡、宇賀の郷）
⑧神魂命の御子、真玉著玉之邑日女《またまつくたまのむらひめ》命……。（神門郡、朝山の郷）

右のように各郡にまたがって、この神の名が現われてくる。その多くは、この神の「御子」の所業によって、某地の地名の由来を説明する地名説話だ。だから、実際はもっと多くの、この神をめぐる説話体系、つまり神話群が存在したと考えられる。

たとえば、④の場合、

（加賀の神埼）謂はゆる佐太《さだ》の大神の産《あ》れましし所なり。産れまさむとする時、弓箭《ゆみや》亡《う》せましき。その時、御祖神魂命の御子、枳佐加比売命、願《ね》ぐに、「吾が御子、麻須羅《ますら》神の御子にまさば、亡せし弓箭出で来」と願ぎましつ。

という形だ。つまり、

麻須羅神
神魂命——枳佐加比売命——佐太大神

といった神の家系図、つまり神系図が成立している。そしてその各々についての神話もまた存在したことであろう。ことに、『出雲国風土記』は、そのほぼ完形が、風土記作成者（官人）の位階署名つきで遺存している、幸いなケースだ。だが、出雲独自の神話体系の全体から見ると、そのほんのひとかけら、残念ながらそのように見なすほかないようである。

この神名の読みについてのべよう。通例は「かみむすびのみこと」と読ませているようである（たとえば、岩波古典文学大系『風土記』、また加藤義成氏『校注出雲国風土記』千鳥書房など）。これは『古事記』に「神《かみ》産《む》巣日《すびの》神」とあるものと、あわせ訓《よ》んだものであろう。けれども、これは方法上妥当ではない。なぜなら、

㈠『出雲国風土記』に現われる神々と神話体系は、本質的に記紀神話に先行成立した神話群だ。だから、後代成立の後者に従って前者を解釈する、これは危険だ。後代の解釈に従って、原型を失う、その危険性が高いのである。

㈡事実、『古事記』では、その冒頭で、

天地初めて発《ひら》けし時、高天原に成れる神の名は、天之御中主神。次に高御産巣日神。次に神産巣日神。此の三柱の神は、並独神《みなひとりがみ》と成りまして、身を隠ししなり。

といっているけれど、この形が「天地創世神話」（『日本書紀』に多く掲載）の中で、一番発達した、つまり後代形だという点、すでに多くの論者の指摘がある（たとえば梅沢伊勢三氏等）。

「独神」とは言っているけれど、高御産巣日神と神産巣日神という神名がワン・セット（一対）の神名であることは一目瞭然。しかも「産巣日《むすび》」という、一種の神霊概念のもとに作られた神名だ。この概念は、おそらく古代神学ともいうべきものに属する用語であろう。してみると、この両神名は記紀の神々の中でも、かなり新奇な神名なのである。

事実、『古事記』は「天若日子」の段で、高木《たかぎの》神についてのべたあと、

是《こ》の高木神は、高御産巣日神の別の名なり。

と解き明かしを行っている。つまり高木神という原型をもとに、これを「産巣日」神学で新作した神名、それがこの高御産巣日神だったのである（高木神が、筑紫の在地の神だったことは、後に述べる）。

神魂命の場合も同様だ。出雲在地の、この統一神に対して、同じく後代の「産巣日《むすび》」神学によって、「神産巣日神」という新名を作り上げたのである。そしてこれを新作系図の中で、「高御産巣日神」のあとにおいたのだ。しかも、筑紫系の「高御産巣日神」には「御」を入れ、出雲系の「神産巣日神」には「御」がない。その差別の仕方も、なかなか芸が細かいのである（このような新作は、今までのべてきたような、弥生の新作ではなく、ずっと後代、たとえば『古事記』成立期の大武天皇時代の「手」による可能性もあると思われる）。

したがって従来の風土記読解者のように、「神魂命」に「かみむすびのみこと」と仮名を振るのは、「高木神」に「たかみむすびのかみ」と仮名を振るようなものだ。振るのは後代人の勝手だけれど、原型をなす古神名に対し、わざわざ後世風の訓《よ》みをつける、そういった愚を（知らずに）犯していることとなろう。素朴な原型を「後代神学」風に無理に読む、そういった感じだ。

では、「神魂命」は本来、どう読んだか。明瞭だ。「かもすのみこと」である。なぜか。現在、出雲に神魂《かもす》神社（松江市大庭町）がある。「大庭《おおば》大宮《おおみや》」と呼ばれ、古代めき、神さびた社《やしろ》だ。現在は「伊奘冉大神・伊奘諾大神」を祭神としているようだけれど、本来は「神魂命」を祭っていたのではあるまいか（はじめは合祀された神々が、記紀神話上の神格によって主たる祭神とされ、やがて祭神そのものとなる。――これは、日本列島の神社の場合、通常的に見られる現象だ）。

ともあれ、今の問題は「神魂」の読みだ。出雲人はこの字面を「かもす」と読み慣《な》らわしていたのである。ちょうど、大和人が「飛鳥」を「あすか」と読み慣らわしていたように。

とすれば、本来、出雲人のための出雲神話、その中の神名を「かもすのみこと」と読むのは当然だ。それ以外の読みようはない。「神魂」というのは、この神が出雲神話の中で占める中枢の位置、それをしめすべき字面だったのではあるまいか（あるいは「かもす」の意義、それが「神魂」というにある、と見なされたためであろうか）。

ともあれ、これに対し、後代の記紀神話に従った「呼び名」をつけて読む、このような手法の中にも、近畿天皇家一元主義のイデオロギーがいかに猖獗《しょうけつ》を極めていたか、その証跡を未来の人々はここに見出すことであろう。

楯部

次は「楯部」の問題。神魂命に関して使われているのは「楯」だ。ところがその後の皇神等に関しては、「楯・桙」と「桙」が加わっている。金属器だ。これは当然ながら銅製である。先の分析のように、筑紫勢力の侵出と支配は「矛」、金属性の武器によるという、あの記紀神話のテーマの背景と、これは矛盾せず対応しているのである。

ことに注目すべき点、それは「楯部」という「部《べ》」が出雲の大神の宮のために作られていることだ。当然ながら近畿天皇家以前に「部」は存在した。次いで成立した筑紫系の「部」も、もちろん近畿天皇家以前だ。これは当然の道理だ。

だが、従来の日本古代史学の思考方法はそうではなかった。「部民論」の中心点は常に近畿天皇家と見なされてきた。他は、いずれも地方豪族の私民のように扱ってきたのである。

けれども、日本列島の悠遠の歴史において、出雲の「部民」こそ公民であり、筑紫系の「部民」は、いわば私民であった。そういう時代が存在した。そのさい、近畿天皇家はいまだ九州辺域の〝私民の長〃、否、「私民」そのものであったかもしれぬ。

そのような歴史の遠望と転変を、この出雲の「楯部」問題は深く示唆していたのである。

大穴持命の登場

ここに出ている「天の下造らしし大神」とは、「大穴持命」であり、これは大国主神と同一神とされる。

この神は、記紀神話では「国ゆずり神話」をハイライトとするようにして出現する。いわば瓊瓊芸命の引き立て役だ。しかし、ここ出雲神話ではちがう。ほとんど、輝く主神として登場する。「天の下造らしし大神」という代名詞にも、それがよく現わされている（先述の「神魂命」などが、出雲神話における古層の主神だったのに対して、この大国主神はより新しい「統一神」に属するようである。たとえば、「国引き神話」は金属器抜きだが、大国主神は「八千矛の神」と呼ばれ、金属器の時代、すなわち弥生期に属することが察せられる）。

もちろん、記紀神話には、こんな表現はない。だから、記紀の頭で『出雲国風土記』を見るとき、この表現が一種異様に感ぜられるかもしれぬ。何しろ、二十七回も、この表現が出てくるのであるから。けれども、考えてみれば当然だ。だからこそ、配下ナンバー・ワンの天照大神は、「天の下」の支配をゆずり渡すことを迫ったのだ。それでこそ「国ゆずり」なのである。したがって記紀神話は当然ながら、このような表記を百も承知、むしろその「常識」の上に立てられている。ただその新しい主張点は、新しい天孫の支配の正当性のP・Rにあった。だから、この自明の、かつて常識だった表現、「天の下造らしし大神」を表面にしるそうとはしていないのだ。

こうして見ると、一見の印象のちがいにもかかわらず、古き出雲神話と新しき記紀神話と、その両者の内実は、意外にもよく対応し、相応し合っていたのである。

越、征伐譚

『出雲国風土記』の中に、記紀神話の原型をなすかと思われる神話がある。それは出雲の越征伐譚だ。

天の下造らしし大神、大穴持命、越の八口を平《ことむ》け賜ひて、還りましし時、長江山に来まして……。（意宇郡、母理の郷）

「天の下造らしし大神」が最初に出てくるところだ。この神話の後半には大穴持命が引退し、皇御孫命に統治を委ねる旨の一文があるが、これがいわゆる「国ゆずり」を示すか否かには問題がある（別述）。それはともあれ、今の問題として、その前半「越の八口」征伐譚は見のがしがたい。

「越の八口」とは何か。越後国岩船郡関川村に「八ツ口」があるという。「クチ」は「クチナハ（蛇）」「クチバミ（蝮）」と同語であるという（岩波古典文学大系、注釈）。

とすると、これはあの須佐之男神の八岐大蛇征伐譚の原型、もしくは類型の一つとなろう。

さて「長江山」とは、伯太村赤屋の上小竹の南、伯耆との国境の山であるという。とすれば、この「越」は当然出雲の中の「越」ではなく、あの越前・越後の「越の国」となろう。

今の問題は「越征伐」というテーマだ。出雲の大神が八百万の神々を統一する主宰神となりえた秘密、その一端が露呈しているようである。

まず、出雲を中心に南北に見ると、黒曜石出土の隠岐島—出雲—縄文の楽園として有名な帝釈《たいしゃくきょう》峡の備後、さらに安芸といった南北の縄文期以来のルートがある。

次いで筑紫から越までの東西ルートが成立。

さらに「国引き神話」のしめすように、「新羅→出雲」という朝鮮半島からのルートは、日本海によって、ストレートな海上ルートとなっていた。

これらの交差点、一大十字路、そこに出雲国は存在していたのである。東からの人も、西からの人も、北からの人も、南からの人も、この中心地に来り会した。異国の男女も、ここに交合の縁を結びえたことであろう。縁結びの神としての出雲の大神の盛名が、中近世の布教集団（出雲大社）の活躍に負うところであったことは知られているけれど、そのＰ・Ｒ成功の原点は、このような古代出雲の大神の盛名を背景としていたのではないであろうか。

イザナミの時

その点、もう一つの、見のがしえぬ一節がある。

伊奘奈彌命《いざなみの》の時、日淵川を以ちて池を築造《つく》りき。その時、古志《こし》の国人等、到来《き》たりて堤を為《つく》りき。即ち、宿り居《ゐ》し所なり。故《かれ》、古志と云ふ。（神門郡、古志の郷）

これは例の出雲国の中の古志だ。ここに越国の人々が来ていたというのである。これは地名説話だから、直ちに史実（地名の真の理由）とは見なしえないけれど、今の問題は「伊奘奈彌命の時」という年代のしめし方だ。岩波古典文学大系の頭注には、

国土を造り成した神代の昔というほどの意。記紀の「神世七代」の神世に同じ。

とあるけれど、不審だ。なぜなら、

①記紀神話の立場では、「伊奘奈岐命の時」とはいっても、このような表現はありにくい。すでにふれたように、男神（伊奘奈岐命）優位が記紀の「国生み神話」の冒頭に語られているからである。

②同じく記紀神話では、伊奘奈彌命が出雲に現われるのは、死して後だ（黄泉国）。また墓地の所在地としてなのである。したがってこの点からも、「伊奘奈彌命の時」といった表現は不当である。

③してみると、この「伊奘奈彌命」とは、名は同じでも、本質的には別神、つまり同名異神ではないか、という問題が生じよう（記紀神話はこの神をもとに男女二神を新作）。

④この点、先にのべたように、出雲と伯耆と備後の比婆郡との境、比婆山に葬られた「比婆大神」それを指しているのではないか、といった問題が新たに浮かび上がる。

けれども、あまりにも断片的な一節から、わたしたちはあまりにもすすみすぎてはならないであろう。未来の研究者にこれを期待し、問題提起にとどめておこう。

出雲と越

わたしたちの未来への視野をひらくため、越の国の問題にふれておこう。大出雲神話圏の成立のために、越の平定が一つの前提になっていたことを知った。このことは何を意味するか。

今までの「筑紫（主）―出雲（従）」の筑紫弥生神話の成立の経過を分析してきたわたしたちにとって、ことの展開、歴史の流れを遡る方法、それはすでに明らかであろう。すなわち〝出雲以前にその繁栄期をもった越文明圏〞、このテーマだ。先の「越平定譚」は、逆にその史実を暗示しているともいえよう。ではなぜ。なぜ越が――。わたしたちはこの問いに対しては容易にその輪郭をつかむことができる。なぜなら日本列島の中央部で、すでに卓越した文明中枢を形造っていた信州諏訪湖畔、和田峠の黒曜石を中心とする文明、それはすでに縄文前期前半から繁栄していた。南にその文明中枢を臨み、西に朝鮮半島から対馬海流に乗ってくるところ、その交点、三叉路はどこか。越の国だ。能登半島を中心として、越前・越中・越後にわたる日本海岸、それはまさに日本列島の表通り。もっとも繁栄し、もっとも魅力的な文明を現出していたのではなかったか。そう、あの火焰式土器群だ。長岡を中心として信濃川の流域に繁栄したといわれる壮麗な土器群、それは日本列島縄文文明の華だ。輝ける金字塔といってもいい。この文明が、出雲を中心とする一大神話圏の成立以前に先行していたこと、わたしはそれを疑うことができない。

それだけではない。日本列島日本海岸に点々と分布する遺跡群によって、この地帯が創造的な縄文文明のにない手となっていたこと、それが次々と明らかにされつつある。

たとえば、能登半島の真脇遺跡。ここからも、従来の縄文遺跡の概念を打ち破る壮大な文明の廃墟が徐々に姿を現わしつつあることは、知られはじめた（直径一メートル近い木柱をもつ円形の木造建築物〈神殿・宮殿か〉、縄文晩期の「一大縄文庭園」跡ともいうべき壮麗な姿を現わしつつある）。

また日本海岸には、この神社には幾万幾千の神々が年に一回参集する、といった伝承をもつ神社が見られる（たとえば、小浜市の神宮寺）。これらは、あの出雲へ参集する八百万の神の神話の原型をなしているものではないであろうか。

〝出雲神話は一日にして成らず〟——記紀神話に対しては、原初的・先在的性格をもつ出雲神話も、それに先行する各神話圏があり、それに対する模倣と発展の上に成立した。このようなわたしのイメージは果して不当であろうか。

わたしたちが近畿天皇家中心の一元主義的神話観の束縛から解放されたとき、そこから広大な古墳↓弥生↓縄文と遡る、多元的神話世界の豊饒な海、そのきらめく姿がかいま見えてくるのである。その未来に向って開かれた扉の前で、わたしが確実に言いうること、それは次の一事だ。

「わたしたちはまだ、何も知らない」

と。

第三部　隣国の証言

第一章　『三国史記』

多婆那国と脱解王

『古事記』『日本書紀』、それに『風土記』。そこにもられた神話群、それはこの日本列島に住んでいた人々の悠久な歴史の反映だった。けれども、それは幸いにも、これらの古典の中にはとどまらなかった。この列島の隣の、朝鮮半島側の史書にも、この日本列島のわたしたちの祖先、その生きざまを語った神話群ははっきりとしるしとどめられていたのだった。

それは『三国史記』『三国遺事』の二書だ。前者は高麗の仁宗二十三年（一一四五）の成立、金富軾が仁宗の命を奉じて撰したもの。後者は、同じく高麗の忠烈王（一二七五〜一三〇八）のとき、僧一然《いちぜん》の撰。いずれも十二〜十三世紀頃の成立だから、日本でいえば、平安〜鎌倉期。八世紀初頭成立の記紀よりずっとおそい。おそいけれど、その史料性格は、かなり正確である。

今〝かなり〟といったのは、他でもない。後代史書（のちになって、遠く遡った時代のことを書いた歴史書）だから、干支《えと》（十干《かん》と十二支をくみあわせたもの。辛亥など）をあてはめるさい、「十二年」「六十年」といったあてはめ方の差異、つまり年代の誤差の生じている形跡がある。

けれども反面、編者たちが史料自体に手を加えて改変した形跡は認められない。この点『古事記』の神代巻や『日本書紀』全体の編述姿勢とは全く異なるようだ。その点では、記紀に優《まさ》るとも劣らぬ貴重な史料群を豊富に内蔵している（これらの点、後にふたたび詳論する）。その中に、弥生期（ほぼ前三～後三世紀）に当る時期、日本列島側から渡来した人々の事績を伝える、貴重な説話が収録されている。

まず、脱解王（在位西暦五七～七九）。新羅の第四代の王だ。『三国史記』の最初は新羅本紀。その第一巻に出てくる出色の王だ。ところが、彼は日本列島側で生まれ、数奇な運命によって渡来してきた人物であったことが記されている。

脱解、本《もと》、多婆那《たばな》国の所生なり。其の国は倭国の東北、一千里に在り。

以下、その説話の大略は次のようだ。

〝多婆那国王の妃は、女国の王女であった。ところが妃は大きな卵を生んだ。王はこれをきらい、棄てるよう命じた。しかし妃はこれに忍びず、帛《はく》（きぬ）をもってその卵と共に宝物をつつみ、櫝《とく》（はこ。ひつ）の中におき、海に浮かべた。その流れゆくところにまかせたのである。

その櫝は、朝鮮半島側の金官国（金官加羅。金海）の海辺に流れ着いた。金官の人は、これを怪しんでとらなかった。その後、辰韓（のちの新羅）の阿珍浦《あちんほ》に着いた。このときは、新羅第一代の国王、赫居《かくきょ》世《せい》（在位前五七～後三）の三十九年（前一九、前漢成帝の鴻嘉二年）のことであった。

時に海辺の老母が縄でこれを海岸に引きつなぎ、櫝をあけてみると、一人の子供がいた。そこで連れ帰って養った。大きくなると、身長九尺、風貌も秀で、知識もすぐれていた。

第二代の新羅王、南解次次雄（在位四～二三）は、その賢いことを聞き、自分の娘をその妻とした。彼はやがて大輔《だいほ》（最高級の官僚）の職につき、政治をまかされた。そして第三代の国王、儒理（在位二四～五六）の遺言によって、第四代国王となった。そしてその賢王としての治績の数々がしるされている。〟

さて、この「卵生説話」を分析してみよう。

まず、脱解王の出生地、多婆那国とはどこか。「倭国の東北、一千里」これが指標だ。この指標の基点は倭国である。この倭国について、幸いにもわたしたちは、古代史上、一つの定点を知っている。

――筑前の志賀島だ。

周代貢献の倭人、楽浪海中の倭人、光武帝から金印を授与された倭人、それらはいずれも、筑前の博多湾岸を母域とする筑紫人だった。彼等は朝鮮海峡の南北両域を生活圏としていた（後述）。そしてあるいは箕子朝鮮の居する平壌へ、あるいは光武帝の都する洛陽へ、使を送った。それらの行路はいずれも朝鮮半島を経由していたのだ。だから当然、半島内部の国々との交流や国交を前提とせずには、それらの交渉・遣使は考えられないのである。

したがって、その半島側の記録、しかも一世紀代において「倭国」とあれば、まず、この博多湾岸を基点に考えることが自然ではあるまいか。そしてまた、後述するように、以下の分析自身が、この倭国の位置に関するわたしの仮説にとって、その当否を定めるためのリトマス試験紙ともなるであろう。

第一の問い。博多湾岸を基点として、東北方へ「一千里」とはどこか。この問いに答えるために必要な前提条件、それはこの「里」という単位の長さはどれだけか、という問題だ。

のちに詳しくのべるように、「里」には大別して二種類の概念がある。

(A)周・魏・西晋朝の短里〈一里＝約七六～七七メートル〉

(B)秦・漢（および東晋以降）の長里〈一里＝約四三五メートル〉

従来は(B)の概念しかなかった。ところが、この「里概念」からは、この説話を分析することは不可能なのである。なぜなら、〝博多湾岸から東北方向へ、長里で一千里〟となると、少なくとも舞鶴湾の彼方に行ってしまう。となると、漕ぎ手のいない舟がその沖合いから、漂流によって朝鮮半島に着く、それはほぼ不可能だからである。対馬海流の導くところ、まずは、東北方面へ流れゆくしかないであろう。

これに対して(A)の場合、関門海峡付近となる。

（『三国志』の魏志倭人伝に、

女王国の東、海を渡る千余里、復《ま》た国有り、皆倭種なり。

とあるのも、同じ距離をしめすものだ。「女王国〈＝博多湾岸〉—倭種の国々〈関門海峡以東〉」の間を「千余里」と表現しているのである。後述参照。）

第二の問いは、先にもふれた「漂流の可能性」だ。

この関門海峡領域（遠賀《おんが》川河口付近をふくむ）に、漕ぎ手のいない舟が流されたとき、その舟は漂流によって、朝鮮半島へ向いうるか。はじめは釜山付近、次いで新羅東岸に流れ着きうるか。——然り。

先の図（九二ページ）のしめすように、対馬海流は対馬の近辺において二方向に分岐する。一方は、日本人に周知の対馬海流、出雲の沖合いへと流れゆく暖流だ。他方は、東鮮暖流。釜山の沖合いから朝鮮半島東岸を北上する。以上が基本条件だ。

次の条件は、風。北から南へ風の向う季節（冬など）と、逆に南から北へ風の向う季節（夏など）がある。同じ季節でも、時間帯などによって風は変化する。それらの風の条件によって、右のいずれの方向に分岐する海流に乗るか、それが決せられる。風まかせだ。

第三の条件は、関門海峡の潮の流れだ。この海峡が時間帯によって潮の流れの逆転することは有名だ。したがって瀬戸内海より玄界灘に向って流れ出す時間帯には、その「南↓北」の流れに押されて、東鮮暖流に乗る可能性は一段と増すであろう。

以上の考察によって、この領域では、季節と時間帯によって、漕ぎ手のいない舟が漂流し、北上する、その可能性は十分に存在することが判明しよう。これに対し、いったん関門海峡より東の海岸からとなると、逆流して釜山方面へ漂流する可能性は、ほとんど失われてしまう。

これに対し、もし関門海峡領域より西寄りとなれば、「一千里」と矛盾する。長里はもとより、短里でも「一千里」には妥当しないのである。

すなわち、この関門海峡領域以外に、『三国史記』の記述する「多婆那国」、それを満足させうる地帯はないのである。

第三の問い。それは「多婆那」の意味だ。わたしはこれを「田鼻」であろうと思う。先にも、博多湾岸に「筑紫の日向の橘の小戸」があったと見なされることにふれた。この「橘」は「立鼻」だと思われる。地形詞だ。また博多湾東岸部の「立花山」も、同じ「立鼻」だ。これも地形をしめす地名であろう。また宗像郡の大島には、長瀬鼻、加代鼻、曽根鼻、耳鐘鼻などがある。「―鼻」の叢立地帯だ。さらに遠賀川の河口近くには「遠見の鼻」がある。

また、その遠賀川の河口には「田屋」や「芦屋」がある。この「―屋」の形の地名接尾語もこの地帯に多い。「遠見の鼻」のわきにも、「岩屋」がある。この「田屋」の固有名詞部分は「田」だ。「多婆那＝田鼻」の固有名詞部分も、同じ「田」である。

けれどもわたしは、「多婆那国」をこの「田屋」の地として断定しようというのではない。ただ、この「多婆那国」が日本語の地名表現であること、そしてこの九州北岸、関門海峡地帯に類縁地名の存在すること、この二点の確認をもって足れりとするのである。

第四の問い。それは、『三国史記』の表記自体から見ると、〝多婆那国は倭国の内か外か〟。これだ。

この点の解明は実証的には容易だ。なぜなら、同じ『三国史記』の中の同形の用例を見ればいいからである。

(1)賊（注・赤袴賊）、国（注・新羅）の西南に起る。（新羅本紀十一、真聖王十年）

(2)王（注・高句麗王）、軍を扶余国の南に進む。（高句麗本紀二、大武功王五年）

(1)は新羅国内の賊についての描写である。(2)の場合も、高句麗の北に当る、扶余《ふよ》国の南領域内に、高句麗王の軍が侵入したときの状況だ。だからこれも、扶余国の国内の南部を指している。

以上のような用例から見ると、「倭国の東北」とされる「多婆那国」も、倭国の一部と解すべきであることが知られよう。

次に「女国」。多婆那国王の妃の出身地とされるこの「女国」とは、何物であろうか。〝女性ばかりで構成している国〟という解釈もありうるけれど、それはあまりにも奇態。やはり〝女王の統治する国〟の意ではあるまいか。

倭人伝の〝卑弥呼の倭国〟はあまりにも有名だけれど、これは多婆那国時代より後、三世紀だ。一世紀に当るこの脱解王時代は、むしろ天照大神の時代（弥生前半期。前三〜前一世紀）に近い（天照大神と卑弥呼の先後問題については、後に改めて詳しくのべる。二七一ページ）。

出雲にも「伊奘奈彌命の時」という、女王統治の時代の存在したらしい、その痕跡については、すでにのべた。

『日本書紀』の神功紀に出てくるので有名な、筑後の山門郡の田油津媛も、本来「筑紫の一円統一譚」の登場人物。弥生前半期の人物だ（後述、二六八ページ）。

このように日本列島の弥生時代には、各地に女王統治の国々があったようである。このような文明特徴を背景にして、卑弥呼も登場しえたのであって、決してその逆ではなかった。このような時代の表現として、この『三国史記』の伝える「女国」の表現も、このような統治形式、このような時代の表現として、意外に真実《リアル》なのではあるまいか。

瓠公

以上によって、新羅の第四代の国王、脱解王は、倭国出身の倭人であり、中でも、関門海峡領域（遠賀川河口方面までふくむ）の出身であったことが判明した。

だが、新羅の中枢で活躍した倭人、それは脱解王だけではなかった。第一代から第四代にかけて活躍したユニークな倭人がいる。それは瓠公《ここう》だ。

その最初の業績は次のように語られている。

〝第一代の新羅王、赫居世の三十八年（前二〇年）、彼は王の使者として、馬韓（のちの百済）王のもとに赴《おもむ》いた。

馬韓王は難詰《なんきつ》した。「辰韓（注＝のちの新羅）・卞《べん》韓二国は小国だ。そしてわが国の属国であるのに、貢物を納めないではないか」と。

けれども彼はいささかもたじろがず、

「わが国（辰韓）は、国内は充実し、周辺の国々の人々から敬畏をうけている。しかも、このようにわが王は謙虚に使者を派遣されたではないか。しかるに、貴王がわが国に対し、兵をもって威嚇するのはまちがっている」

このように堂々とのべた。馬韓王は怒り、彼を殺そうとした。が、左右の者の諫止によって、帰ることを許された。〟

このあと、第四代の王、例の脱解のとき、二年、大輔に任ぜられた。のちの国王の姓、金氏や国号「雞林」の名をなす、その契機を作った。このように国事に数々の才腕をふるったようだ。

脱解と瓠公との間を語る、一種奇妙な説話がある。

〝脱解は若い時代、学問に精進すると共に、地理（土地の吉凶）によく通じていた。楊山の下の瓠公の宅を望み見て、ここは吉地であることを知った。そこで詭計を設《もう》けてその地を取り、ここに住んだ。その地は後に「月城」となった。〟

脱解が第二代の南解王の娘と結婚したのは、このあとの話だ。脱解の出世には、達眼の瓠公のバック・アップがあったのかもしれぬ。

この瓠公の来歴について、次のようにのべられている。

瓠公は、未だ其の族姓を詳《つまびら》かにせず。本、倭人。初め、瓠《ひさご》を以て腰に繋《つな》ぎ、海を度《わた》って来《きた》る。故に瓠公と称す。（『三国史記』新羅本紀第一）

彼は、倭国からの渡来人であった。それが明記されている。彼は「多婆那国」ではなく、倭国の中枢、つまり博多湾岸人だったのであろう。

新羅における倭人の活躍

以上の論証を通じて、一個の問題がある。それは、〝なぜこれほど倭人の活躍が許されたのか〟という疑問だ。新羅建国当時の、この倭人の活躍ぶりは異常ともいえるくらいだ。

たとえば、逆に考えてみて、日本列島側の歴史でいえば、〝竹内宿禰と応神天皇は、もと新羅国の出身である〟、『古事記』『日本書紀』にそう書いてあるようなものだ。

もちろん、〝応神天皇は朝鮮半島からの渡来者だ〟とか、またいわゆる「騎馬民族説」の類の説は、わが国にも存在する。しかし、それはあくまで説だ。記紀自身にそう書かれているわけではない。むしろ、津田左右吉の「記紀説話造作説」が学界にうけ入れられはじめると共に、その上に仮設された、新奇の説だ。研究史上の流れにおいて、それは疑えない。すなわち、記紀の記述に反して立てられた仮説、そういう基本性格をもつのだ。

これに対し、〝脱解王や瓠公は倭人である〟というこのテーマは、決して後代人の立てた奇矯な説ではない。明白に記述されているのである。

しかも、『三国史記』、ことに新羅本紀が総体として「反倭国的性格」をもっていることは明らかだ。倭人記事の大半は、〝倭人侵寇記事〟なのである。これは新羅がのちに（七世紀後半）白村江で倭国・百済側と決戦したことからすれば、あるいは当然かもしれぬ。『三国史記』の成立は、そのあとだからである。このような史料性格をもつのが、新羅本紀だ。だから、ことさら「脱解・瓠公倭人記事」を造作するとは考えられない。また、前にものべたように、本来『三国史記』は、そのような姑息な史書ではないのである。

啓蒙主義史観を超えて

またこれに対し、次のような論法をもって、その史実性を否認する論者があるかもしれぬ。

「王妃が卵を生むとか、その卵が漕ぎ手もなしに舟で漂流して、半島側の海岸に流れ着くとか、その卵から人間が生れるとか、いずれもありえない、架空の話だ。したがってそのような形で語られた、脱解の多婆那国所生説話も、史実とは認められない」

一応、もっともにみえる説だ。合理的と思われるかもしれぬ。けれども、さらに深く考えてみると、現代の古代学の研究水準から見て、この論定は妥当ではない。その証拠に、あのイリヤッド・オデッセーに関する研究史をふりかえってみよう。

十九世紀までの啓蒙主義の古典学では、次のようにのべられてきた。

〝パリスが森で寝ていたとき、三女神がリンゴを渡して、「もっとも美しい女神にこれを与えよ」と迫り、これがもとでリンゴを渡されなかった女神の嫉妬と怒りを得、これが原因となって、トロヤ戦争がおこった――このように語られている。

しかし、このようなリンゴの説話は、当然ありえない、架空の事件だ。したがってそのような架空の説話が原因で起った、とされるトロヤ戦争をめぐる説話もまた、当然架空事であって、史実ではない〟と。

一見合理的な推論だ。これが正統的なヨーロッパ古典学の「定説」的見地だった。

だが、一八七〇年代にはじまったシュリーマンの発掘は、このような啓蒙主義の定説の非を明確に証明した。そこに出土したトロヤの廃墟がまさに真実《リアル》な歴史の遺構であったこと、それは一九三〇年代になって、アメリカの専門的考古学者C・ブレーゲン等の調査報告によって裏付けられたのである。

しかも、シュリーマンの方法、それは単純だった。イリヤッド・オデッセーの説話を信じて、その跡を辿った。そしてそこにトロヤ城の廃墟を発掘しえたのである。したがってこの発見は、逆にこの説話の真実性《リアリティ》を証明することとなった。

では、先のリンゴの証明はどうなったのか。簡単だ。

〝古代人は、真実《リアル》な物語を語るとき、非現実的な語り口を加え、それを導入部として用いるのを好んだ〟。これだ。

あれほど長期にわたり、トロヤとギリシャと両国の間の長い戦争をまきおこしたもの、それには必ず、よほどの神意にかかわる理由があったにちがいない。古代人は、そのように思惟し、リンゴの挿話を加えた。また古代の聴衆たちは、そのような語り口を好んだものと思われる。

ことは、右のように推移した。だから、逆に、〝リンゴの説話の架空性から、イリヤッド・オデッセー全体の史実性を疑う〟。このような推論の仕方は、決して合理的でもなく、正当でもなかったのである。

以上のような研究経験、それは何を意味するか。いうまでもない。〝卵の説話の架空性から、脱解倭人（多婆那国人）説話の全体を疑う〟。このような手法は、決して合理的でも、正当でもなかったのである。

さらに、次のように論をすすめる論者もあるかもしれぬ。

〝卵の説話そのものは架空なのだから、それを乗せた漂流譚から、多婆那国のありかを探る、そういった方法はナンセンスだ〟と。

これも、一応道理ある言い分に聞えよう。しかし、あの阿麻氐留神社の伝承を思いおこしてほしい。〝天照大神が年に一度、出雲へでかける〟。そんな話はもちろん、架空だ。これを史実だなどという人はあるまい。

しかし、にもかかわらず、その季節、そのコースは、まさに真実《リアル》だった。氏子総代の、ベテランの老漁夫が証言されたように、まさに一年のうちで、もっとも容易に往来できる、そのシーズンに当っていたのである。

これは重要なことだ。なぜなら、説話の聞き手、つまり古代の聴衆たちは、いずれも海の民だった。海域がその生活圏だった。そのような聴衆にとって、自分たちの自然知識・気象知識・地理知識に合う話でなければ、とても聞けたものではなかったのである。この一点が、わたしがこの神話を聞いたとき、最初にうけた教訓、その感銘だったのである。

卵の説話も同じだ。はじめ、それを聞かされていた古代新羅の民衆にとって、朝鮮海峡と日本海西部の自然、その気象と海流と地理は周知のところだった。倭国や多婆那国も、隣国であって、夢の国ではなかった。したがって、それらの国々と自分の国との間を結ぶ海流の論理、それを無視した説話などは、およそ聞けたものではなかったのである。

このように考えてくれれば、先のように〝卵の架空から自然地理の架空論を導こうとする〟そのような短兵急なやり方、それはやはり、道理に合ってはいなかったのである。

以上の弁証によって、わたしたちは「脱解・瓠公倭人説話」を史実の反映として扱うことができる。

草創期の新羅

そこで先の疑問をもう一度くりかえしてみよう。〝彼等は「外国人」でありながら、なぜ、国王や、最高位の宰相の地位につきえたか〟。この問いだ。

もちろん、この両者自身の才幹もあったことであろう。それは当然だ。しかし、ただ才幹といった個人的資質だけで、このような地位につきうるものではない。運か。それも必要だ。しかし、それはたんに運によってつきうる職などではない。それは先にのべたように、記紀にその類の記事の存在しないこと、また新羅本紀自身にも、その後、このような現象の見出しえないことによっても、明らかであろう。もちろん、百済本紀や高句麗本紀（いずれも『三国史記』）にも、それはない。〝これらの国には、才幹と運をもつ倭人がいなかったから〟。これでは、答えにもならないであろう。

わたしには、その回答は他にない、と思われる。次のテーマだ。

(一)草創期の新羅国内には、倭人集団がかなりの質と量において勢力をもっていたこと。
(二)そして他の人々（辰韓・馬韓・弁韓系の人民）と倭人集団との間には、友誼的・非疎外的関係が保たれていたこと。

最低限、右の二条件が満たされていない限り、ただ両者の個人的資質などによって、彼等の抜群の出世はありえなかった。そのように判断することこそ、理性的なのではあるまいか。

右の第一テーマに関連すると思われるもの、それは金海式甕棺の分布だ。東は遠賀川流域、西は唐津、南は佐賀平野にかぎられ、北はこの金海に見られる。すなわち、弥生前期末の、朝鮮海峡両岸に分布圏をもっているのだ。その中心には、あの縄文以来の水田（板付、博多湾岸）がある。これが弥生前半期の倭人（筑紫人を中心として）の生活圏だったのではあるまいか。金海式と命名されていても、必ずしも、金海がその文明中枢だという意味ではない。それはちょうど、弥生式土器と命名されていても、東京都の弥生町がその土器文明の中心だったというわけではない。それと同じだ。

少なくとも、次の一点は明らかだ。志賀島の倭人と同じ様式の墓、それをもつ文明が金海側にもあった、という点である。すなわち、この倭人たちは海洋の民であり、朝鮮海峡の両岸に生活・文化圏をもっていた、そういうことではないであろうか。あの地中海の東、エーゲ海でギリシャ人たちが、ギリシャ側と小アジア（トルコ）側と両側に都市国家を建設していた。あのような状況だ。古代世界に珍しくない。これを現代のナショナリズムの立場から誹議するとしたら、その方が思考の逆立ちなのではあるまいか。古代を真実《リアル》に見る目ではない。

以上のように分析してみると、『三国史記』の「脱解・瓠公倭人」問題は、意外に深い背景、考古学的裏付けをもつことが知られる。すなわち、一片の後代の造作記事などではない、真実性《リアリティ》に根ざしていたのであった。
その上、『三国志』の魏志韓伝は、当時（三世紀）の新羅（辰韓）人について、次のようにしるしている。

今、辰韓人、皆編頭《へんとう》。男女、倭に近く、亦文身す。

脱解・瓠公の時代（一世紀）より二百年あまりあとの三世紀においても、新羅人たちは、倭人と深い習俗上の関係をもっていたことが知られよう。同じ「文身」の習俗を共有していたのである。

第二章　『三国遺事』

『三国史記』と並ぶ史書、『三国遺事』にも、倭人に関する興味深い説話がのせられている。この方は編年体ではなく、説話を集成した史書だから、一段と叙述には、神話的な生彩がある。今、問題にするのは、巻一に出てくる「延烏郎《えんうろう》・細烏女《さいうじょ》」の説話だ。まず、本文、次いで、その全文を訳出してみよう。

延烏郎・細烏女

延烏郎。細烏女。

第八阿達羅王即位四年丁酉。東海の浜に延烏郎・細烏女有り。夫婦にして居す。一日、延烏、海に帰り、藻を採る。忽ち一巌有り（一に云う、一魚）。負いて日本に帰る。国人、之を見て曰《いわ》く、「此れ、常人に非るなり」と。乃《すなわ》ち立てて王と為《な》す（日本の帝記を按ずるに、前後、新羅人の王と為る者無し。此れ乃ち辺邑の小王にして真の王に非るなり）。細烏、夫の帰り来らざるを恠《あや》しみて之を尋《たず》ぬ。夫の脱ぎし鞋を見る。亦其の巌に上る。巌、亦負いて帰ること、前の如し。其の国人、驚き訝《いぶか》る。王に奏献す。夫婦相会う。立ちて貴妃と為《な》る。

是《こ》の時、新羅の日月、光無し。日者、奏して云う。「日月の精、降りて我が国に在りき。今、日本に去る。故に斯の怪を致す」と。

王、使を遣わし、二人を求めしむ。延烏曰く、

「我、此の国に到る。天、然らしむるなり。今、何《いずく》んぞ帰らんや。然りと雖《いえど》も、朕の妃、織る所の細綃《さいしょう》有り。此れを以て天を祭らば、可なり」と。

仍《よ》りて其の綃を賜う。使人、来《きた》り奏す。其の言に依りて之を祭る。然る後、日月旧の如し。其の綃を御庫に蔵して国宝と為す。其の庫を名づけて貴妃庫と為す。天を祭る所、迎日県、又都祈野と名づく。

〈口語訳〉

新羅の第八代、阿達羅王の四年（一五七）、新羅の東海の浜に延烏郎・細烏女という夫婦がいた。ある日、延烏郎は、海に帰り、藻を採った。そのとき眼前に一つの巌（あるいは一匹の魚）があり、その巌を負って、日本に帰った。

日本の国人はこれを見て、「これは普通の人ではない」といって、彼を日本国の王とした。

（日本の帝記をしらべてみるに、この前後の頃、新羅人で日本国の王になった者はいない。したがって彼がなったのは、日本国の片隅の小領域の王にすぎず、日本国全体の、真の王ではないのである。）

細烏女は、夫が帰って来ないのをあやしみ、さがしたところ、巌上に夫の脱いだ鞋《くつ》を見つけ、またその巌を負って日本国へ帰って行った。二人は国王と貴妃として君臨した。

ところが、このとき、新羅には日と月に光がなくなった。卜《うらな》いの者が新羅王にいうに「日月の精が降って我が国にいた。ところが今、彼等が日本へ去っていった。そこでこんな不思議な有様に

なったのである」と。

新羅王は、使者を遣わして夫婦に、新羅に帰ることを求めさせた。この使者に対して延烏郎がいうには、「わたしがこの国に到ったのは、（わたし個人の意思ではなく）天がそうさせたのだ。今どうして帰ることができよう。できはしない。だが、わたしの妃が織った細綃《さいしょう》（こまかい地のうすぎぬ）がある。これで天を祭ったならば、うまくゆくだろう」と。

そういって、その細綃を賜うた。使者は新羅へ帰って来て王に奏上した。王は延烏郎のいう通りに、これを祭った。そのあと、日月はもとの通りになった。

王は、その細綃を御庫に蔵して国宝とした。そしてその御庫に日本国の「貴妃」の名をとって「貴妃庫」と呼ぶこととした。そのとき、天を祭ったところを迎日県という。又、都祈野と名づけた。

この説話に関する問題点をあげよう。

第一。「日本」の国名について。『三国史記』とは異り、『三国遺事』では、「日本」という国名を使うことが多い。つまり、後代（たとえば『三国遺事』の成立期）の国名によって記している（正確には、「倭」との混用である）。これは、各種の史料を採用し、収録した『三国遺事』の編成の仕方によるものであろう。

第二。「負いて日本に帰る」について、〝日本に帰化した〟と解釈する論者もいるようだ。「日本に帰す」と読むのである。けれども、この解釈には矛盾がある。なぜならその直前に、「海に帰り」とある。これを〝海に帰化し〟とは解釈できないからである。

これに対し、このあと、「今、何《いず》んぞ帰らんや」といっているのは、やはり〝行くと帰る〟の一つ、通常の「帰る」であって、決して〝帰化〟などの意味ではない。要するに、この文面では、「帰る」とは、〝かつていたところへ行く〟の用法なのだ。

この用法に従えば、「海」も「日本」も、この夫婦にとって、〝かつていたところ〟なのだ。もう一歩突っこんで言おう。この「日本」とは、〝海の国〟なのである。

通例は、「国」とは、陸地をしめす概念であろう。しかし、わたしたちはすでに知っている。「倭国」とは、「天国《あま》」という名の海峡国家、それを母の国とする、国家であった。この延烏郎・細烏女は、この「天国」を故国とする、天国人であった。そのような立場に立つとき、この『三国遺事』の文面を、わたしたちは矛盾なく理解できるのである。

第三。「延烏郎・細烏女は、天国人である」。この一見、意外なテーマは、実は当の文面そのものによって裏づけられている。たとえば、

①「降りて我が国に在り」と、新羅の「日者」（トいの人）はのべている。これと同様に、『日本書紀』では、

是《こ》の時、素戔嗚尊、其の子五十猛神を帥《ひき》ゐて、新羅国に降り到る。（第八段、一書第四）

というように、「天国→新羅」を「降る」と表現している。これはおそらく「壱岐・対馬→新羅東岸部」が、海流（対馬海流→東鮮海流）の流れにおいて、上流→下流の方向に当っているからであろう。

このように、この「降る」の表現も、「夫婦は、もと天国（壱岐・対馬）人だった」という命題からすると、自然なのである。

②延烏郎は、新羅の使者に対し、〝自分がここ（倭国）へ来たのは、天の命ずるところだ〟と語っている。この言明も、彼の故国を「天国」と見なすとき、極めて自然である。

③新羅の「日者」は、延烏郎・細烏女を「日月之精」だ、と言っている。ところが「天国」の中心地、対馬と壱岐は、それぞれ「日神」と「月神」を奉祀する島だった。

(イ)日神、人に著《かか》りて、阿閉臣事代《あへのおみことしろ》に謂《い》ひて曰《いは》く「磐余《いはれ》の田を以て、我が祖高皇産霊に献れ」と。……対馬下県直《しもつあがたのあたひ》、祠《まつり》に侍《つか》ふ。

(『日本書紀』顕宗紀、三年夏四月)

(ロ)阿閉臣事代、命を銜《う》けて、出でて任那に使す。是《ここ》に、月神、人に著《かか》りて曰く、……壱伎県主の先祖押見宿禰、祠に侍ふ。

(『日本書紀』顕宗紀、三年春二月)

後世の史料である上、本来九州王朝系の史料だったものを、近畿天皇家系の史書(『日本書紀』)に改用した形跡のあること、後述のごとくだ。だが、その中に、

対馬――日神の奉祀
壱岐――月神の奉祀

という形が、古くに遡ることが説かれている。

あの「三貴神誕生」神話が、〝素佐之男神と日・月二神〟の誕生神話を新作していたことも、「日・月二神」信仰が「天国」側に存在していたことを背景としている。そう考えるのが自然ではないだろうか。

とすれば、「延烏郎・細烏女」が「大国人」であったとすれば、当然「日月二神への祭祀」の中に生活していたことであろう。「日月之精」云々の言葉

日本列島弥生期出土，全絹製品

立岩遺跡	表環頭刀子柄の平絹 剣柄巻撚糸 「矛と鉇」の平絹
春日市門田遺跡	剣身の平絹 剣柄巻撚糸
須玖岡本遺跡	重圏文鏡の平絹 連弧文清白鏡の平絹 重圏四乳葉文鏡の房糸
肥前南高来郡三会村遺跡	甕棺の平絹
絹製品出土の三漢墓（対照例） 陽高県漢墓・楽浪漢墓・馬王堆一号漢墓	

（福岡県飯塚市立岩遺蹟調査委員会編『立岩遺蹟』河出書房新社刊によって古田作表）

は、このような、この夫婦の宗教生活の反映ではなかったであろうか。ともあれ、この問題もまた、「夫婦は天国人である」というテーマと、よく符合しているようである。

第四。ここに現われる「日本」の都の位置だ。国王（延烏郎）と貴妃（細烏女）の居城の地である。この位置の決定は、意外に簡単だ。

その決め手は「細綃」だ。これは上質の布地たる絹のこと。この二世紀代中葉という、弥生後半期において、全日本列島中「絹」の出土する地帯は極めて極限されている。前ページの表のしめす通りだ。その中心は博多湾岸である。それは、志賀島から朝倉に至る、弥生のゴールデン・ベルトの線上にある。それ以外にはないのである。

第五。以上のように分析してくると、「日本の帝記を按ずるに……」の一文のもつ、見当はずれは明らかであろう。これは、十二〜三世紀の、『三国遺事』成立時期の筆と思われる。すなわち、ここで「日本の帝記」といっているのは、『古事記』『日本書紀』といった「近畿天皇家中心の一元史観」の史書によって、ことを判断したのである。それが「真の王に非ず」という帰結なのだ。記紀に出てくる天皇なら真の王という、「皇国史観」の目に、不幸にもあやまたれてしまった、そのためのこの誤断であった。

しかし、歴史上の真実はちがった。二世紀中葉の日本列島において、いまだ天皇家は真の王どころではなかった。筑紫の王朝の配下、その「辺邑の小王」にすぎなかった。日向（宮崎県）において、九州ではうだつのあがらぬその不遇をかこっていたか、それとも、東なる銅鐸文明圏への侵入を行ったあとか、いずれにせよ、とても、日本列島代表の王者とは、はるかに相去る眇《びょう》たる存在にすぎなかったのである。

これに対して、筑紫の王朝はちがった。縄文水田以来、弥生水田文明の草創の地として、全日本列島を代表する王者の地であった。だからこそ、金印が博多湾頭に埋められていたのだ。日本列島中稀有の布地、中国絹と日本絹の出土地、ことに日本絹の産地だった。そしてそのことをもまた、「細烏女の織った細絹」説話と、見事に対応しているのである。この点からも、「巨岩を負う大力説話」「日蝕・月蝕説話」といった奇想天外な色彩にいろどられながらも、その実態は、意外に真実《リアル》なことに驚かされるであろう。

第六。特に注目すべきこと。それは、〝新羅と天国と倭国〟とが、共通の宗教信仰をもっていたことである。日月を祭る儀式、すなわち「祭天」信仰である。両者が同一の信仰圏にあったこと、それをこの神話は語っている。新羅人と倭人に共通していたのは、決して「文身」だけではなかったのである。

第七。最後に見のがしえぬところ。それは、新羅の国王の宝庫に「日本絹」が宝物として蔵されていた事実だ。むしろ、この事実が出発点となって、その伝来の由来を語るべく、この神話は語られた。そのようにも見うるのである。

第八。そしてその宝庫を「貴妃庫」と呼び、〝日本の王妃の呼称をつけた宝庫〟が存在したこと、これほど何よりも雄弁に、この当時の「新羅―日本（当時の倭国）」間の関係が友好的であったことを証明するものはないであろう。新羅における、倭国やその文化の尊重が、第四代脱解王時代に終ってはいなかったことが知られる。

この点、『三国史記』の新羅本紀におびただしい「倭人侵寇記事」の印象によって、うかつに見失うことの許されぬ重大な史実、わたしにはそのように思われる。

ことに、このような説話が、日本列島側の史書（『古事記』『日本書紀』）に出ていたとしたなら、あるいは日本人の手前味噌とも見えよう。しかし、ことは逆だ。朝鮮半島側の史書たる『三国遺事』の中の説話だ。だから、ことは容易に疑いがたい。そういう史料性格をもっていること、それをここに特に明記しておかねばならぬであろう。

すぐれた史料価値

以上を要約しよう。

(一)朝鮮半島側の史書たる、『三国史記』『三国遺事』は、「弥生期の倭人との交渉」を語る貴重な説話を収録している。

(二)それらは「天国＝対馬・壱岐中心の海峡圏」および「倭国＝博多湾岸を都とする筑紫中心国家」の概念に立つとき、明晰な理解をうることができる。

(三)それらは「金海式甕棺の出土分布」や「日本絹（倭絹）の出土分布」の考古学的事実と対応し、弥生期の史実を背景として語られた説話であったことを証言している。

(四)したがって、歴史上の事実において、〝「日本の中の朝鮮文化」は存在するが、その逆はない〟というような主張をなす論者があるならば、それは明白に〝史実の無視〟、ないし〝史実の曲解〟であろう。

(五)そして何よりも、新羅の建国当初およびその後も、かなり「新羅—日本（倭国）」間の国家関係は友好的であった。もちろん他面の倭人侵寇記事も重要だ。けれども同時に、この一面も、決して軽視してはならぬ、重要な側面であろう。

(六)このように重要な意義をもつ、これらの説話であるにもかかわらず、従来の史学、それが戦前の皇国史観の史学であれ、戦後の造作史観であれ、近畿天皇家中心の一元史観に立っている限り、これらの説話のすぐれた史料価値を生かすことは不可能であった。近畿天皇家以外の、その祖源をなす「倭王」の存在、その存続性に対し、必要にして十分な認識をもたなかったからである。

なお、もう一つ、付言しておくべきことがある。それは「延烏郎・細烏女」における地名説話問題である。

この説話が、「迎日県・都祈野」という地名に対する、地名起源譚の形をとっていることは明らかだ。これは一つの重要なサンプルである。なぜなら、新羅の王室の「祭天の儀礼」によってつけられた名、という形をとっているからである。これはたとえば、日本側でいえば、〝天皇家がこれこれの儀礼をもって、伊勢の皇大神宮を祭った。そこでこの地名がつけられた〟といった形だからである。そのような、国家の主要祭祀に関連した説話なのだ。そこに〝それは、倭国王との宗教的・文化的交流によるものだ。その国王はかつてわが国（新羅）にいた人物であった〟旨が堂々とのべられているのである。

このような国家の宗教的中枢行事に関連した地名説話の存在から見ると、当然他にも、あるいは「新羅—倭」間の国交に関連した、あるいは同じく両者の民間レベルの、これと同類の地名説話の少なからず存在したことは確実と思われる。なぜなら、そのような、多くの、より民間レベルの地名説話群に囲まれて、このような、中枢的地名説話が存在した、そのように考える方が自然であり、より人間の理性にかなっているからである。

もちろん、倭人侵寇にまつわる地名説話も少なからず存在しよう。しかし、それと同時に、この「迎日県・都祈野」に類した性格のものも、実際は存在するであろう。今後、平静かつ公平な研究者が出現し、これに力をこめる、そういった時代が来れば、そのような「宝庫」が手つかずにひそめられているのではあるまいか。

日本列島側に、朝鮮半島側からの渡来人・渡来文化の跡が、地名説話の形で、あるいは地名そのものの中に多く遺存していること、それは近来、次々と発掘されつつある。それは日本の古代史学にとって貴重な財産だ。また発掘を待つまでもなく、武蔵国の高麗郷の、高麗王を名乗った若光のごとく、その子孫が歴々と遺存しておられる例もある（埼玉県入間郡日高町新堀、高麗神社、宮司は高麗氏）。

他国からの渡来人や渡来文化の跡を歴々と辿りうる、これはすばらしいことだ。そのような事例が、日本列島側にも、朝鮮半島側にも、ともにさらに広く、深められること、それを今後の先入観なき研究者に期待したいと思う。

〔絹製品出土〈一四一ページ表〉の、その後の出土例については、「邪馬壹国の原点」『よみがえる卑弥呼』駸々堂刊、参照〕

第四部　金石文の証言

第一章　志賀島の金印

神話と神話的世界の探究にしばらく別れをつげ、金石文と中国史書のしめす、倭国像へと目を転じよう。

正しい解読

まず、志賀島の金印。「漢委奴国王」の印だ。わたしはすでに何回もふれてきた。いや、ふれてきただけではない。論証の原点としてきた。たとえば、縄文水田以来の日本列島弥生稲作文明の中枢地の問題、筑紫の弥生新作神話の制作中心の問題、また『三国史記』『三国遺事』記載の、倭国の都の問題、いずれもこの、博多湾頭の金印の所在領域を原点とするとき、パフリと解けてきたのである。それも偶然ではない。これは志賀島という出土地点が明確である上、後漢時代、日本列島側の弥生期後半初頭という金印の渡来した時代が、中国史書によって明確に裏づけられている。すなわち、空間的、時間的定点をもつ、そういう稀有のケースだったからである。

この金印のもつ歴史的意義について、簡明に分析しておきたい。

第一。今「空間的定点」といった。それは出土地点のことだった。その意味するところ、それはこの金印の被授与者が、博多湾頭の王者だ、ということだ。博多湾を、己が都邑の母なる湾、そのように見ている王者こそ、この被授与者だった。そのように見なすことこそ、もっとも自然な理解であろう。かつて江戸時代などに行われたように、「安徳天皇が壇の浦に没するさい、流されて漂着したもの」とか、「天皇の使者が、光武帝に金印をもらって大和へ帰る途次、印文に『奴』の字のあるに気づき、怒って海中に投げ捨て、それが漂着したもの」とかいった奇説は、もはや現在の研究水準では、許されがたいであろう。

問題は、この博多湾を母なる湾とする王者の支配領域だ。その指標は、細矛・細戈・細剣だ。先にものべたように、この一世紀中葉が、これらの銅製武器の尊重された時期であることは、よく知られている。いずれも実用的な武器であるけれども、当然一兵士の武器ではない。支配者の保持する宝器もしくは支配のシンボルめいた性格を帯びていることは否めない。それは、〝筑紫を中心に、淡路島を東限とする〟分布だ。ということは、これが博多湾頭の王者の「統治領域」とは言わないまでも、その「勢力波及範囲」をしめすもの、そのように言っても、それほど過言ではない、ということになろう。

第二。この点は、志賀島の金印と好一対《つい》の出土ともいうべき「滇《てん》王之印」との比較からも裏付けうる。この金印は雲南省の滇池のそばの石寨山《せきさいざん》から出土した。

「漢の」という冠詞のないことは、前漢代の授与だったことをしめすようである。当時この領域は「夷蛮の地」であった。『史記』の西南夷列伝にこの領域の記述が出ている。

蹻《きょう》（注・楚の将軍）、滇池に至る。方三百里。旁《かたわら》は平地、肥饒数千里。兵威を以て定め、楚に属せしむ。

ここに出ている「里」、これは先にもふれ、後に詳しくのべるように、「短里」だ。その点は、実はこの文面そのものからも、立証できる。なぜなら「方三百里」は、

長里（一里＝約四三五メートル）の場合　――一七〇三〇・二五平方キロ
短里（一里＝約七五メートル）の場合　――五〇六・二五平方キロ

となる。ところが、現在の滇池は南北約四〇キロ、幅八〜一三キロ（『ジャポニカ』による）であるから、前者では全く当らず、後者ならほぼ妥当する。もちろん、古代（ここは周代の里）と現代と、池の広さに変化はあろうけれども、それにしても、右の相当関係は動きそうにない。

次の「肥饒、数千里」。これは〝約五千里〟をしめす表現だ。なぜなら『史記』では「楚地」の広さを、一方で「方五千里」（楚世家・平原君伝等）と記すと同時に、他方で「方数千里」（蔡沢伝・孔子世家等）と記しているからである。

この広さは、『三国志』の魏志韓伝で、韓地を「方四千里」と書いたのと比べてみれば、大体の見当がつくであろう。こちらも、同じく「短里」（魏・西晋朝の短里）なのである。

このような滇王の「統治領域」もしくは「勢力波及圏」と比較してみても、わが志賀島の金印の王者を、猫のひたいのように狭い、「奴《な》国」（博多湾岸と見なす）だけの王、つまり辺邑の小王と見なすことは不当だ。やはりこの王者は、淡路島以西、少なくとも九州とその周辺部を支配する、日本列島代表の「真の王」であった。――そのように見なすべきなのである。

第三。以上のような理解、それは金印の印文それ自身の分析とも一致する。

印文のルール

漢帰義胡長（銅印駝鈕）＝漢の帰義の胡長。
晋帰義羌王（銅印塗金兎鈕）＝晋の帰義の羌王。

右の「帰義」は中国の天子への忠節をしめす言葉。したがって国名としては、中国側（「漢」「晋」）と夷蛮側（「胡」「羌」）という、二種類の国名しかない。これは当然だ。なぜなら、授与者（中国）と被授与者（夷蛮）との二者のみを書き、それ以外の第三の国名を認めない。これが印制の基本だからである。

このような根本のルールからすると、志賀島の金印は、

漢の委奴《いど》の国王

と読むのが正しいことが判明する。

第四。右の解読は、『漢書』の匈奴伝に記録された印章と比較しても、裏づけられる。これは、新の王莽が匈奴の単于《ぜんう》に与えたものだ。

(A)新匈奴単于章＝＝新の匈奴の単于の章

(B)漢委奴国王＝＝漢の委奴の国王

匈奴側と確執の生ずる原因となった「章」字はカットされている。それ以外の部分について、見事に相似形をなしている。(A)は建国元年（九）、(B)は建武中元二年（五七）、両者の間は四十八年にしかすぎぬ。同じ世紀だ。とすれば、(A)は(B)の解読について、もっとも近い先例なのである。しかも「匈」が〝たけだけしい〟の意であるのに対して、「委」は〝したがう、おだやか〟の意。対語だ。ここにも、(B)を作った後漢の光武帝時の官僚が、(A)をモデルとし、いわば反面教師としていたことがうかがわれる。このような比較からも、先にあげたわたしの解読の妥当であることが知られよう。

第五。この解読の正当性は、志賀島の金印について記載している『後漢書』冒頭の帝紀からも、裏付けられる。

(イ)秋、東夷韓国人、衆を率いて楽浪に詣りて内附す。（建武二十年＝四四、光武帝紀下）

(ロ)東夷倭奴国主、使を遣わして奉献す。（建武中元二年＝五七、光武帝紀下）

(イ)について、李賢注で、「韓国」とは「辰韓・卞《べん》韓・馬韓」の総称であることをのべている。『三国

志』の韓伝ものべる通りだ。

この用例によってみると、(ロ)の「委奴」も、〝倭人の総称〟と見なすべきだ。この点、「匈奴」がこの部族の総称として用いられてきた中国側の歴史的用法とも一致するのである。

従来は同書倭伝内の、

建武中元二年、倭奴国、奉貢朝賀す。

光武賜うに印綬を以てす。

の一文にのみ目を奪われ、もっとも正規の帝紀に出てくる文面(ロ)の表記に対する注意が不足していたのではあるまいか。

第六。以上のように、

(イ)東アジア的視野からも、

(ロ)通日本列島的視野からも、

(ハ)印文表記ルールからも、

(ニ)『後漢書』の表記例からも、

いずれの点からも、「漢の委奴の国王」という解読の正しいことが証明された。

しかるに、従来「定説」のように、

漢の委の奴《わ な》の国王

という、三段細切れの読みが行われてきた。これはなぜだろうか。

三宅説の背景

この読みを提示したのは、明治二十五年、三宅米吉であった（『漢委奴国王印考』）。ここにおいて三宅の論じた主要点、

①旧来（明治二十五年以前）の「イト」（＝伊都）読みは、音韻上、無理であること（「伊《い》」と「委《ゐ》」。「都《と》」と「奴《ど》」のちがい）。

②博多湾岸が「那《な》の津」と呼ばれていたことから、「奴」の上古音、「な」と一致すると考えられること。

が、いずれも妥当と認められたため、「定説」化されるに至ったようである。

けれども、今、よく再検証してみると、数々の矛盾があること、前記の通りだ。さらに次の問題点がある。

ⓐ倭人伝には「彌彌那利」（投馬国、副官）の用例があり、「那」が表音文字として使われている。当然「な」音と思われる。したがって、もし「那の津」の「那」であれば、当然この「那」を用いるべきだ。したがって、「奴」は「な」ではなく、「ぬ」もしくは「の」ではないか、と思われる。

ⓑ「伊都国」の「都」も、上古音では「た」であるけれど、「いた」と発音された形跡はない。「怡土村」のごとくだ。しかるに「那の津」の「那」の方だけが、「奴の上古音」の遺存したもの、このような理解はあまりにも恣意的だ。

ⓒ博多の東隣に「奴山《ぬやま》」がある。ここでも「奴＝ぬ」という読みが残されている。一方「伊都神社」は、やはり「いと神社」と発音されている。このような現地状況を考えずに、本居宣長が「奴《な》国＝那の津」説を立て、三宅米吉はこれに従ったのである。

その上、もっとも肝要な問題点、それは、次の一点だ。

三宅米吉は、本居宣長（熊襲偽僭説。その基本は大和中心主義）と同じく、「邪馬台国、大和説」論者であった。この立場を前提として、倭人伝内の第三の大国「奴国」をもって、この博多湾岸に当てたのである。いいかえれば、志賀島の金印をもって、日本列島中心の王者ではなく、第三の王者への授与、そのように見なしたのであった。

三宅の提言以後、この三宅説を受け入れたのは、近畿説論者だけではなかった。たとえば、筑後山門説のような、九州説論者もまた同調した。それによってこの三宅説は、一見不動の定説であるかの位置を獲得した。しかし、両論者に共通の立場、それは「博多湾岸、第三の大国」説、換言すれば「博多湾岸、従属国」説だったのである。

これに対し、考古学的出土物上の事実、それは右の「従属国」説と明確に相反している。なぜなら、たとえば細矛・細剣・細戈、それらの出土中心は博多湾岸だ。より十分にいえば、「筑前中域」（糸島・博多湾岸・朝倉）こそ、その中枢の地である。ことに志賀の島—朝倉の間の、弥生のゴールデン・ベルトを除けば、他に中枢線を求めることは不可能だ。

いいかえれば、この地帯をもし、第三の大国視するとすれば、「細矛や細戈や細剣」において、これを凌駕する第一や第二の大国など、日本列島中、どこにも存在しないのである。

このように、一般に定説視され、日本古代史上の定点のように見なされている、志賀島金印の読み、ここに最初の錯誤が存在した。それは、いわゆる「邪馬台国」問題に対しても、記紀神話の理解に対しても、『三国史記』『三国遺事』の説話に対しても、的確な解明を与ええなかった従来説の論者の、その立場の根底をなしていたのである。

それだけではない。日本古代史上の、各時代（たとえば弥生時代）の中心点が、一定の考古学的出土分布図の中心に当らなくてもよし、とする、一種散漫な手法、ズバリいえば非学問の方法を生み出すこととなったのである。

第七。なお付言する。中国古印中、左の例がある。

漢匈奴悪適尸逐王　（「銅印駝鈕」大谷大学蔵）

「例外」の論証

これを「漢の匈奴の悪適尸逐」という三段の国名と見なし、三宅米吉流の三段細切れ読法（「漢の委の奴国の王」）を正当化する論者がありとすれば、それは不当だ。なぜなら、

㈠「悪適尸逐」は、いわゆる「国名」ではなく称号に類するものだ。

㈡これは銅印（あるいは塗金）であって、志賀島の金印とは異る。金印は〝その種族総体の統合者〟に与えるものだ。この点、先述の、「滇王之印」の方が、同じ金印だから、的確な先例である。これは「滇の〇〇の国王の印」という二段細切れになっていない。

㈢もしかりに、これが三段国名読みだったとしよう。その場合でも、これが例外的なケースであり、他のほぼすべてが二段国名であることは、印譜類を開けば、誰人にも一目瞭然だ。したがって、志賀島の金印という一個の実例を解読しようとするとき、あくまで原則的なルールによって分析するか、それとも、例外的なケースに依拠するか、そのどちらが正当だろう。当然、前者だ。もし、後者に依拠したいならば、〝このような例外のケースもある〟というだけでは駄目だ。

〝この例外のケースに当るとした場合、他の多くの条件（文献上の分析や考古学的分布）とピタリ合致しうる〟。その一点をしめさねばならぬ。それは当然だ。しかるに事実は――。

先にのべたように、全くそれらと合致してはいないのである。

〝まず、音当《あ》てありき〟。その一点に依拠して、客観的、かつ巨視的な検証から目をそむける。――この、わが古代史学の宿痾《しゅくあ》が、何よりもまず、ここに見出されるのである。わたしたちが、日本の古代史学を正しく見つめ直そうと望むならば、この「漢の倭の奴の国王」という三段細切れ読法なるものに

対して、決然と別れを告げねばならぬ。

　そして倭人族全体の統合の王者が博多湾頭に存在したこと、この基本の史実の確認から探究は再出発せねばならぬであろう。

第二章　室見川の銘版

倭国の金石文

志賀島の金印は、博多湾頭の王者、「委奴」すなわち倭人総体の統合の王者に与えられたものだった。与えたのは中国側、もちろんその文字は中国（漢）側で書いたものだ。

これに対し、同じ博多湾頭で、倭国側で書かれたとおぼしき銘版が出土した。わたしが「室見川の銘版」と名づけたものである。「発見」された室見川河口は、博多湾を中にはさんで、志賀島の対岸だ。

その経緯と問題点を左に書こう。

室見川の銘版

(一)「発見」されたときは、昭和二十三年七月三十日。人は、原末久氏（当時、長崎県立旧制佐世保第二中学教師）。同僚の原田源氏と共に、海岸からの帰途、室見川河口近くの西岸側の道で見出した。

(二)銘版の文字は、次のようだ。

〈大篆《てん》A〉〈大篆B〉　〈漢字〉　〈篆体〉

①　②　③　④

高暘左　王作永宮齊鬲　延光四年　五

①②④という全体は、篆体（周〜秦間の文字。大篆と小篆がある）。その中の「延光四年」という年号だけが漢字。――きわめて特異な合成用字法をとっている。

㈢これに対して「清朝造字説（文鎮として）」が出された（中国歴史博物館）。しかし清朝の文人・好事家の作とした場合、〝なぜ、漢字で漢代の年号を記入したか〟。これが謎だ。当然、同じ篆体で「周の〇〇王、何年」といった年代を記入する方が自然。この点、いかにしても解きがたい矛盾となろう。

㈣また「再発見」者たる岡村広法氏および初期解読者、江原正昭氏の「漢王朝の倭国下賜目録」説の場合、

〝「高暘左」「永宮齊鬲」と銘刻された銅器（周代のもの。両者に相異あり）を後漢朝が、延光四年（一二五）五月に、倭国へ下賜した。そのときの物品目録〟

と見なしたのであるが、そのさいは次の点、矛盾がある。

①全体が単語の羅列であって、文章になっていない。この点、中国側造文とした場合、考えがたい。

②後漢朝が、夷蛮への下賜物について、この類の目録を作成し、共に授与したとしたならば、中国周辺の夷蛮の地から、これと同類の出土品がなければならぬ。しかし、そのような報告はない。

したがってこの説も、容易に成立しがたい。

わたしの仮説

㈤これに対する、わたしの理解は次のようだ。

①これは、倭国側の製作物である。

②その大意は次のようだ。

〝高い日の輝く暘谷《ようこく》の東（この倭国の地）で、倭王は自己の宮殿と見事な宝物を作った。それは、後漢朝の延光四年五月のことである〟。

③右で注意すべき点、それは次のようだ。

〈その一〉彼等（倭国の文字官僚）の慣用文字は、篆体であった。この点、裏付けがある。

①古より以来《このかた》、其の使中国に詣るや、皆自ら大夫と称す。（『三国志』倭人伝）

回（倭奴国）使人自ら大夫と称す。（『後漢書』倭伝）

と書かれ、倭国が「大夫」の称号を使っていたことがのべられている。この「大夫」という称号は周代の称号である（卿・大夫・士）。秦・漢・魏・西晋朝では用いられていない。したがってこの用例は「周朝→倭国」の関係をしめすものである。

右の①の「古より」の用語が、『三国志』では周以前を指すものであることによっても、裏付けられる（一七二ページ参照）。

朝鮮半島には、周代に箕子朝鮮が平壌付近にあり、漢の初頭、燕の衛満の攻撃をうけて南遷し、韓地に都した（わたしはこれを「箕子韓国」と名づける）。この国では、周朝の「大夫」の称号が使われていた（『三国志』魏志韓伝、裴注所引、魏略）。

倭国は、この「箕子朝鮮→箕子韓国」を通じて、周朝の「大夫」の称号を学んだものと思われる。

このさい注目すべき点、それは周朝の大夫は当然、篆体で書かれていた、と思われることだ。

現代のわたしたちが、「漢字」を用い、中国側の「簡化文字」を容易にうけ入れない状況、それがこの当時（後漢朝初期）の倭国側の文字官僚の知識状況であったと思われる。

これに対し、「後漢の年号」は、当然ながら後漢朝の簡化文字たる新作の漢字で書かれていた。そのような形で伝わってきた。したがって、ここのみは、漢字で書かれたのである（他の部分は、篆体の文字と、その慣用文型〈成語〉で書かれた）。

〈その二〉「王」の字は、周代では「武王・成王・景王」のように、〝天子〟を指す用語であった。しかし、漢代には、〝天子の配下の諸王〟を指す用語となっていた。このケースは、後漢代の成立であるから、当然、後者である。「倭王」にふさわしい。

また「王」とのみ書いて、「倭王」と書かないのは、これが〝倭地で、倭人によって、倭人のために書かれたもの〟であるからである（もちろん、倭国の民衆は文字を解しない。一部の「大人」層にしめすためのもの、あるいは、宮殿内における、倭王の自己顕示のためのものであろう。中国の天子の宮殿の中の文字の氾濫へのささやかな模倣、とも考えられる）。

㈥以上がわたしの理解だ。しかし、問題点は多く残されている。

残された問題

①この銘版が、弥生遺跡（生活遺跡もしくは墓）の中からではなく、地表採取の形であったこと。

②「発見」時に、直ちに報告されず、個人（原氏）宅にながらく死蔵されたまま、今日に至っていたこと（文鎮などに使用）。

③したがって、いったんは螢光X線分析（大阪府高槻市の理学電機工業株式会社の分析装置による）が行われたものの、その後は科学検査が行われていないこと。

④これと同類の出土物を、他に見ないこと。ただし、この点は若干の注釈を要する。

第一に、秦の始皇帝の銅詔版（たとえば、二十六年のもの。一九六〇年陝西省咸陽出土）は、材質・文章等に見のがしえぬ共通点をもつ（たとえば、始皇帝をただ「帝」と記す。銘版に倭王をただ「王」と記すに同じ）。そして何よりも、これが〝帝王の画期をなす業績を金属版に刻み、天下に布告する〟という性格をもつ点、周代の「金版」（周礼、秘官、職金）の伝統に立つものであることが重要だ。周代の「金版」や秦始皇帝の「銅詔版」は、共に篆体（大篆・小篆）で書かれていたのである。

第二に、博多湾岸の北岸（志賀島）と南岸（室見川河口）とは、指呼の間にある。同じ倭国の王者の都邑の地である。その上、〝中国―倭国（倭奴国）〟間の交渉の上に立った文字資料（金石文）である点も、共通だ。その点、両者は同類の金石文であるとも見なしえよう。

そして志賀島の金印が、中国内外出土の印群の中の一つであると同じく、この室見川の銘版もまた、中国の「金版」や「銅詔版」群の中の、類似例の一つなのである。

けれども、これほどの問題だ。わたしたちはこれに対して、どれほど慎重であっても、ありすぎることはないであろう。それゆえ、狭い意味で、同類の物が、弥生遺跡から出土する日を待って、結論を得ること、それは当然だ。それと同時に、他日、逆に、これが偽作（後代の造作物）であることを明確に論定する論者が現われたとしても、わたしはこれに対して、深い学問的謝意を表しよう。それは、学的研究者として、当然の用意というべきではあるまいか。

なお付言する。

倭国の文字受容史

わたしの右の解釈の背景には、倭国の文字受容史問題がある。時代順にのべると、

㈠周代の「大夫」等の篆体伝播の問題。

㈡一世紀中葉の志賀島の金印による文字ショックの問題。

(三)二世紀初葉（延光四年）の室見川の銘版。

(四)三世紀前半（景初二年・正始元年）の「中国―倭国」間の文字外交。

等がこれである。

これを詳説しよう。

先にのべたように、(一)の段階で、周字というべき篆体（大篆・小篆）の伝播が、部分的ながら存在した可能性がある。次に、(二)の段階で、後漢の光武帝から金印がもたらされた。そこに刻まれた文字のショック。これをわたしたちはいかに深刻にうけとっても、うけとりすぎることはないかもしれぬ。倭国側に文字の受容に対する強烈な刺激を深めたこと、それをわたしは疑うことができない。そして(三)を飛ばして(四)の段階になると、中国から倭国への国書（景初二年）、倭国から中国への国書（上表。正始元年）という文字外交が行われることとなる。すなわち、倭国には、文字解読能力と作文能力が存在したことが知られる。

以上のような文字の歴史から見ると、今問題の(三)の段階において、いささか寸づまりながら、最小限、文意をしめしうる、この銘版が倭国側で作られたこと、それは決して奇異ではないであろう。わたしには、そのように思われる。

第五部　倭人伝との対面

第一章　倭国前史

倭人伝は扉だった。わたしにとって、古代史探究の世界に入る、新しい扉だったのである。

倭人伝の扉

最初の研究成果、それは『「邪馬台国」はなかった』としてまとめられた。あれから十余年、わたしの探究の対象は次々とひろがった。『宋書』『隋書』『旧唐書』『古事記』『日本書紀』『風土記』『三国史記』『三国遺事』、さらに各種金石文等、貪欲なまでに、新たな史料の分析にとりくんだ。さらに考古学的出土物から口承・伝承・民俗・神楽等の未知の世界を巡りつづけた。――そして今、ふたたびこの「倭人伝」へと帰ってきたのである。

わたしの倭人伝に対する態度、それは簡明だった。著者の陳寿が、読者に語ろうとしたところ、それにじーっと耳を傾ける、この一点だ。その読者とは、わたしたち二十世紀の日本の読者ではない。三世紀の洛陽の読者。第一の読者は、もちろん、西晋の天子（第一代の武帝、第二代の恵帝）である。その天子や洛陽のインテリたちに、陳寿は何を語ろうとしたか、それを見つめること、これに尽きよう。

いいかえれば、著者も、読者も、彼等の教養の世界、それは、四書五経や『山海経』や『史記』『漢書』の世界であった。決して記紀の世界ではない。当然のことだ。

したがって「記紀の目から倭人伝を見る」のではなく、「『三国志』以前の中国古典の目から倭人伝を見る」。これが根本のルールでなければならぬ。

以下、倭人伝を分析しよう。

倭国前史論

倭国は、三世紀になってはじめて、中国側の目に映じた国ではない。まして倭国の住人たる倭人、彼等はすでに夏王朝、さらに周王朝以来、中国側には既知の「東方の民」であった。

(1)夏后少康の子、会稽に封ぜられ、断髪文身、以て蛟竜の害を避く。今倭の水人、好んで沈没して魚蛤《こう》を捕え、文身し、亦以て大魚・水禽を厭《はら》う。後稍《やや》〻以て飾りと為す。

倭人の、特徴ある習俗の一つに「文身」がある。ところが、中国側にも、夏王朝時代、会稽国にも、同類の風俗の存在したことを指摘しているのだ。

〝この両者には、何か、具体的な交渉があるのではないか〟。著者陳寿は、このように示唆しようとしているようだ。両者の交渉といえば、中国側からいえば「夏王朝の遺風を、今も倭人が伝えている」そういうことになるのだろうけれど、陳寿は、そのように明言しているわけではない。中国側の史書に記された事実と、現在（三世紀）の倭人の習俗上の事実との並記によって、右のような交渉を読者に想像させる、それにとどめているのである。もって、陳寿の筆の慎重さが知られるであろう。

では、史上の事実はどうか。

第一。倭人が「文身」の習俗をもっていたこと、これを積極的に証明することはむずかしい。なぜなら、時として人骨は甕棺等の中に遺存することがあっても、皮膚まで遺存している例は見出しがたいからである。また弥生の文物に描かれている例も、うまく発見されていないようである。
けれども、縄文時代や古墳時代の土偶・埴輪等に、それに類した例は必ずしも乏しくないから、この倭人伝の記述を架空の記事と見なすことは、危険だ。むしろ三世紀の倭人の真実性《リアリティー》を伝えている可能性が高いのである。

そしてそれが〝本来は、水人たちの、海の生活上の実用、つまり必要にもとづいていた〟という陳寿の推測も、必ずしも無稽《むけい》（無根拠）とはいいがたいように思われる。とすると、それは中国海（東シナ海から渤海にいたる海域。わたしの命名）を東西にはさんで、両岸に分布していた、そのように考えても、何の不思議もない。きわめて自然だ。〝どちらからどちらへの伝播か〟は、容易にはきめがたいけれど、〝両岸の「文身」文明圏〟の存在、それは疑いえないように思われる。この点、韓伝にも、「文身」の存在が記せられてあり、朝鮮海峡についても、南北両岸の「文身」文明圏は、分布していたようである。

以上、いずれも、今日の民俗学的見地から見ても、容易に支持せられうるところではあるまいか。

第二。以上の考察がしめすように、ここに現われてくる「倭の水人」が九州西岸ないし北岸の種族であることは、疑いえないであろう。なぜなら、それらは中国海ないし、朝鮮海峡に面する地域の住民だったからである。

この点、倭人伝にいう、倭人たちの生活領域を〝歴史上、ないし地理上の大わく〟においてしめすもの、として注目せられよう。

異面の人

次いで注目すべきもの、それは、東夷伝序文に現われた、倭人に関する描写だ。

(2)長老説くに「異面の人有り、日の出づる所に近し」と。

「文身」の場合は、韓地や揚子江河口流域に同類の文明タイプの種族がいた。これに対し、倭人独自の特徴、それは黥面《げい》（顔面にいれずみをする習俗）だったようである。

ここで「異面の人」といっているのが、それだ。倭人の存在を予告した場面なのである。それを〝長老の説くところ〟としているのは、その存在に関する知識が、中国側における、過去から蓄積された知識であることをしめす。決して三世紀にはじめて発見した事態などではないのである。

ことに、意味深長なのは、「日の出づる所に近し」の一句だ。この一句を見た洛陽の読者は、いっせいに想起する。あの『尚書』の一節を。

海隅、日を出だす。率俾《そつび》せざるは罔《な》し。

周王朝のはじめ、第二代成王のとき、周公の治を慕って「遠夷貢献」してきた種族、あの「島夷皮服」の民、倭人のことを読者は想起する。否、想起させるように、これは、著者（陳寿）によって仕組まれている。そういう造文なのである。

また読者は想起する。

成王の時、越常、雉を献じ、倭人暢草を貢す。

という、あの『論衡』の一節を。『尚書』ほどには、必読文献ではなかったかもしれないけれど、三世紀といえば、当然ながら三世紀以前の本しかなかった。それも、中国の本だけだ。二十世紀の日本のように、教養対象としての本が古今東西に及ぶというわけではなかった。『論衡』の一節を直ちに想起しうる読者も、必ずしも少なくないであろう。少なくとも、著者（陳寿）は、それを想起しつつ、その一文を記したこと、それをわたしは疑うことができない。

では、東方の海上の島にいて、鬯草《ちょうそう》を献ずべく、箕子朝鮮（平壌付近）の地に来《きた》った民、倭人とは、どこに居住していた種族か。この本の最初にのべたように、それは志賀島の倭人だった。その子孫が、この三世紀、倭人伝の倭人、その中枢部の人々だ。陳寿はすでに、東夷伝の序文において、この倭人の国の所在地を暗示していたのだ。いいかえれば、卑弥呼の都するところ、それは博多湾頭にあった。この帰結である。

以上の帰結は、わたしの我田引水ではない。そのことをしめすもの、それは倭人伝の冒頭である。

冒頭の暗示

(3)倭人は帯方の東南大海の中に在り、山島に依りて国邑を為す。旧《もと》百余国。漢の時朝見する者有り、今、使譯通ずる所、三十国。

先頭の「倭人は―在り」の一文が、先行、直前の史書たる『漢書』の、あの、

楽浪海中、倭人有り、分れて百余国を為す。歳時を以て来り献見す、と云う。

と、同一の倭人であることを明示しているのである。倭人伝の「旧百余国」が右の「百余国」をうけていることは当然だ。

さらに、「漢の時、朝見する者有り」の一句が、志賀島の金印のさいの「奉貢朝賀」を意味する、あるいはふくむことは確実だ。なぜなら、『後漢書』の、

建武中元二年、倭奴国、奉貢朝賀す。

の一文は、南朝劉宋時代（五世紀）に書かれたものであるけれど、その原資料が後漢代の資料であることは確実だ。

とすると、「一世紀（後漢期）→五世紀（南朝劉宋期）」という資料継受の途中に、三世紀（西晋期）の史官（陳寿たち）の手と目を経ていること、それは確実なのである。

したがって、陳寿はここで示唆している。

「これから述べる卑弥呼の倭国は、後漢代に金印を授与されたあの国である」

と。

この冒頭の一文を読んだ洛陽の読者、彼等にとって、右の帰結は必然であった。それはすなわち、ここにも次の命題が明示されている。――「卑弥呼の都は、志賀島の地、博多湾頭にあった」と。

倭人伝の倭国の伝統をしめす、見のがせぬ一節がある。

(4)古より以来、其の使、中国に詣《いた》るや、皆自ら大夫と称す。

「古」とはいつか

「古」といっても、それを言う、あるいは書く時点のいかんによって、どういう時代をさすかは変る。これは当然の道理だ。では『三国志』では、いつを「古」と呼んでいるのだろうか。

ⓐ秦は古法に違い、漢氏之に因る。先王の令典に非るなり。（魏志五、黄初中。陳羣の上奏）

ⓑ大魏、命を受け、虞《ぐ》、夏《か》を継蹤《けいしょう》す。孝文、法を革《あらた》め、古道に合わず。（魏志十三、太和中。鍾繇上疏）

ⓐで、「古法」といっているのが、「周以前」の法であることは当然だ。秦・漢は、その「古法」に反している、というのであるから。

ⓑの「虞、夏」は、舜と禹だ。したがって前漢の孝文帝（第四代の文帝）が法を改革したのは、「古道」に合っていないもの、と批判する。この「古道」もまた、夏・殷・周といった「周以前」のやり方を指すことは、当然である。

以上のように、『三国志』で「古」というとき、それは「周以前」を指している。秦や漢は「近代」であって、「古代」ではない。これは当然だ。

だから(4)で「古より以来……」といっているのは、「周以前」より、現在（三世紀）まで、という意味だ。前にも述べたように、「大夫」の制は、周代の制であり、秦代以降、この制度（卿・大夫・士の制）は廃止されたから、文意から見ても、この「古」の用法は、「周以前」と解するほかはない。

さて、これと対比すべきは、『後漢書』倭伝の次の文だ。

建武中元二年、倭奴国、奉貢朝賀す。使人自ら大夫と称す。倭国の極南界なり。光武、賜うに印綬を以てす。

倭人伝の「大夫」の記事をふりかえってみよう。それは「周以前」から「今」（三世紀）までのことだった。その途中に、『後漢書』の、この「金印を授与された」国の記事が入ってくる。これは何を意味するか。

周代貢献の倭人→金印を授与された倭奴国（志賀島中心）→卑弥呼の倭国

これが同一国の継承であること、それをしめしているのである。「大夫の論証」だ。

右のように、ここでも三たび、「志賀島金印の国＝卑弥呼の倭国」この命題がしめされているのである。

わたしはかつて、倭人伝にとりくんだとき、「邪馬一国、博多湾岸説」に到着して、みずからこれを意外とした。予想もせぬところだったからである。

けれども今、冷静にふりかえってみれば、陳寿はすでに随所にそれを、あるいは示唆し、あるいは明示していた。わたしがこれに気づかなかっただけだったのである。

もちろん、これに対して、異論を立てる論者はあろう。少なくあるまい。たとえば「三世紀の倭奴国と三世紀の倭国が、都を同一場所にもっていたとは、限らぬではないか」などと。

しかしそれは、三世紀の倭都が「博多湾頭」周辺であっては困る論者の都合によるものではあるまいか。あるいは、山門、あるいは大和、あるいは朝倉、あるいは宇佐と、博多湾頭を都城とせぬ論者たちの都合だ。

　しかし、三世紀の洛陽の読者には、そんな都合は何もなかった。どこが倭都であろうが、何のさしつかえも、彼等にはなかった。ただ、「後漢の光武帝の金印授与」の歴史を知る彼等から見れば、〝ああ、あのときの「倭奴国」、その後継王朝が、今の卑弥呼という女王の都する国なのだな〟。そう見える形で書かれている。逆に〝実際に卑弥呼の都へ行ってみたら、あの金印を光武帝からもらった国とは別国でした〟。そういう形にはなっていない。そんな文言は一語もない。だから、洛陽の読者にとっては、後漢代の金印授与国と魏代の金印授与国を同一国視するのが自然、そういう形の記載なのである。

第二章　里程論

陳寿は、まず端的に、倭人の住む中枢領域をのべた。歴史的・地理的輪郭を大わくにおいてしめした。それが冒頭の文だった。

里程の謎

その直後、里程記事が開始される。「郡より倭に至るには……」ではじまる長い行路文である。「倭に至る」とは、当然ながら「倭の首都に至る」ことだ。〝倭国の中の片隅に至る〟などという意味でないことは、明らかだ。いいかえれば、「旧百余国」「今、使訳通ずる所三十国」の、その中心に至るには――そういう意味だ。

それを具体的にさししめしたもの、それが最後に出てくる。

南、邪馬壹国に至る、女王の都する所。

なのである。その首都までの行路を「方角」と「里程」をくりかえし記すことによって、しめしているのだ。

東夷伝序文の最後に、

故に其の国を撰次して、其の同異を列し、以て前史の未だ備えざる所に接せしむ。

と書かれている。まさに「前史」（『史記』や『漢書』）に書かれていないものの一つ、それがこの「倭国の首都への里程記事」だったのである。

ことに注目すべき点、それは全『三国志』中、このような記事が他に絶無であることだ。一つの地点へ向っての里程を延々としめす、そういったタイプの記事は、他に全くない。この事実だ。これは『三国志』中の倭人伝という客観的な位置を見定める上で、どれほど重視しても重視しすぎることはない。そういう性格の問題である。

したがって、もしこの倭人伝に別名（あだ名）をつけるとすれば「里程列伝」と名づけてもいい。そういった感じだ。だから里程論を抜きにして、倭人伝は語れない。倭人伝を客観的に眺める限り、これは誰人にも回避できぬ真理なのである。

以上が実態だ。倭人伝の一つのポイントである。にもかかわらず、この問題ほど、明治以来の研究史において軽視され、等閑視されてきたものはない。少なくとも、まともには扱われなかったのである。

なぜか。

明治以降の「邪馬台国」論争史の出発点、それは明治四十三年、東大の白鳥庫吉、京大の内藤湖南の対峙《たいじ》だった。

白鳥は、倭人伝における「里程」は、

　故《ことさ》らに里数日数を誇張したるものと断定せざるを得ず。（「倭女王卑弥呼考」）

と断言し、さらに、

　約五倍の誇張がある。（「卑弥呼問題の解注」〈上〉）

とのべた。

これに対し、論敵、内藤湖南も、

故に考証の基礎を地名、官名、人名等に求むるの寧ろ不確実なる道里に求むるよりも安全なるを知るべし　　　　（「卑弥呼考」）

と説き、「不確実なる道里」に関して、「邪馬台国」探究の方法から除外すべきを主張した。そしてこの一点においては、白鳥の主張と認識の根本において、対立することはなかったのである。

このようにして、明治以降今日まで、「里程」問題は本質的な論争の対象とはならなかった。なぜなら、東大系（白鳥庫吉を継ぐ）の学者も、京大系（内藤湖南を継ぐ）の学者も、共に、次の一点は対立点ではなかったからである。――「倭人伝の里程は誇張であり、そのままでは信用できない」と。

しかし、ある人は疑うかもしれぬ。〝右のような命題は、先にのべた倭人伝の性格、「里程列伝」としての姿と矛盾しはしないか〟と。

夷蛮伝の里程

この疑いはまことに正しい。なぜなら「里程」が倭人伝の中の枝葉末節なら、まだよい。しかし、「里程」が倭人伝の唯一の眼目といわないまでも、眼目の一つであるとすれば、それがそんな根も葉もない誇張だということがありうるだろうか。これは、理性ある人間の健全な疑いであろう。

この疑いを解くために、わたしたちのなすべき第一のこと、それは、『三国志』の夷蛮伝の中の、他の「里程」記事と、倭人伝のそれとを比べてみる、これだ。

なぜなら、倭人伝が夷蛮伝の一つであること、これを疑う人はいない。『三国志』には「烏丸・鮮卑・東夷伝」という夷蛮伝がある。その東夷伝は「夫余・高句麗・東沃沮・挹婁・濊南・韓・倭人」の七者からなっている。したがって全部合わせて九つ。倭人伝はその九つの中の一つなのである。

では、倭人伝以外の夷蛮の国の列伝中の「里程」記事をあげてみよう。

①建安十一年（二〇六）、太祖（魏の曹操）、自ら蹋頓（烏丸の中心の王者）を柳城に征し、潜軍詭道、未だ至らざること、百余里、虜乃《すなわ》ち覚《さと》る。（烏丸伝）

②夫余は長城の北に在り。玄菟を去ること千里。（夫余伝）

③（夫余）方、二千里なる可し。（夫余伝）

④高句麗は遼東の東、千里に在り。（高句麗伝）

⑤（高句麗）方、二千里なる可し。（高句麗伝）

⑥（東沃沮）其の地形、東北狭く、西南長く、千里なる可し。（東沃沮伝）

⑦……貊布・魚・塩・海中食物は、千里担負して之を致す。（東沃沮伝）

⑧（北沃沮）南沃沮を去る、八百余里。（東沃沮伝）

⑨挹婁は、夫余の東北、千余里に在り。（挹婁伝）

⑩韓は帯方の南に在り。東西、海を以て限りと為し、南、倭と接す。方、四千里なる可し。（韓伝）

これですべてだ。のちにのべるように、倭人伝は、十二個の「里程」記事が相連ねられている。これに対し、他の八伝では、総計十個。倭人伝は「里程」記事において突出していることは、この比較からも、容易に知られよう。

さて、右の倭人伝以外の八夷蛮伝の中の「里程」記事中、その実定値の判明するケースがあるだろうか。

①②④⑥⑦⑧⑨の七例は、一線上の距離ではあろうけれど、定点Aから定点Bまでという形になって

いない。もちろん、著者（陳寿）や当時の読者には、それがわかっていたのかもしれないけれど、少なくとも、今のわたしたちには判明していない。

同じく、③⑤の場合、当時の、この両国（夫余・高句麗）の実際の広さが判明していないから、この「里程」が真実《リアル》か、誇張か、判定することはむずかしい。

ここに記された「方─里」の形は、古代中国で発明された「面積表記法」だ。ある地域に〝外接〟する正方形をとり、その一辺を「方─里」という形で表現し、問題の地域のおおよその面積をしめすやり方なのである。「方法」という言葉は、ここから生れた。

現代のわたしたちから見れば、「何と大ざっぱな」と思うかもしれないけれど、さまざまの形状の地域を、統一的なやり方、つまり「方法」でしめす。これは偉大な発明だった。

㋑矩を環して以て円と為し、矩を合して以て方と為す。（『周髀算経《しゅうひさんけい》』上）

㋺今、積、五万五千二百二十五歩、有り。方を為す、幾何《いかん》。
答《こた》えて曰く、二百三十五歩。（『九章算術』巻四）

㋑の『周髀算経』は、周代に成立した内容。漢末（魏朝の直前）に最終の注記が成立したとされる。

ここには「方」の基本概念がしめされている。

㋺の『九章算術』は、漢代に成立した内容。魏の劉徽《りゅうき》注として編成されている。ここにいう「積」が二乗。「方」がその開方に当っていることは、計算によって簡単に判明しよう。「今、邑有り。方二百歩」（巻九）といった表現も、用いられている。

残る一つ、⑩だけは、他の九例とは異り、客観的な条件に恵まれている。なぜなら、

東西、海を以て限りと為し……。

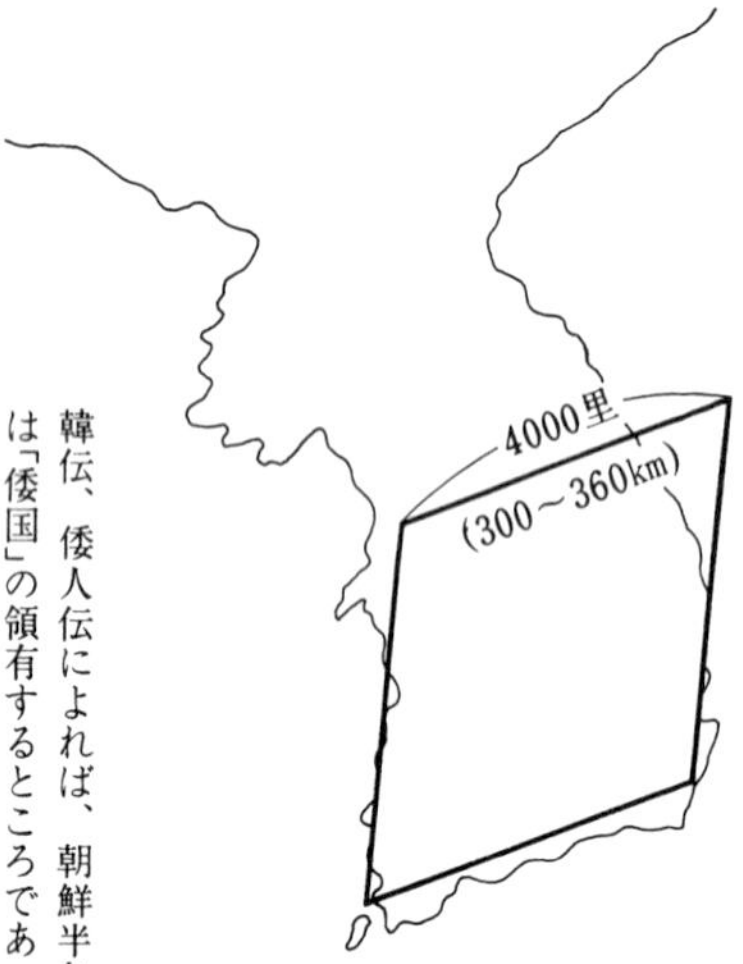

韓伝、倭人伝によれば、朝鮮半島南岸は「倭国」の領有するところであった。

第9図　韓地の大きさ

とあるように、「韓地」は朝鮮半島の東西幅を、その国の東西幅としている。したがってその実距離が明晰なのである。

上の図に見るように、韓地の東西幅は、三〇〇～三六〇キロだ（海浸や測定上の誤差を見こんだもの）。これはもし、いわゆる「漢の長里」（一里＝約四三五メートル）だとしたら、「約七～八百里」となろう。つまり、韓伝記載の東西幅「四千里」の約五～六倍となっているのだ。いいかえれば、倭人伝の中の「里程」と同一の里単位に立っている。そう判断せざるをえないのだ。

これは何を意味するか。「倭人伝の里程記事は、『三国志』中の全夷蛮伝の里程記事の中で、孤立していない」。この帰結だ。

韓地の里程

しかもなお、見のがしえぬ問題がある。

その一。韓地は、漢代においてすでに、いわゆる漢の四郡のおかれた地域だ。

元封三年（前一〇八。前漢の武帝）に至り、朝鮮を滅ぼし、分ちて楽浪・臨屯・玄菟・真番の四部を置く。（『後漢書』東夷列伝、濊伝）

したがって中国側（漢・魏・西晋）の支配者（朝廷）にとって、この地（韓地）は既知の領域だ。したがって陳寿の時代、西晋朝がこの領域に対する知識、それは漢代より精しくこそなれ、五～六倍もの誇大値を書いて、皆（西晋朝の朝野人）を納得させうる可能性はない。すなわち、この「方四千里」は、真実《リアル》であり、「漢の長里」の約五〜六分の一の「短里」で記載されていると見なすほかはない。

その二。韓地の北境は、すなわち帯方郡（旧楽浪郡の南半）と濊（旧楽浪郡および都尉統治の七県）の南境である。すなわち、中国側の、旧ないし現直轄《ちょっかつ》地だ。だから「四千里」は、その直轄地の距離とも見なさねばならぬ。

その三。同じく倭人伝中の最初の里程、

郡より倭に至るには、海岸に循《したが》って水行し、韓国を歴《ふ》るに、乍《たちま》ち南し、乍ち東し、其の北岸狗邪韓国に到る、七千余里。

の場合。帯方郡治（今のソウル付近。その西北方か）を起点とする表記だから、当然その初頭において「帯方郡治→韓地西北端」の間をふくんでいる（たとえば、千五百里くらいか）。それは、帯方郡の郡内の海岸部である。したがってそこではやはり、中国側の直轄領を、同じ「短里」で表記していることとなろう。この点倭人伝内の里程は、

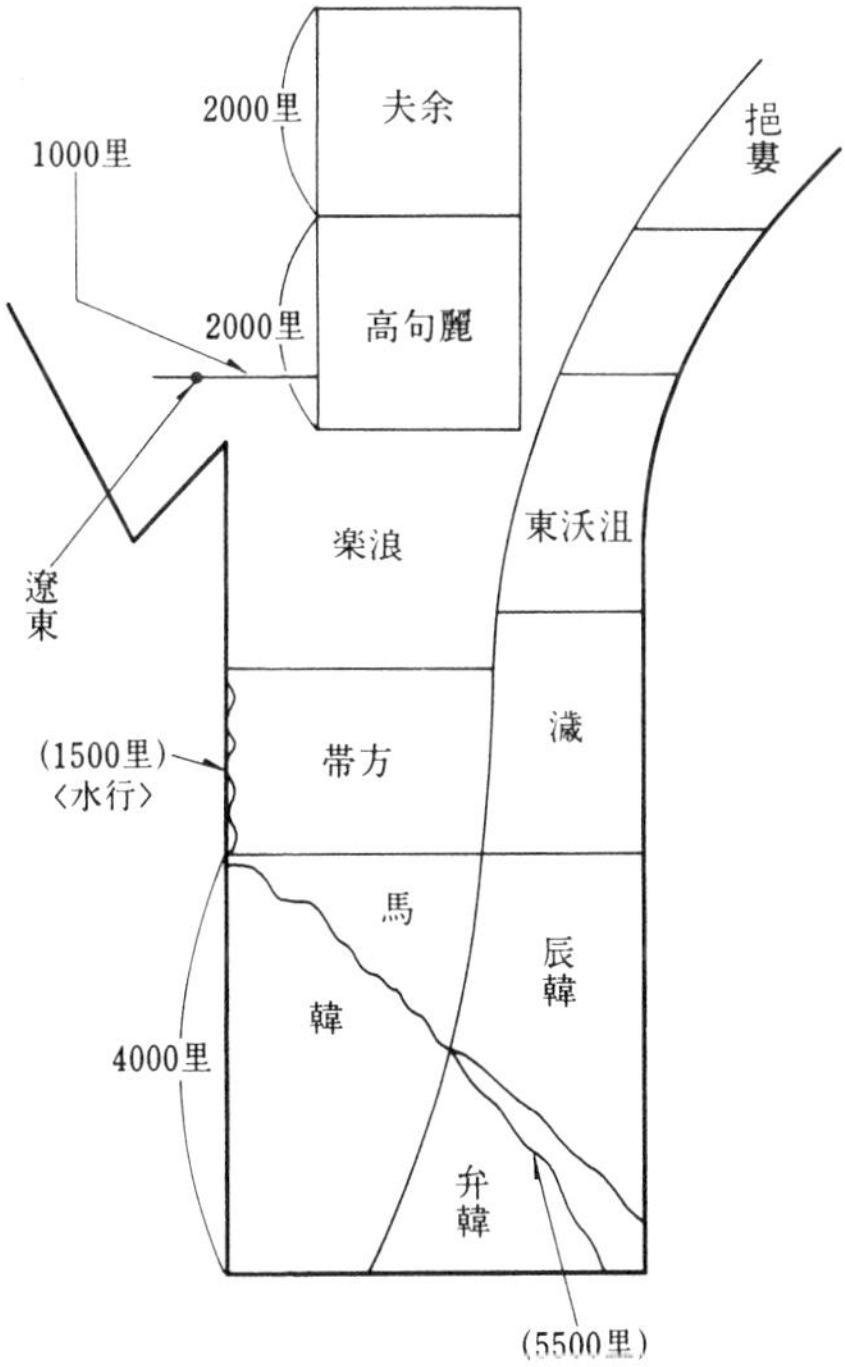

第10図　短里による韓半島図

必ずしも、倭国内の里程ではない。韓地内、および中国の直轄領内をふくむ。この簡単な、しかし、重要なテーマが従来は見のがされてきたようである。

その四。右の問題は、肝心の、

郡より女王国に至る、万二千余里。

についても、同様だ。その最初の部分に「七千余里」をふくんでいる。したがって「中国の直轄領」「韓地」も、倭国内と同じ「里単位」で測定され、表記されていることとなろう。

その五。もう一つ、注意すべき点がある。それは①だ。これは太祖（曹操、武帝と号せらる）の行軍だ。だから武帝紀（魏志第一）にも、関連の記事が出ている。

遼西の単于《ぜんう》、蹋頓、尤も彊《つよ》し。……数《しばしば》塞《さい》に入りて害を為す。公将に之を征せんとし……。

（建安十一年、秋八月）

このことは、次の点を示唆する。〝烏丸伝の「百余里」と武帝紀中の幾多の「里程」記事（たとえば「塹山堙谷、五百余里」〈建安十二年、春二月〉など）とは、同一の里単位にもとづくものではないか〟と。いいかえれば〝『三国志』における夷蛮伝と、帝紀・列伝とは、同一の里単位に立っているのではないか〟——この問いだ。

道里の論証

右の問いに答えることのできる一節が、実は倭人伝の中にある。

郡より女王国に至る、万二千余里。……其の道里を計るに、当に会稽東治の東に在るべし（前半は、前出）。

有名な一節だ。だが、この一節には、壮大な論理性が蔵されている。「其の道里」とは、もちろん「一万二千余里」だ。

〝帯方郡治から倭国の都までの、この距離を、中国本土側で計測してみると、帯方郡治の西に当る山東半島から、「会稽国」の領域（揚子江河口北岸部から会稽山の南方におよぶ）までにほぼ相当している。したがって、倭国の郡（邪馬一国）の領域は、夏王朝時代に「会稽国」という、東なる統治領域の、さらに東に当たっているはずだ。〟

こういうのだ。これは何を意味するか。当然、陳寿は、この「一万二千余里」と同じ里単位で計った本土側の「里知識」をもち、それを基準尺として、右の判断を行っている、ということになろう。別に二種類の里の換算表などは出ていないから、これは当然の理解だ。そして大事なこと、それは右の基準尺が、決して陳寿ひとりのものではなく、『三国志』の読者にも、共有のものであるはずだ。でなければ、右の一節は、理解しえないであろう。そしてその読者とは、はじめにのべたように、西晋朝の天子と、洛陽を中心とするインテリたちだ。彼等にとって倭人伝や韓伝に現われた「里単位」、それは西晋朝基準の「里単位」だったのである。

『三国志』の里程

わたしたちはすでに、この問題の帰結に到着した。けれどもなお、夷蛮伝以外の帝紀・列伝において、その使用里単位の明らかになるケースをあげてみよう。

〈その一〉

山険に縁《よ》りて行き、二千里に垂《なんな》んとす。（呉志一五、鐘離牧伝）

これは鐘離牧が武陵から五谿まで進軍したときの記事だ。この間（川沿い）の実距離は、倭人伝と同じ「里単位」（短里）で、ほぼ二千里に当っている（五谿は、入口まで。湖南省常徳県）

〈その二〉

潜中、天柱山有り。高峻二十余里。（魏志、張遼伝）

この山は、歴史上著名の名山であり（武帝巡行記事。孝武本紀）、現存する。その高さ、一八六〇メートル。したがって、やはり倭人伝の「里程」と同じ里単位と見なしたとき、妥当する。

〈その三〉

㋑江東に割拠す、地方数千里。（呉志、周瑜伝）

これに対比すべき好例がある。

㋺江東、小なりと雖も、地方千里。（『史記』項羽本紀）

三世紀の読者にとって、㋺は周知の名場面だった。その目で㋑の記事を読む。必然に、㋺の世界（秦・漢代の長里）と㋑の世界（魏・西晋朝の短里）との里単位が「一里対・数里」の比率をもってちがっていいた、そのことが明示されているのである。

そのうえ、『史記』では、「楚地」の広さを、

方五千里（楚世家、平原君伝等）

方数千里（蔡沢伝、孔子世家等）

として記している。したがって『史記』を教養の基礎とする三世紀の読者にとって、

数千里＝約五千里

という常識が存した。陳寿も同じく、それを知って、㋑の文章を書いたものと思われる。すなわち、やはり、秦時代の「里」と魏・西晋朝の「里」とは、「約五対一」のちがいをもっていた。すなわち「長里」と「短里」がそれである。

『三国志』以外の短里

〈その一〉

『三国志』以外の例をあげよう。

北軍（魏の曹操）を去る二里余、同時発火す。（『江表伝』）

揚子江中流域、武漢近辺の「赤壁の戦」の描写だ。現地（赤壁）の川幅は、ほぼ（四～五〇〇メートル）である（『人民中国』〈日文版〉雑誌社、北京、による）。したがって倭人伝と同じ「里単位」、すなわち「短里」によるときは、妥当する（二里余＝約一八〇メートル）けれども、「長里」によるときは、全く妥当しえない（二里余＝約一キロ）。すなわち、ここでも、「短里」が用いられていることが判明する（赤壁に関する、いずれの候補地をとってみても、揚子江中流域であるから、右の判定に、ちがいはない）。

呉の周瑜の武将、黄蓋が策を建て、十艘のもやい舟を率いて「中江」（真ん中あたり）に出た。さらに北岸（魏軍側）に近づき、偽っていっせいに「降服する」と大叫した。そしてさらに北岸に近づき、「北軍を去る二里余」の地点で、兵は小舟で去り、無人火船を北岸の、鎖でつなぎ有っていた魏の大船団に突っこませ、大勝を博した、という（第11図）。

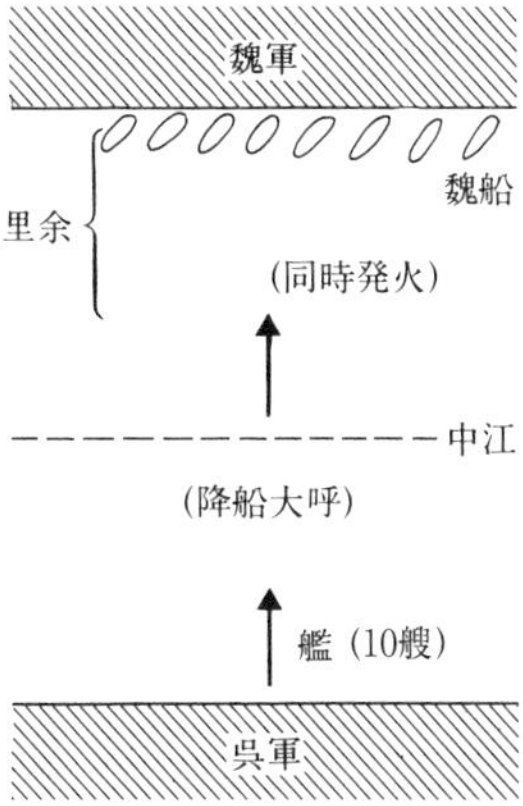

第11図　赤壁の戦い想定図

〈その二〉

㋑海を度《わた》ること千里、復た国あり、皆倭種。（『魏略』）

倭人伝にも、同類の文がある。

㋺女王国の東、海を渡ること千余里、復た国有り、皆倭種。

右の「千余里」が、いずれも同一の実定距離をしめしていることは、明瞭だ。すなわち、『魏略』と『三国志』が同一の「里単位」に立っていることがしめされている。

「短里」だ。

〈その三〉

墨の如く委面して帯方東南万里に在り。（魏の如淳注『漢書』地理志、倭人項）

右が倭人伝中の、

ⓐ帯方郡治→狗邪韓国（七千余里）

ⓑ狗邪韓国→末盧国（千余里《三回》）

の総和に当っていることは疑いえない。とすると、ここでも、魏の如淳と西晋の陳寿（『三国志』）とは、同一の「里単位」、すなわち「短里」に立っていること、明瞭だ。

〈その四〉

一越三千、終朝ならずして、届《いた》る所を済《すく》う。（木華『海賦』）

これは前の〈その三〉のⓑに当る「三千里」をしめしている（『海賦』は西晋の楊峻府の主簿、木華〈木玄虚〉の作）。

すなわち、西晋の木華の『海賦』と、西晋の陳寿の『三国志』、この両者は同一の「里単位」に立っているのだ。短里である。

短里の微差調整

以上、『三国志』の夷蛮伝内の「里程」記事の検証、夷蛮伝と帝紀・列伝内の「里程」の論理的関連、帝紀・列伝内の「里程」、『三国志』以外の、同時代の諸書の「里程」との比較、これらについて列挙し、例証してきた。もはやいかなる人も、白鳥庫吉や内藤湖南の時代のように、無邪気に、「倭人伝の里程、誇張」説、同じく「不信」説を口にすることはできないであろう。

では、そこに現われた「短里」、それはどのくらいの実定値か。先に韓地の東西幅を計測し、これを「三〇〇〜三六〇キロ」とした。これが「四千里」だというのだから、「一里＝七五〜九〇メートル」となろう。

これをさらに煮つめる方法はないか。それは意外にも、倭人伝内にあった。

（一大国）方、三百里なる可し。

この一大国が壱岐島であることは、疑いがない。その範囲も明瞭だ。したがって測定対象として絶好である。

第12図のように一辺二〇キロの正方形に、ほぼ内接している。この場合「一里＝七五メートル」を、やや下まわるかに見えるかもしれない。

しかし、ここに一つの留意点がある。それは、この島が対馬海流という深く烈しい海流の真ん中に孤立した陸地である点から見て、三〜二一世紀間において、「島の大きさ」が削り取られた可能性はあっても、その逆は少ない、という一点だ。

これに対し、韓地の東西幅の場合の方が、はるかに測定対象として、安定している。

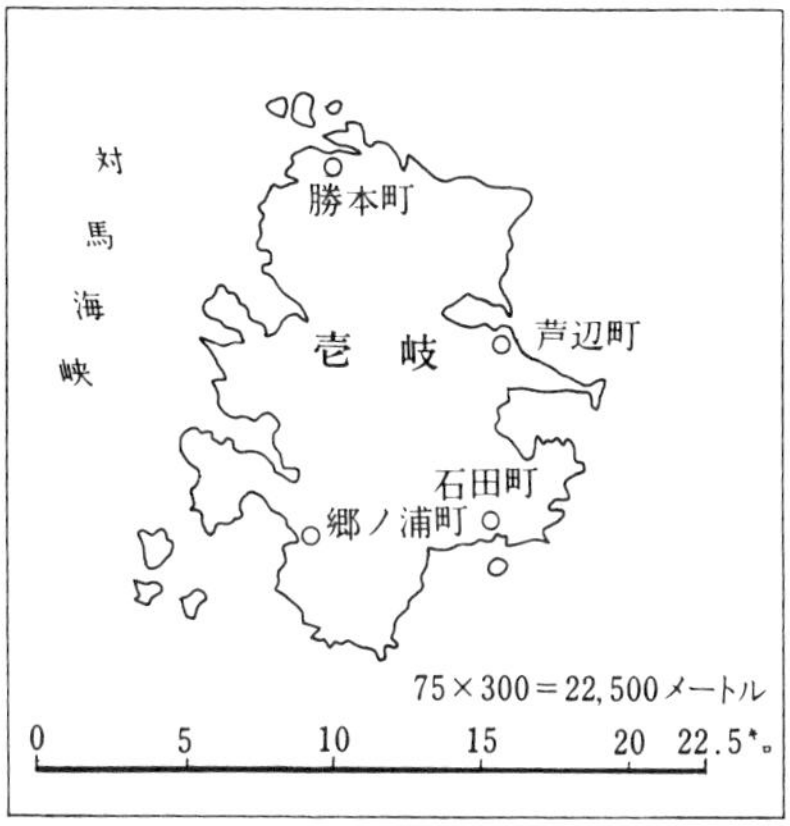

第12図　壱岐
（短里測定の微差調整の対象として）

朝鮮半島の東西幅の測定値によって1里＝75〜90メートルを得，壱岐の測定値によって，上記中の75に近い数とした。（対馬海流による面積減少の可能性も考慮すべきであろう。したがって，微差調整の要素として使用。）

したがって壱岐の場合、ゆったりと誤差を見こんで計測した数値に対する補助として、微差調整に使うべきであって、独立してこれを「里単位」決定に使用するのは、適切ではない。これがわたしの考え方だった。

その結果、第一書『「邪馬台国」はなかった』でしめしたように、

「七五〜九〇メートルの間で、七五に近い数値」という帰結がえられたのであった。

わたしが右の帰結を第一書にしるして七年後、思わぬ裏づけをうることとなった。自然科学研究者、谷本茂氏の研究がそれである（「中国最古の天文算術書『周髀算経』之事」『数理科学』一九七八年三月。のちに同旨の論文を、古田『邪馬一国の証明』角川文庫に「解説にかえて」として、「魏志倭人伝と短里——『周髀算経』の里単位」と題して収録していただいた。参照されたい）。

『周髀算経』の短里

氏はこの『周髀算経』の中で、わたしの提唱した「魏・西晋朝の短里」と、きわめて近似した「里単位」が使用されていることを発見された。それは「一里＝約七六〜七七メートル」だった。氏はその論文で、この算出値と古田の算出値との驚くべき一致は、「単なる偶然の一致としてすませることは出来ない」とのべておられる。そして『周髀算経』が内容的には周代の成立とされながらも、書誌上は、編者たる趙君卿（漢代）によって付せられた注が、二〇六年（漢朝滅亡の十四年前）成立の引用書をふくんでいることを指摘された。すなわち、現存の形の『周髀算経』は、魏朝成立直前の編成による書物だった。いいかえれば、「古代の算法の書」として漢末に成立し、魏・西晋朝の読者によって古典的教養の一に加えられていた本だ。少なくとも、計測や里程計算等に関心のある魏・西晋朝の知識人にとって、不可避にして必読の書だったのではあるまいか。

「会稽東治の東」として、倭国の都の位置を計測した陳寿にとっても、それは同じであったであろう。

また洛陽における『三国志』の読者、とくに高度の読者にとっても、それは同じであったであろう。してみると、谷本氏のいわれるごとく、両者の「里単位」の一致は、これを偶然と見なすべきではないことが知られよう。

とすれば、わたしは、『三国志』中の記載をもとにして計測し、微差調整したその「里単位」数値が、他の全く別の本で、しかも全く別の対象で、かつ全く別の方法で計算されたそれと、極めて高い一致をしめすことが裏づけされるという、探究者として稀有の幸運に遭遇したのであった。谷本氏に厚く感謝したい。

その上、この谷本計測の正しさは、他国に住む宇宙物理学の専門家によって追試され、別の計測が行われ、それによってさらに保証されることとなった。長年、海外にあって活躍しておられる、オランダのユトレヒト天文台の難波収氏がこれである（昭和五十三年十一月十九日、古田あて私信）。

このような、自然科学者からのたび重なる検証によって、わたしの計算値が決して恣意や不当ではなかったことが証明された。これは何を意味するか。

当然、『三国志』内の「里単位」に関する、わたしの研究方法が正当であったこと、またその計測結果が正当であったこと、それを深く示唆している。そのように考えて果して不穏当であろうか。先入観なき人々は、このようなわたしの判断を、単なる「我田引水」とは見なさないであろう。

自己の新見解発表後、わずか十年に満たずして、このような高度の質の反応をえたこと、真実の探究者として無上の幸い、喜びとする。

短里の淵源

谷本氏の発見の意味は、魏・西晋朝短里の真実性《リアリティ》を示唆したことだけではなかった。さらにすすんで、その成立の淵源をも示唆していたのである。いわく、「それは、周朝の短里の継承・復活である」と。

この命題は、周代の文献を漢代に集成したものとして知られる『戦国策』によっても、裏づけられる。

〈その一〉

斉の地、方二千里。（斉一）

斉は、東が海で限られ、西が趙との国境で限られている。趙の都、邯鄲《かんたん》も、斉との西境に近い。したがって「斉地（本国。山東半島を除く）」は、「短里」によれば、「方二千里」で妥当するが、「長里」なら、面積はその二十五～三十六倍となるから、到底妥当しない。

〈その二〉

（趙）斉を去ること、三千里。（趙四）

趙の都（邯鄲）と斉の都（薄姑のち臨淄）との間の距離は、「短里」ならば、ほぼ妥当する。もちろん「長里」では、全く妥当しない。

〈その三〉

今、王（楚）の地、方五千里。（楚一）

これは、「楚地」すなわち、楚本国（洞庭湖周辺）については、「短里」で妥当する。「長里」では妥当しない（「楚国」は、揚子江中流域より下流域にかけての巨大領域を支配していたが、この場合は、「短里」でも、「長里」でも、妥当しえない）。

〈その四〉

馬は千里の馬なり。（韓三）

有名な「千里馬」の故事のもとをなす文の一つ。現代では天空を駆ける、空想の駿馬のごとく思われている。しかし、〈その一〜その三〉のしめすように、『戦国策』が「短里」によっているとすれば、この「千里」も「短里」、つまり、約七五キロ（より正確には、約七六〜七キロか）ぐらいとなり、一日の行程として（卓抜した駿馬の場合）、必ずしも不可能ならぬ距離となるであろう。

以上によって、谷本氏が算出された「『周髀算経』内の里単位」が、『戦国策』においても妥当することが判明する。すなわち「周朝の短里」だ。

けれども、若干の留意点がある。

(一)周時代においては、諸国それぞれ独自の文物・制度をもっていたから、中国全体が同一単位で統一されていたとは、必ずしも断定できないこと。また初・中・後期等、同じ周代でも、時期によって別異もありえよう。

(二)わたしたちが中国の古典として接してきた書物、それは四書五経をはじめとして、周代に成立したとされるものが数多い。しかし、たとえば『尚書』一つとっても、後代に付加されたと見られるもの少なからず、史料批判の必要なこと、周知のごとくだ。

したがって「周朝に実際に施行されていた里単位」を遡源しようとする場合、右の点の史料批判が必須である。

以上の問題を視野におくとき、「周朝全体が、『短里』によっていた」とは、安易に言うべきではないけれども、反面、「周朝において、『短里』の使用された時期と場所があった」。この一事を疑うことは、むずかしいのである。

なかでも、もっとも重要な点、それは次の二点だ。

①『周髀算経』の冒頭は、周公と殷高（殷人）との天文に対する対話であり、それは、「紀元前一一二

二（前後百）年頃の「星の運行」が語られているという（能田忠亮『周髀算経の研究』）。したがってこの天文算術書の実体が、周初に遡ることが判明するのである。

②同時に、先に述べたように、『周髀算経』の編成が漢末に成立したことから、魏・西晋朝人の認識において、この書の「短里」が〝殷代から周初にかけて、周公の使用していた里単位〟として見えていたこと、この一点が、今の問題にとって重要である。

周朝の短里の廃止

さて、このような「周朝の短里」は、いつ公的に廃棄されたか。それは、左の有名な一句によってしめされている。

六尺、歩と為《な》す。（『史記』秦始皇本紀）

これは、始皇帝が周代の諸制度を一新したことを記した一文の中の一句だ。「一里＝三百歩」の制は、周代以来、変化していない。だから、ことさら記されていないのである。これに対して、「一歩」の長さについて、これを「六尺」として、新たに定めたのだ。始皇帝は五行説に立ち、周の火徳に対し、秦を水徳とした。また色は「黒」、数は「六」に当る、と称し、その立場からの改新の制を列挙した。その一環が右の一句だった。

したがってこの「一里＝三百歩＝一八〇〇尺＝約四三五メートル」という「里単位」は、秦の新法であって、決して周の古法ではなかった。

この点、この一句によって、右の「里単位」をもって、中国古代に一貫した里単位のように解してきたすべての論者たちは、大いなる史料批判の欠如の中にいた。しかもそれに対して、あまりにも無頓着でありつづけてきていたのであった。

この秦の新法は、漢朝に継承された。したがって漢の長里は、同じく〝約四三五メートル〟だったのである。これに対して、これを廃止し、周の古法に復したのが、魏・西晋朝であった。

短里の復活

魏朝が秦・漢の新法を批判し、周以前の古法を賛美したことは、前にもふれた。『三国志』ことに魏志は、この基本トーンに貫かれているのである。

この魏朝の「復古主義」は、西晋朝もまた、これを継承した。

陛下（西晋の第一代、武帝）、古聖に邁蹤し、蕩然《とうぜん》として忌《い》む無し。

（泰始十年〈二七四〉の陳寿上表。蜀志、諸葛亮伝）

これは陳寿が武帝から『諸葛氏集目録』（諸葛孔明の文集）の編集を命ぜられ、それを果したときの上表文の一節だ。『三国志』の中の諸葛亮伝に全文掲載されている。ここに「古聖」といっているのは、夏王朝の咎繇《こうよう》と周王朝の周公を指している。すなわち、周以前の大賢や聖人の作った制度を「邁蹤《まいしょう》」（古人の跡をふみ行うこと）することが、西晋の天子の方針とされた旨がのべられているのである。

ここに、西晋朝が秦・漢の新法でなく、周以前の古法に復古する方針であったことが明白に語られている。しかも、それをそのまま、厳格に実行する方針だ、というのである。

思い出してほしい。魏・西晋朝人にとって『周髀算経』は、新たに編成されて眼前にあった。その冒頭には、周公が「短里」をもって語っていた。「短里」は周公の制だったのである。それはむろん、魏・西晋朝の高度のインテリたちの周知の知識だった。

以上のような状況において見れば、右の一文が次の命題を含有していたことを疑うことができぬ。

――「西晋朝は、周公の短里を厳格に継承しようとした」と。

当然ながら、魏朝と敵対していた蜀朝は、これに反対した。なぜなら蜀朝は、漢の劉氏の正統を継ぐと称する劉備の王朝だったからである。「里単位」においても、秦・漢の里単位を継承したのは、当然だった。

歴史の皮肉

その間の事情をしめす、興味深い一句がある。

譙周《しょうしゅう》曰く「歩は、人足を以て数と為す。独り秦制のみ然るに非ず」と。

（『史記』秦始皇本紀、注）

譙周は蜀朝の天子の師であった。この言明の背後には、次の状況がある。

(一)他国（魏朝）は、わが蜀朝が秦・漢の里制を守っているのに対して、「あれは、秦の新作の里制に従っているだけだ」と非難している。

(二)しかし、この里制は、決してただ秦の制度がひとりで（ほしいままに）きめたことに尽きるものではない。

(三)その基礎をなす「六尺を一歩と為す」制度は、人の足取り（という自然の肉体条件）に合致させたものである。

(四)だから、他国の非難は当らない。

以上だ。すなわち、この言明の背後に、蜀の順守する秦・漢の里制に対する非難が存在することが、まず注目される。その攻撃のポイントは、その里制の起源が、あの秦の始皇帝の新作に過ぎず、それ以前（夏・殷・周）の古制でないことだったのである。

これに対して、譙周の答えは苦しい。〝歴史的淵源は新しくとも、人間の肉体的条件という、自然の条件にかなっている〟というのである（秦代頃の「尺」は、約二三～四センチ。したがって六尺は約一三八～

一四四センチ前後）。

しかし、譙周も里制の歴史においては、蜀の里制が秦朝の創始になること自身は、否定していない。むしろ、歴史の新しさを身体的条件への合致論で補おうとしたのである。

けれども、秦の新里制造作の根拠が、「五行説による『六』尊重。それによる秦朝の自己賛美」にあったこと、それは『史記』の秦始皇本紀に明記されたところだったのである。秦の始皇帝は、決して「この里制は、人間の身体的条件に合致するから」などとはいっていない。譙周、苦肉の弁明だったのである。

陳寿は、青少年時代、譙周の愛弟子であった。右の師の弁明も、耳にしていたことであろう。

しかし、その後、蜀は亡国の悲運に遭うた。そのとき、蜀の平和的降服（徹底的抗戦論の排除）について、譙周の力の大きかったことが知られている。

譙周は、魏朝のまねきをことわり、代って陳寿が洛陽に向ったようである。そして時も多く経《へ》ぬうち、先にのべた「諸葛氏集目録」の編集を、西晋の天子（武帝）から命ぜられたのである。

陛下、古聖に邁蹤《まいしょう》し……。

と書いたとき、陳寿の脳裏には、かつての師の弁明が想起されたのではないだろうか。今は、師の弁明に反し、旧敵国だった魏・西晋朝の立場を、その里制をふくめて賛美する、それが西晋朝の史官たる彼の役割であった。

短里の再廃棄

「魏・西晋朝の短里」、それはいつ廃棄されたか。わたしたちはその回答を、『晋書』の帝紀に見出すことができる。

（太興三年＝三二〇、七月、東晋の第一代元帝）詔して曰く「（中略）昔、漢の高祖、沛を以て湯沐の邑

と為し、光武も亦南頓を復す。優復の科、一に漢氏の故事に依る」と。（『晋書』元帝紀）

西晋朝は、建興四年（三一六）、新興匈奴の劉曜等の攻撃によって滅亡した。天子、孝愍帝は降服し、劉聡（曜の父）の従僕のように使われたあと、殺されたという（後述）。

このあと、建康（今の南京）に建国したのが、東晋第一代の天子、元帝であった。彼は亡国の西晋朝の遺風を一掃し、もっぱら漢制に復帰することを宣言した。それが右の一文だ。「劉氏」を名乗って、漢室（の血脈）を継ぐと称した新興匈奴に対して、真に漢制を保存する中国の正統の国家たることを主張しようとしたのであろう。本来、魏・西晋朝は漢より禅譲をうけた王朝だったのであるから。

かくして「里制」も、ふたたび漢の長里に復帰し、以後、南朝の各王朝、さらに隋・唐朝へと大異（五～六倍もの変化）はなかったのである。

（※ただ「一里＝三百六十歩」の制への変化は存在したようである。）

二つの序文

以上によって倭人伝の中の「里程」が真実《リアル》であったこと、魏・西晋朝の正規の「里単位」によって記されていたことが判明した。

だからこそ、『三国志』唯一の魏の天子の使者（帯方郡官僚、梯儁《ていしゅん》）の遠夷の地への派遣記事が、誇りやかにその王朝の正規の「里単位」で報告されていたのであった。

陳寿は、東夷伝序文において、これを漢朝における西域への張騫派遣の偉業に対比している。それは『史記』の大宛列伝の「里程」記事として誇らかに記せられている。

これに対するものこそ、『三国志』の魏志倭人伝の「里程」記事だった。魏朝下の一大壮挙として誇らかに記せられているのである。

したがって『史記』の大宛列伝が漢朝公認の里単位によって堂々と記せられていたのと同じく、『三国志』の倭人伝は魏（西晋）朝公認の里単位で堂々と記せられていたのだ。何の不思議もない。

歴史書では、その序文において「この本で使われているメートル、あるいはキロの実定値はこれくらいだ」などとのべはしない。著者と読者に共通の当代の常識によって書かれているからだ。

これに代って、もっとも歴史書らしい「里単位」のしめし方、それは、その王朝の正規の使者派遣記事を、その時代の「里単位」を用いてしめすことである。すなわち『史記』の大宛列伝と、『三国志』の倭人伝がこれであった。

もっとも、『三国志』には、全体の序文がない。「正史」として認定され、「上表」しえぬまま、不遇のうちに陳寿が没したからである。代って、陳寿はかつて武帝に献じた「諸葛氏集目録」の「上表」を全文『三国志』内に収録した。その根本の趣意と立場が同じことをしめしたのであろう。

しかし陳寿は別に「二つの序文」を『三国志』内に特設している。「烏丸・鮮卑・東夷伝」の序文（総序）と、「東夷伝」の序文（中序）がこれである。序文なき『三国志』の中で、これは異例だ。もって陳寿のこの東夷伝に懸けた情熱がうかがい知られよう。

その「二つの序文」の中に、それ以前の帝紀・列伝と、この夷蛮伝との間に「里単位の相異」のあることなど、一切のべられていない。この平明の事実こそ、実は倭人伝の「里単位」が『三国志』全体の「里単位」との間に何等変化の存在しないこと、その最上の証明ではなかったであろうか。わたしたちは、明治以来、太陽のように明白な、この事実に対して目をおおいつづけてきたのであった。

部分里程と総里程

新たな局面に入ろう。

前節にのべたように、倭人伝の「里程」が真実《リアル》であるとすれば、当然ここに次々と累積された「里程」記事を厳格に追うてゆくことによって、おのずから倭国の都に到着できるはずだ。

第一、そうでなければ、魏使の、魏の天子に対する報告とはなりえないではないか。

しかるに従来、「邪馬台国」のありかがこれほどに混迷をきわめたのはなぜか。それはもっとも簡単な解読のルール、それが守られなかったからだ。僭越ながら、わたしにはそのように思われる。それは次の点だ。

倭人伝には、二種類の「里程」記事がある。一は、帯方郡治から倭国の都に至る間の各「区間里程」である。二は、同じ距離の「総里程」である。

したがって右の「区間里程の総和は、総里程に一致する」。これが基本のルールだ。わたしはそう考える。「そう考える」といっても、それは〝わたし個人の主観的な考え方〟などというものではない。人間の普遍的な理性に立つ、根本のルールだとわたしには思われるのである。

こんな当り前のことを、ことごとしくここに言うのはなぜか。従来のすべての論者は、このルールを軽視どころか、無視してきたからである。

まず、里程記事の(A)各個部分と(B)全体とをあげよう。

(A)①七千余里　帯方郡治→狗邪韓国

②千余里　狗邪韓国→対海国

③方四百余里　対海国の面積

④千余里　対海国→一大国

⑤方三百里　一大国の面積

⑥千余里　一大国→末盧国

⑦五百余里　末盧国→伊都国

⑧百里　伊都国→奴国（傍線行程——後述）
⑨百里　伊都国→不弥国〈従来はこれを「奴国→不弥国」間と見なす〉
⑩水行二十日　不弥国→投馬国（傍線行程——後述）
⑪水行十日・陸行一月　帯方郡治→女王の都する所（邪馬一国）〈従来はこれを「投馬国→邪馬一（台）国」間とする〉

(B)一万二千余里　帯方郡治→女王国（邪馬一国）

問題は(A)の吟味だ。

第一のポイント。⑩の「水行二十日」と⑪の「水行十日・陸行一月」は、当然、「区間里程」には入らない。なぜなら、それは「里程」ではないからだ。一方で「総里程」が分っているのに、他方で全体の一部を「日程」で記す、そんなことは考えられないからである。

「区間里程は、里程で書かれている」。わたしには、これは自明の道理と思われた。あたかも、「白馬は馬である」という命題と同じように明晰である。

第二のポイント。右の自明の帰結は、次の判断をもたらす。

⑩はなぜ、「帯方郡治→邪馬一国」のルートにふくまれないか。それは、その文形から判断できる。

南至投馬国、水行二十日。
〈南、投馬国に至る、水行二十日〉

これは、他の文形、たとえば⑦の、

東南陸行五百里、到伊都国。
〈東南陸行すること五百里、伊都国に至る〉

とは異っている。ここでは「陸行……到る」と進行の動詞が先行している。ところが、先の⑩の場合はこれがない。そこで『三国志』全体の用例を調べてみた。するとやはり、

ⓐ進行をしめす先行動詞プラス……に到る

行きて曲阿（地名）に至る。（呉志三）

諸軍数道並行して漢中（地名）に至る。（魏志二十八）

が通常の形だった。これに対して、

ⓑ（先行動詞ナシ）至る

東、海に至り、西、河に至り、南、穆陵（地名）に至り、北、無棣（地名）に至る。（魏志一）

のような場合、一つの基点をもとに、そこからの位置づけをしめしているのだ（右の例は、四至）。

このような『三国志』全体の用例の検証は、右の⑩が「帯方郡治→女王の都（邪馬一国）」間の「区間里程」ではないという、わたしの理解を裏づける。いいかえれば、それは主線行路ではない。主線行路上の一点、不弥国を基点としての位置づけなのである。

右のような、文形考察は、次の新たな問題をひきおこした。「⑧の場合も、傍線行路の表記である」と。

（伊都国より）東南、奴国に至る、百里。

この場合は⑪とは異り、明白に「里程」記事だ。「里程」記事ではあるけれど、先の文形考察からすると、これもまた主線行路の記載の仕方ではない。伊都国を基点とした傍線行路の記載法なのである。

ではなぜ「投馬国」と「奴国」だけ、主線行路上にないのに、わざわざその位置どりをしめしたのか。

その答えは明白だ。「投馬国」は「戸数、五万戸」、「奴国」は「戸数、二万戸」の大国だ。女王の都す

る邪馬一国の「戸数、七万戸」に次ぐ第二、第三の大国である。他に万単位の国はない。したがってこの二国の位置づけを傍線行路の形で特記した。そのように見られるのである。その大体は左図のようだ。

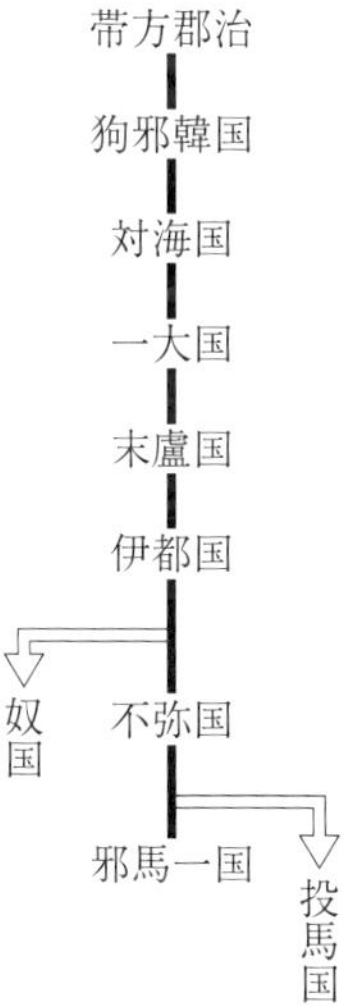

以上によって計算してみると、①②④⑥⑦⑨の総計は、一万六百里。(B)の総里程一万二千里には、まだ千四百里足りない（「余里」は、ほとんどついている上、数値化しにくいから、今の計算からは削除）。

ここが解読のポイント、正念場だった。模索の日々の後、到達した一点、それは③と⑤だ。これは「方―里」という面積の形で書かれている。だから、従来は主線行路に入れなかった。区間里程と見なされなかったのである。

今言った「だから」という言葉。これには前提がある。海上の島国民族の目だ。つまり〝これは、対馬と壱岐である。島だ。だから、ここは舟で通りすぎただけ。区間里程には入らない〟。無意識のうちに、そう考えてきたのだ。

しかし『三国志』の著者（陳寿）は中国人。大陸人間、陸地民族だ。北から南下してきて、そこに「方四百余里」「方三百里」といった、レッキたる面積が書かれているのに、その陸地（島）を一切無視し、主線行路に入れない、区間里程としては「0」と見なす。そんなことがありえようか。〝この面積も当然「里程」のうち〟。そう考える方が自然ではないであろうか。少なくとも、海上通過ときめてか

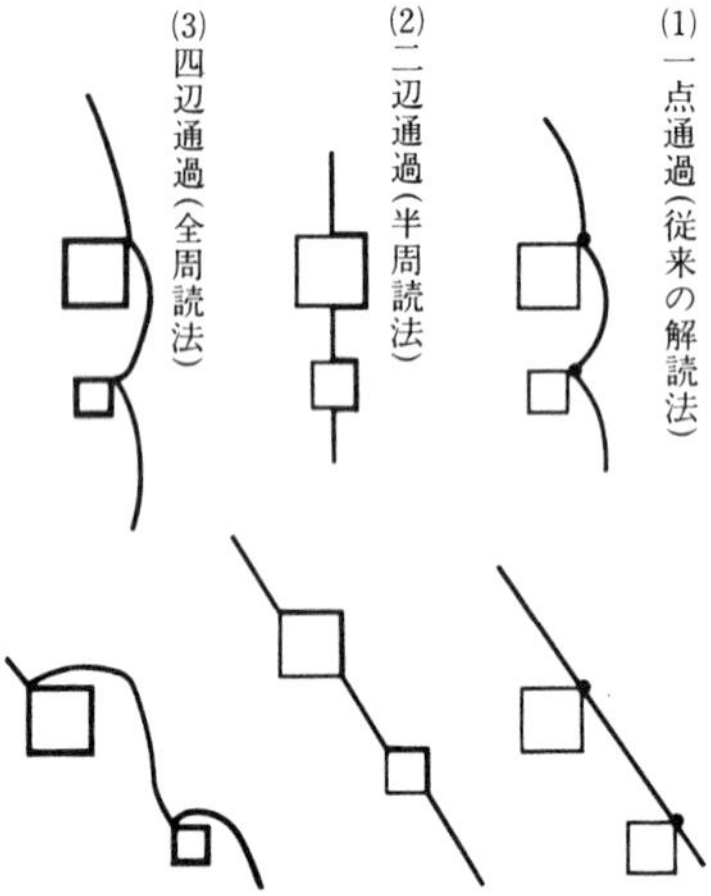

第13図　三つの解読法

かって、この面積の通過の仕方、より正確には、陳寿の里程計算の仕方についても、疑いもしなかった。これは大きな盲点ではなかろうか。

では、この面積をいかに通過するか、否、通過したと考えたか。その可能性は三つある（第13図）。

このうち、(1)については先にのべた。(3)については、この二島が、あくまで経過地であり、目的地でない点から見ると、不当だ。

何より、最大の決め手。それは計算結果だ。この(2)の半周読法の場合にのみ、

対海国の半周――八百里
一大国の半周――六百里
　合計　　　――千四百里

ここに問題の「千四百里」がピタリあらわれる。すなわち区間里程の総合計は、一万二千里となり、(B)の総里程とピッタリ一致する。陳寿の計算法が判明したのである。

周旋問題

右のような解読を裏づけるもの、それは次の一文だ。

　倭地を参問するに、海中洲島の上に絶在し、或は絶え或は連なり、周旋五千余里なる可し。（倭人伝）

この「倭地」が、

一万二千余里――帯方郡治↓邪馬一国
七千余里　　　――帯方郡治↓狗邪韓国
　差引＝五千余里――狗邪韓国↓邪馬一国（倭地）

という形で算出されたものであることは、疑いえない。ここにも陳寿の義理がたい算法、明晰な算出の仕方の実例が見られる。

さて、ここに「洲島――周旋」という表現が注目される。島は辺縁を経《へ》めぐるもの。そういう考え方がしめされている。この考え方に従って、算出されているのだ。その点、従来の一点通過読法は、この一文を深くかえりみなかったのではあるまいか（この周縁経過が、四周ではありえないことは、すでにのべた通りだ）。

以上によって、ようやくにして、先の(A)の総和が(B)と一致する。そのような結果をえた。これは、何を意味するか。次の命題である。――「不弥国到着をもって、女王の都するところ、邪馬一国の玄関に立つこととなる」。

さまざまの算出法

「部分をなす区間里程の総合計は、総里程に一致せねばならぬ」。これは、いわれてみれば当然の道理だ。その道理は、右のような「不弥国、女王の都の玄関」説に導く。

これを回避しようとする論者は、別法を案出しようとした。いずれも、わたしの第一書以後に出された説だ。その例をあげよう。

〈第一例〉

奥野正男氏は、「対海国・一大国」について、それぞれ一辺経過と考えられた。それぞれ「四百里」

「三百里」だから、計「七百里」である。当然これだけでは、足りない。そこで、

八百余里——伊都国↓邪馬台国

を「部分」として加算され、これを付加すると、〝区間里程の総計は、総里程になる〟と見なされるのだ（『邪馬台国はここだ』『邪馬台国発掘』）。

だが、これは変だ。なぜなら、右の「伊都国↓邪馬台国」間の距離など、倭人伝には、一切書かれていない。氏の計算では、「帯方郡治↓伊都国」間が「一万千二百余里」となって、まだ「八百余里」足らない。そこで、その不足分を「伊都国↓邪馬台国」の「区間里程」として、別定されたのである。それを付加された。

これでは、計算が合うのが当り前。およそ、合わないはずがない。なぜなら〝合うように「八百余里」という数値を算出された〟のであるから。

しかし、これは、わたしの根本の命題とは似て非なるものだ。本当の「部分の総和＝全体」とは、倭人伝に書いてあるものでなければならぬ。自分で欠如部分の史料を造り足しておいて、「これで、ちゃんと合う」というのは、解読上のルール違反だ。あくまで右の命題は、倭人伝内に記されている史料によらねばならぬ。

〈第二例〉

右のように、自分で「里程」史料を作って加え、総里程の数値に合わせる、このような手法がいったん認められるとき、さまざまな算出法が各論者によって可能となろう。たとえば、張明澄氏の場合、

約二千里——末盧国から女王国（水行十日の距離）

とされる（『季刊邪馬台国』12号、一九～二〇ページ）。

これは、氏が「帯方郡治→末盧国」の間と考えられた「一万里」を「総里程」の「一万二千里」から、差引いてえられた数値だ。この場合も、倭人伝に存在しない里程数値を、みずから差引して算出されたわけだから、合うのが当然。しかし、史料上の事実として、「区間里程の総計が、総里程である」というわけにはいかないのである。

以上の二例にしめされたような、いわば似て非なる手法ではなく、厳密な意味において、「部分と全体の論理」が、今後の研究において厳守されねばならぬであろう。これが主観主義と客観主義を分つ一つの標柱である。

水行と陸行

右と関連する根本問題。それは次の一句をめぐる理解だ。

南、邪馬壹国に至る、女王の都する所。水行十日陸行一月。

従来はこの「水行十日陸行一月」を、倭国内の長行程と解してきた。しかしながら、先述来の論証のしめすところ、これは総里程の中の一部でないことは明らかだ。「郡より倭に至るには」ではじまった一連の行路記事が「女王の都する所」で、目的地に到着した、その直後の一句だから、「郡より倭に至る」その「総日程」と見るのがふさわしい。わたしにはそのように思われる。それは文形、もしくは句形等の面からも裏づけられる。

①「歴二韓国一、乍南乍東」は、「韓国を歴るに、乍《たちま》ち南し、乍ち東し」と読む。「韓国」は当然ながら陸地を指す概念だ。これを「韓国の海岸を歴るに」の意に解するのは不自然である。

②「乍ち南し、乍ち東し」は、〝南下と東行をこきざみにくりかえしてゆく〟さまだ。海岸（西岸と南岸）では、そんな動き方はできない。やはり陸路である。

③韓伝では、韓地は「東西、海を以て限りと為し、南、倭と接す」とある。朝鮮半島南岸部は「倭

地」なのだ。したがって全水行では「韓国を歴るに」という表現では不適切だ。

④韓地は「方四千里」であるから、朝鮮半島西岸部と南岸部とを加えると、「八千里」となる。その上、「帯方郡治→韓地西北端」間も、少なくとも「千五百里」前後はあると思われる。したがって、「帯方郡治→狗邪韓国」間を全部水行したのでは「七千余里」（倭人伝記載）をはるかに上回ってしまう。不適切である。

以上だ。しかし、一番肝心な中心の論理。それはやはり、先にのべた「区間里程の総和は、総里程となる」という基本概念だ。その立場に立つ限り、「水行十日陸行一月」を部分行程と見なすことができないのである。この論理性だ。

これに対して〝漢文の文脈上、「水行十日陸行一月」を、古田のように、総日程とは読めない〟と難ずる論者がある（たとえば、井上光貞氏・張明澄氏等）。

では問おう。〝「水行十日、陸行一月」を部分行程にした場合、どのようにしたら、区間里程の総計が総里程になりうるか〟と。

井上氏の依拠された榎一雄説の場合、「陸行一月」を「千五百里」に〝換算〟する手法だった。これも、倭人伝に記載されていない「里程」数値を算出するものだ。だから、決して先の命題を満足させているとはいいえないのである。

（また「唐の六典」つまり「唐代の里単位」による「一日、五十里」の概念を用い、これに「一月」つまり「三十日」を掛けて、「千五百里」を算出した手法。そして「帯方郡治→伊都国」間と考えた「一万五百里」に加算して「一万二千里」をえた手法。いずれも、魏・西晋朝代の「里単位」〈短里〉と唐代の「里単位」〈長里〉とのちがいの認識された現在、不可能という他はない。）

次に張明澄氏の場合も、先にあげたように、倭人伝にない「末盧国→邪馬台国」間の「二千里」の「里程」数値を新造しなければ、総里程に合致させることができなかった。

いずれにおいても、「わたしの漢文理解からいえば『水行十日・陸行一月』は部分行程だ」と、一方で断言しながら、他方では部分と全体の論理を無視する、あるいは維持できない。そういう結果に陥っているのである。それでも、「わたしの文脈理解が正しい」と断言しつづけるとしたら、わたしはそれを主観主義と呼ばざるをえないのである。

これに対し、学問研究のとるべき王道、それは、万人の首肯すべき自明の命題、部分と全体の論理に従った解読法を採用する。これが真の客観主義である。

すぐれた批判を与えて下さった両氏に対して深く謝しつつ、再批判させていただいた。

第三章　首都・宮室論

首都のありか

前章にのべたように、第一の解読のルール「部分里程の総和は、総里程と一致する」という命題は、必然に、次のテーマを導いた。「不弥国は女王国の玄関である」。

ということは、何を意味するか。〝末盧国の位置によって、女王の都とする国は判明する〟。これだ。

ところが、不弥国の位置については、従来、ほとんど一致している。博多湾岸がこれだ。末盧国を松浦湾の付近（唐津など）とし、伊都国を糸島郡の付近（前原など）とする以上、それは当然の帰結である。

とすると、積年の疑問であった卑弥呼の都の位置は、きわめて容易に判明することとなろう。それは次のようだ。〝卑弥呼の都するところは、博多湾岸に面していた〟――これ以外の帰結はない。

このさい、少数説ながら、末盧国を松浦湾岸以外とする説について検討してみよう。

たとえば、佐世保付近（「丁謙曰く、当に即今の佐世保海口の地なるべし」盧弼『三国志集解』引文）とするもの、あるいは宗像から遠賀川下流域に至る間（高木彬光・坂田隆氏等）がある。その基本的な論理は、次の五点にある。

(一)「一大国（壱岐）→松浦湾岸」（千余里）の距離は、「狗邪韓国→対海国」（千余里）や「対海国→一大国」（千余里）に比べて短すぎる。

(二)「狗邪韓国→対海国→一大国→末盧国」間の方角は書かれていない（あるいは、「対海国→一大国」間の方角〈南〉以外には書かれていない）。

(三)倭人伝内の国名と日本列島内（ことに九州）の現地名（もしくは記紀等の地名）とは、必ずしも一致する必要はない（したがって「末盧国＝松浦」「伊都＝怡土」等の対応は必要がない）。

(四)だから、「千余里」に相当すべきは「対馬→佐世保付近」もしくは「対馬→宗像から遠賀川下流域の間」である。

(五)したがって末盧国は「佐世保付近」もしくは「対馬→宗像から遠賀川下流域の間」にある。

大要、以上のようだ。しかし、この論定には、次の欠陥がある。

(一)′「千余里」として、相当していないのは、「一大国（壱岐）―末盧国（松浦湾、唐津付近）」だけではない。「狗邪韓国―対海国」間と「対海国―一大国」間も、同じく「千余里」といいながら、かなり異っている。だから「一大国―末盧国」だけ、正確に「千余里」をとらねばならぬ、として、他（東や西）へもってゆくのは、恣意的である。海上の行路は、中国人にとって測定に不得意であり、おおよそのものとして、三海峡とも「千余里」とした、と見なす方が、かえって大局的に見て妥当する（『史記』『漢書』『三国志』とも、純粋に海上の距離を測った例はない。この点『周髀算経』『九章算術』『海島算経』等にも試みられていない）。

(二)′対海国と一大国の所にそれぞれ「舟に乗りて南北に市糴《てき》す」「亦南北に市糴す」とある。すなわち「狗邪韓国―対海国―一大国―末盧国」は、南北通貫の中枢行路として、韓国（および中国）側と倭国側にとって、著名・周知の大動脈だったのである。
したがって、もしこれからはずれて東や西側へ海上進行するとしたら、当然、その方角が特別に書かれるのが自然だ。が、それはない。やはり、総体はこの大動脈にそうて南下してきたものと見なすほかはない。

㈢従来の「邪馬台国」論争では、行路記事中の最終国名「邪馬台国」という改定国名を、まず「大和」「山門」等に比定し、そのあと、それ以前の行路記事に対してつじつまをあわせてきた。わたしはこれを非としたのである。ことに過去の中心国名が現在に（あるいは記紀に）遺存している可能性は必ずしも多くない（滅亡して、継受されていない場合）。

これに対し、かえって港津などの小国名は遺存するケースもありえよう。その上、重要なのは、次の点だ。「一大国＝壱岐」が定点とすれば、その定点を基点として、到り着くべき要津としての「末盧＝松浦」の地名類似は無視しがたい。同じく「伊都＝怡土」の場合も、それが同一地点である可能性は大変高いのである。その上、唐津と前原付近がいずれも弥生遺跡の重要拠点である点、見のがしがたい（後述）。

右の理路によって、㈣㈤のような末盧国比定は不当である。

以上によって、「末盧国＝松浦（唐津付近）」「伊都国＝怡土（前原付近）」が定まったとすれば、この伊都国の東「百里」の不弥国の位置も、おのずから定まる。姪の浜付近である。西側から入るときの、博多湾岸領域への入口だ。すなわち、この博多湾岸領域一帯こそ、女王の都する、邪馬一国の領域なのである（奥野正男氏によれば、姪の浜付近の古老は、この地域を「ふみのさき」と呼んでいたという。奥野氏来信による)。

もう一つの卑弥乎

博多湾岸領域（詳しくは「博多湾岸と周辺山地」——第一書『「邪馬台国」はなかった』）こそ女王の首都圏であった。この領域の西口への到着をもって、倭人伝は、倭国の首都への行路、「里程」記事を絶っている。

しかしこの帰結は、『三国志』の魏志倭人伝においてのみ、はじめて到達しうる帰結ではない。なぜなら、すでにのべたように、『三国史記』の中の卑弥呼（卑弥乎）の記事が証言するところであった。

（阿達羅尼師今）二十年夏五月、倭の女王卑弥乎、使を遣わして来聘す。

（『三国史記』新羅本紀第二）

阿達羅尼師今は、新羅の第八代の王。新羅本紀巻二の筆頭記事だ。そこに卑弥乎の名が出現する。その二十年は、年表では西暦一七三年に当る。二世紀後葉だ。

ここに現われた「卑弥乎」。「呼」と「乎」と字はちがうが同音。したがって同一人物であることは疑えない。かえって異字である点に、この史料が『三国志』からのひき写しではない、独自性を感じさせる。貴重な別史料なのである。

ところが問題は年代。倭人伝に出てくるのは、景初二年（二三八）が最初だから、右の年代（一七三）は六十五年も早いのである。

では、卑弥呼（乎）は、六十五年以上在位した後、はじめて中国（魏側）に貢献したのであろうか。漢代には、そ知らぬ顔をしていたのであろうか。

しかし、これに反する史料事実がある。

乃ち共に一女子を立てて王と為す。

名づけて卑弥呼と曰《い》う。鬼道に事え、能く衆を惑わす。年已に長大なるも、夫壻無く……。（倭人伝）

ところが、この「年已に長大」は、『三国志』中に他の例がある。

丕（曹丕）の、業を継ぐに逮《およ》ぶや、年已に長大。（呉志七）

曹丕は、魏の第一代の天子、文帝。黄初七年（二二六）に死んだとき、四十歳だったと書かれているから、延康元年（二二〇）に即位したときは、三十四歳だった。それを「年已に長大」とのべているのである。

したがって、卑弥呼が使者を送り、その直後（正始元年＝二四〇）に魏使が倭国の首都にきたり、彼女に遭うたとき、その時まさに彼女は三十代半ばの女盛りだったのだ。

してみると、『三国史記』の記事とは、やはり矛盾する。『三国志』は同時代史書だから、第一史料。これに対して『三国史記』は、高麗の仁宗二十三年（一一四五）成立の後代史書。矛盾すれば、当然第一史料を採るべきだ。

この点、『三国史記』の場合「干支《えと》一巡」、つまり「六十年」のあやまりではないかと思われる。「還暦」が六十年を指すように、「干支」は、六十年で一巡し、同じ干支にもどる。先ほどの「阿達羅尼師今二十年（一七三）は、「癸丑」。その一巡あとの「癸丑」は、魏の第二代の明帝の青竜元年（二三三）。景初二年（二三八。明帝）の五年前。卑弥呼が二十代後半のときだった。この「癸丑」を六十年早くに推置してしまったのではなかろうか。

ともあれ、卑弥呼が諸韓国と国交を結んでいたことは、倭人伝によっても裏書きされる。

王、使を遣わして京都・帯方郡・諸韓国に詣り、及び郡の倭国に使するや……。

当然ながら帯方郡に到る前に、諸韓国と安定した国交を結んでいなければ、行けはしない。帰れもしない。したがって魏との国交の五年前に、新羅をふくむ「諸韓国」と交流していたことは、疑えない。この点『三国史記』の史料は、年代の誤置こそあれ、史料自体としては、信憑性が高いのである。

さて、では、この『三国史記』の卑弥乎の都する倭国の都とはどこか。それは、先の第四代新羅王、脱解王尼師今の説話から明瞭だ。この「倭国」を博多湾岸とした場合、例の「多婆那国」、またその「卵生説話」全体の地理関係が無理なく理解できる。ところが、たとえば、「卑弥呼の都＝大和」などとすれば、全くこの説話は理解不可能なのである。

其の北岸

倭国の首都は、九州の北岸に面していた。――このテーマを簡明に裏づける徴証がある。

倭人伝中の次の一節だ。

郡より倭に至るには、……其の北岸狗邪韓国に到る、七千余里。

ここで「其の北岸」という「其の」が、上の「倭」を指すことは当然だ。他に指すものはない（「韓国を歴るに」の語が、右の省略部にあるけれど、「韓国の北岸」では、地理上、意味をなさない）。すなわち、ここには、倭国をもって朝鮮海峡・対馬海峡・玄界灘の三海峡をふくむ海峡国家と考えている。このことは、第一書『「邪馬台国」はなかった』ですでにのべたところだ。

もう一歩、つっこんでみよう。右の「倭」とは、「倭国の首都」を指す言葉だ。この行路記事の最後が「女王の都する所」に至っている以上、これ以外に考えようはない。ということは、先の「其の北岸」とは、「倭国の首都の北岸」の意義だ。それをしめす。となれば、この「倭の首都」が、この三海峡圏の「南岸」、つまり九州北岸に面していなければ、こういった表現にはなりえない。以上によって、倭国の首都は、九州北岸に面している。この命題がえられる（この点、水戸の高校牛、千歳竜彦君〈現、関大生〉の御教示をえた）。

朴堤上説話の証言

倭国の首都は、九州北岸に面していた――この命題はまた、『三国史記』（および『三国遺事』）の記事からも、えられる。

堤上（朴堤上。新羅の将軍）、独り室内に眠り、晏《おそ》く起き、未斯欣（新羅の訥祇王の弟。倭国の首都に人質となる）をして遠く行かしめんと欲す。……出づるに及んで、未斯欣の逃げしを知る。遂に堤上を縛し、行舡、之を追う。適《たまたま》、煙霧晦冥《かいめい》、望むも及ばず。（『三国史記』新羅本紀、訥祇王）

有名な説話だ。堤上が倭国の都におもむき、倭王をあざむき、王子、未斯欣に代ってその寝室にこもり、その間（夜中）に舟で王子を逃がした。夜明けて倭兵はこれに気づき、早速舟で追うたが、すでに及ばなかった、というのである（詳しくは、第二書『失われた九州王朝』第四章参照）。

またこの直前に、倭王を油断させるため、

未斯欣と舟に乗りて遊ぶ。若し魚鴨を捉うれば、倭人、之を見、以て無心に喜ぶと謂《おも》う。

という描写もあり、倭都が水辺に面していることを前提にした形で語られている。

その上、ここが大阪湾岸などでないことは、深夜の脱走を、夜明けて倭兵が舟でこれを追うても、すでに及ばなかった、というのであるから、当然だ。やはり九州北岸とした場合、もっとも自然なのである。

これは五世紀の事件だ。だが、『三国史記』の新羅本紀では、別段、先の卑弥呼の頃から、この五世紀まで、「倭国の首都が移動した」などとは書かれていない。したがって、少なくとも朝鮮半島側の『三国史記』の読者、すなわち本来の読者の目には、〝脱解王や卑弥呼の時代以来の、倭国の首都〟は、そのような形で映ずるように描かれているのである。この点が重要だ。

新羅は倭国の隣国である。いわば一番近い隣の国だ。その国の人々には、倭国の都の所在地など、自明の事実だったはずだ。その点、三世紀になってはじめて、冒険譚よろしく、未知の倭国を訪問した中国（魏）側とは、雲泥の相異だ。その新羅側の史料の中に、「倭国の首都＝博多湾岸」と見なすとき、もっとも自然な形で、常にそれが描かれている。

「邪馬台国」論争の百花撩乱ともいうべき盛行のあとに、わたしたちは清らかに目を洗うて、この事実を正視すべきではあるまいか。

国名の探究

第一書では、この一点から出発した。事実、わたしの探究はここからはじまった。けれども、今回はあえて後まわしにした。中心国名の地名あてから、『邪馬台国』論を出発させてきた宿弊を避けるためである。

研究史上の事実は、次の十項をしめしている。

第一、『三国志』の版本はすべて「邪馬壹国」ないし「邪馬一国」であるから、どの論者（松下見林・新井白石・本居宣長から白鳥庫吉・内藤湖南等まで。またそれ以降）も、そのような「中心国名」は発見できなかった。

第二、にもかかわらず、松下見林がこれを「改定」して、「邪馬臺国」としたのは、他に非ず、もっぱら「大和」に合わせるためだった。なぜなら〝「倭王」といえば、近畿天皇家の王者〟。これが彼にとって疑うべからざる大前提だったからである。

第三、同じくこの国に対する記事内容については、諸家しきりに『後漢書』倭伝ではなく、『三国志』倭人伝を使った。なぜなら、前者より後者が、より詳しかったからである。また前者より後者の方が、ずっと早い成立であるから、その点からも、これは当然であった（『三国志』は三世紀、『後漢書』は五世紀の成立）。

にもかかわらず、中心国名だけは、『三国志』の「邪馬壹（一）国」ではなく、『後漢書』倭伝の「邪馬臺国」を使った。なぜか。他に非ず、松下見林がしめした大命題、「邪馬臺＝大和」の等式によって、〝倭王＝近畿天皇家〟の「大前提」に合わせるためであった。一言でいえば「邪馬台国」の産みの親は、実証に非ず、近畿天皇家中心主義のイデオロギーだったのである。

第四、この点、新井白石が晩年に辿った道は奇妙だった。彼は筑後に「山門郡」を見出し、ここに「邪馬臺＝山門」の等式を見出した。しかし、先述のように「邪馬台国」という中心国名は、近畿天皇家中心主義の申し子であったから、九州にこれを発見するというのは、一個の明白なるナンセンス以外の何物でもなかった。

しかし、近代の実証的史料批判の洗礼を受けざる、江戸の封建史学は、この史料処理上の錯乱の中にいたのであった。

第五、その点、明治四十三年の白鳥庫吉・内藤湖南の対立も、この「邪馬台国」の土俵の中で争われた。これは、表面は明治という文明開化、名とするところは、東京帝国大学教授、対、京都帝国大学教授でありながら、その実は、封建の近世史学、そのわく内に眠りつづけていたこと、その研究史上の事実の証明であった。

第六、たとえば、この「邪馬台国」論にとって、本来「眼睛」たるべき一点、「『三国志』や『後漢書』では、『臺』の字は、果して『ト』の表音表記に使われているか」。この事実すら、かつて検証されたことがなかった。訓読をもって、己が学問の精髄とした本居宣長さえ、全くこの検証を行うことなく、平然と『邪馬臺』に「ヤマト」の訓をふって、「大和」に当てた。当然ながら、彼にとって、実証より近畿天皇家一元主義の方が尊かったからである。

この立場は、現代においても、あらゆる「邪馬台国」論者に受けつがれている。なぜなら同じく、右の一点を「証明」しえぬまま、「邪馬台国」の名を使っているからである。

「自分は、別段ヤマトとこの国名を読んでいるわけではない」――このような弁解は無駄である。なぜなら、江戸時代にこの中心国名がえらばれた経緯、それは前述のごとくだからだ。この研究史上の事実、その歴史を誰も変更することはできぬ。

「自分は慣例に従って、この名を使っているだけだ」――この弁解も、奇怪である。その人は、慣例に従って江戸時代以来、ちょんまげを頭に乗せつづけているのであろうか。然り、〝精神のちょんまげ〟を乗せつづけている封建の徒、そういう自己告白にすぎぬのかもしれぬ。

第七、この点、たとえば「文献統計学」といった、一見近代的学問の炬火をかかげて「邪馬台国」の中心国名を守ろうとする論者の場合も、例外ではない。先述の歴史的経緯をかき消す魔法、それはいかなる近代科学にも、不可能なのである。否、科学とは本来、魔法の従僕《しもべ》ではない。積年人々を呪縛してきた魔法から精神を解き放つ、それこそ人間の学問の面目でなければならぬ。

第八、以上が本来の筋《すじ》論だ。これに対してわたしの検証したところ、それはすでに第一書『「邪馬台国」はなかった』にのべた。左に要約しよう。

『三国志』の中に、「壹」八十六個、「臺」五十八個（のちに二個追加）、その中に両字間の錯誤と確認できるものは一字も存在しなかった。このような状況の中で、「邪馬壹国は邪馬臺国の誤り」と論断することは、まことに危険だ。

ことに先ほどのように、実証上の理由に非ず、イデオロギー（近畿天皇家中心主義）上の理由から誤りを推断するなどというのは、全く史料処理の道理に反している。

第九、前項のテーマは改定の武断を警告するものではあっても、当然ながら改定の非を確定するものではありえない。これに対し、確定的な判断を与えるのは、次のテーマだ。

『三国志』では、「夷蛮」の固有名詞に対し、「卑字」(奴・邪・馬など)を頻用している。ところが、「臺」は〝天子その人を指す〟至高の貴字として用いられていた。「天子に詣る」(卑弥呼の使者)と「臺に詣る」(壱与の使者)とを比較すれば明晰だ。『魏臺雑訪議』では、高堂隆が魏の天子、明帝を「魏臺」と呼んでいる。このように、魏・西晋朝で〝天子その人〟を指称する用字を、西晋朝の史官陳寿が「夷蛮」の固有名詞に使うはずはない。なぜなら、「ト」を表記すべき文字(登・都・擡等)は、他に数多いからである。卑字の大海の中で、至高の貴字など用うべき道理は、史官の用字選択において全く存在しないからである。

第十、右の点について、さらに確証をもたらしたのは、「闕の論証」である。『三国志』の直前の史書、王沈の『魏書』では、「闕機」と表記された鮮卑の大人に対し、陳寿の『三国志』では、「厥機」と表記している。漢代には〝天子その人〟を指して使われていた「闕」を避け、ほぼ同音の「厥」に変えているのだ(「厥」は〝その〟の意)。

このような史料事実からすると、魏・晋朝になって、主として「闕」に代って〝天子その人〟を指すのに用いられた「臺」、この文字を陳寿が、「夷蛮」の固有名詞に使った可能性、それは絶無であろう。なぜなら「『闕』すら避く。いわんや『臺』をや」――この道理を誰人も回避できないからである。

以上の論証によって、「邪馬壹国は邪馬臺国のあやまりに非ず」。この命題をえた。では、この国名の意義いかん、吟味してみよう。

国名の意義

①「やまい」を一語とすることは不可能である。なぜなら、日本語では「い」は語尾につきがたいか

らである。

②これに代る仮説、それは「壹」を倭国側で表記した国号と見なす立場だ。「狗邪韓国」が「狗邪プラス韓国」であり、「不耐濊王」が「不耐プラス濊王」であり、「閩越」が「閩プラス越」であるように、「邪馬壹国」は、「邪馬プラス壹国」である。

③同じく「壹与」は「壹（国号）プラス与（中国風一字名称）」だ。のちの「倭済」（倭の五王の一）の「倭（国号）プラス済（中国風一字名称）」と同じだ。この類の中国風一字名称は、匈奴・高句麗などですでに使われていた（「烏累単于咸」『漢書』匈奴伝。「句麗王宮」『三国志』高句麗伝）。

④「壹」は〝中国の天子に対する、二心なき忠節〟を意味する文字である。「貳」（二心）が『三国志』でもっとも憎まれた文字であるのに対し、もっとも佳き字である。〝臣下側の徳目〟としての佳字だ。

⑤卑弥呼は、魏の天子に国書を奉呈している（正始元年頃）。同じく、壱与は、西晋朝初頭（泰始二年）に使者を送っている。このさいも、同じく「国書」を持参したものと思われる。その「国書」の自署名は、――それが「壹与」だった、と思われる。そしてそこに記された中心国名、それが「邪馬壹国」だった。これがわたしの仮説の帰結である。

⑥以上の考察の意味するもの、それは次のようだ。この女王の都の名は「邪馬《やま》」である、と。

⑦以上の考察からすれば『後漢書』倭伝のしめす「邪馬臺」は「ヤマト」ではなく、「ヤマ（邪馬）プラス臺《だい》」だ。『後漢書』の成立した五世紀は、すでに三世紀とは東アジアの政治状況・精神状況が、大きく異っていた。南北朝が分立し、北朝系の「夷蛮王朝」は、各自「―臺《だい》」を称していた。東方の「夷蛮」の国、倭国もまたその一つ。南朝劉宋の范曄《はんよう》には、そのように見えていたのである。

このように分析してくると、卑弥呼の王朝は、自己の中枢域を「邪馬＝山」と称していたことが分る。その痕跡はあるか。

姪の浜の南側に「山門」（下山門）がある。筑後にも「山門（郡）」がある。肥後にも、「山門」があったという（『和名抄』）。これらの「山門群」はいずれも、その中枢域に「山」と呼ばれる領域のあったことの反映ではなかろうか。

もちろんこれらの「山門群」が三世紀に遡る地名という保証はないけれど、一つの痕跡としての可能性はあろう。たとえば、江戸名は滅び去っても、「江戸川」という地名が、当時の痕跡として残っているように。

「ヤマ」の意味

では、卑弥呼の都した邪馬一国。それはどういう意味の国名だったのだろうか。わたしの分析の結論を、今、簡明にしるしてみよう。

倭人伝に出てくる狗邪韓国、濊伝に出てくる不耐濊王、『三国志』ではいずれも、狗邪や不耐が当地の名であり、韓や濊はもとより広汎な地名もしくは国名である。

これと同じく邪馬一（壹）国も、邪馬が当の中心国自体の名なのである。これに対して「一」の本来の字、「壹」は倭（ゐ）に音が一応類似し、その上、〝中国の天子に対して二心なく忠節を尽くす〟という、適切な意義をもっていることから、えらばれた国名である。それは卑弥呼の次の女王壹與（以下壹与）によってであった。

その壱与とは、「壱」が倭に代って用いられた国号、「与」は中国風一字名称である。

すなわち、五世紀の『宋書』において、倭の五王として倭讃・倭済等の名前が出ている。「倭」が国号、「讃」「済」が中国風一字名称である。国号を姓とし、中国風一字名称を付して、彼等倭王は、中国の天子への上表文の自署名としていたのである。

倭讃は、東晋朝に対して貢献していたことが知られている。同じく、壱与も、倭に代えた国号「壱」（＝壹）を姓とし、「与」を中国風一字名称とし、もって西晋朝に対する上表文の自署名としたものと思われる。

その壱与の、自署名をもつ上表文で使われた国号、それが邪馬壱国。わたしはそのように考える。

したがって〝卑弥呼と壱与の都した中心国名は「ヤマ」である〟。——これが、わたしの到達した結論であった。

「ヤマ」の物語

記紀神話の中に、特色ある一説話が出現している。それは海幸彦、山幸彦の物語だ。後出の系図（二七四ページ）によって見ればわかるように、天孫降臨のニニギの子で、長兄の火照《ほでり》命が海佐知毘古《うみさちひこ》、末弟の火遠理《ほをり》命が山佐知毘古と呼ばれたという（『日本書紀』一書では海と山が逆）。

さてある日、山幸彦は兄から借りた釣針を海で失い、海辺で泣き悲しんでいたところ、塩椎神《しおつち》がやってきてこれに同情し、海神《わたつみ》の宮へと向う无間勝間《まなしかつま》の小船に乗せてくれた。そしてそこで海神の娘、豊玉毘売に会い、彼女と共に三年の年月をすごすこととなった。そしてある日、赤海鯽魚（たい）ののどから、失った兄の釣針を見つけることができた。

そのとき海《わたつみ》の大神が教えていった。「この釣針を兄さんにわたすときには、『この鉤は、おぼち・すずち・まぢち・うるぢ』といって後手《しりえで》にしてわたしなさい。そして兄さんが高田《たかだ》を作ったら、あなたは下田《しただ》、兄さんが下田を作ったら、高田を作りなさい。そうすると、わたしは水を支配しているから、三年の間に、必ず兄さんは貧しくなって困るでしょう。それを恨んで、兄さんが攻めてくれば、あなたは、あるいは塩盈珠《しおみつたま》を出し、あるいは塩乾珠《しおひるたま》を出して苦しめてやりなさい」と。
そして一尋《ひとひろ》和邇《わに》に送らせて、一日で送り返した。山幸彦は、自分の紐小刀をわにの頭につけてやった。
兄の海幸彦は、果して荒き心をおこし、弟の山幸彦を攻めた。そこで弟は、塩盈珠と塩乾珠を出して兄を苦しめたので、兄はついに「わたしは今からのちは、あなたの昼夜の守護人《まもりひと》となって仕えましょう」と誓った。そこで今に至るまで、その溺れた時のさまざまのわざをして、絶えず奉仕することになっているのである。

これは隼人の歌舞の起源を説明したものだという。

ここで注目すべきこと、それはここで二つの勢力の勝敗がシンボライズされて、説話化されていることである。

一は、倭王朝の正系としての山幸彦。この系列が天津《あまつ》日《ひ》高《たか》日《ひ》子《こ》穂《ほ》穂《ほ》手見《でみ》命と呼ばれ、例の「五百八十歳」の問いた、とされている人物である。すなわち倭王朝の王者の名、二十何代か、十何代か、要するに太陽暦もしくは太陰暦に直して、二百九十年経過している。わたしがそのように見なす「人物」である（後述）。

これに対し、海幸彦は、隼人の祖だという。倭人伝でいえば、「投馬国」であろう。戸数、七万の邪馬一国に対し、戸数五万のナンバー・ツーの国である（『古事記』の「亦の名」では建日別）。

さて海幸彦は、『古事記』では、むしろ兄である。ところが海の大神の協力をえて、山幸彦は海幸彦に勝ち、それによって隼人の帰属が決定的になったというのである。要するにこれは、〝ナンバー・ツーとしての薩摩が、ナンバー・ワンの筑紫に帰属した〟という政治状勢を説話化したものだ。

この両圏の本来の関係も、興味深い問題だ。だが、今の注目点は別である。つまり倭王朝側が、山幸彦と呼ばれている点だ。海に対して山を代表する形なのである。

わたしたち、現代の陸上人間にとっては、「山」の対語は「平野」である。けれども、この記紀神話、すなわち筑紫神話の中では、「山」の対語は「海」なのだ。そしてここでは薩摩側を「海」に、筑紫側を「山」にあてている。もっと突っこんでいえば、倭王朝側を「ヤマ」と呼んでいるのである。

山幸彦が五百八十年（実は二百九十年間）を代表する、天津日高日子穂穂手見命の別名とされていることからすると、これを倭王朝の王者のシンボルとしての名前と見ることも可能であろう。とすると、いよいよこの「山幸彦」という名の意味は大きいといわねばならぬ。それらの山幸彦たちの都したところ、そこが「ヤマ」と呼ばれる国であった。海の側から眺められた筑紫の地、そこが「ヤマ」なのであった。

わたしたちは、ここにおいて倭人伝の冒頭の一節を思い出す。

倭人は帯方の東南大海の中に在り、山島に依りて国邑を為す。

大陸から来た中国の使者たちの目にも、大海の上に、倭人たちの都する山島が見えていたようである。

宮室

邪馬一国の中枢域（内包）は博多湾域（博多湾岸と周辺山地）にあり、その外延は少なくとも筑後領域に及んでいた（この点、わたしは次のように表現したことがある。「博多湾岸は倭国の表座敷、朝倉は奥座敷、八女は離座敷」と。また「糸島は倭国の王家の谷」と）。

この邪馬一国の中に卑弥呼の宮室があった。倭人伝には、次のように書かれている。

宮室・楼観、城柵厳かに設け、常に人有りて兵を持して守衛す。

このような、卑弥呼の宮室などは、邪馬一国の中の、どこにあっただろうか。

まず第一の候補地は、室見川流域だ。なぜなら、不弥国に当る姪の浜は、室見川の河口付近に当っている。したがって、

南、邪馬壹国に至る、女王の都する所。

というとき、もっともストレートに適合するのは、室見川流域となろう。あの「室見川の銘版」の出土も示唆しているように、この川の上・中流域には、十分その可能性があろう。

けれども、ここに見のがせぬ問題点がある。それは、中国では、都邑は、いずれも城壁に囲まれていることだ。まして「王都」ともなれば、当然、城壁の中だ。

この場合、たとえば、「南、洛陽に至る」とあったとき、それは、洛陽の「北門」もしくは「北西門」などに到着したことをしめす。さて問題は、天子の宮殿が、その洛陽城内の、どの位置にあるか、そこまではしめしていない、という点だ。決して〝その北門の真南にある〟ということにはならないこと、当然である。

このような中国側の慣習からすると、不弥国を「玄関」として、邪馬一国に入ったあと、女王の宮室がどの位置にあるか、それは決して不弥国の真南とは限らないのである。では、どこか。

のちにのべる考古学上の出土物が圧倒的に集中するところ、それは、志賀島から朝倉までの線上、そのゴールデン・ベルトの上にある。もっとちぢめれば、春日市を中心として、博多駅から太宰府までの間にある。そこは日本列島の弥生遺跡の最密集地域だ。だからこの線上に、女王の宮室の存在した可能性、それははなはだ大きい（ただ、倭国の首都が一個所に代々固定されていたという可能性は少ない。この点、今後の課題であろう）。

第四章　物証論

倭人伝の諸物

倭人伝の邪馬一国記事には、数々の物の記載がある。したがって邪馬一国の所在については、各論者には、いわば二つの義務がある。その一は、文献解読であり、もう一つは、物証検証である。すなわち〝自分の読み方では、ここが邪馬一国（従来説の「邪馬台国」）だ〟という帰結に達したとしよう。それは、その当人の方法論もしくは仮説に立った一つの読み方にすぎぬ。それは、当人が日本人であれ、中国人であれ、その他の国の人々であれ、変ることはない。当然の道理だ。では、その読み方は果して正しかったか。その検証に当るもの、それが今問題の「物証論」だ。次にのべるように、倭人伝には、この倭国と倭都に関してさまざまの物の記載がある。では、この時代（弥生期）における日本列島の出土物、それがその当人の解読結果、それを支持しているかどうか。その検証が肝心の責務とならねばならぬ。

なぜなら、『三国志』の魏志倭人伝は、中国の文人のフィクションではない。魏朝の天子の下命によって倭国へ赴き、女王卑弥呼に天子の詔勅や下賜物の数々を渡し、帰路には卑弥呼の上表文をあずかって天子に奉命した帯方郡の官僚、梯儁《ていしゅん》、正規の使者の報告書にもとづいて西晋朝の中官、陳寿が記載したもの、それが倭人伝だ。そしてそれは西晋の天子、恵帝に（陳寿の死後）献上され、正史と認定された。すなわち、これは、西晋朝自身の倭国認識として公認されたものである。

とすれば、ここに記載された倭国情報は真実《リアル》なものだ、そう考えるのが筋だ。したがって、単なる「邪馬台国」の文《ふみ》解き試案ですむはずはない。当然、みずからの解読結果を、真実な物の検証にさらさねばならぬ。これは必然だ。これを欠いた「邪馬台国」論は、現在の研究水準では、少なくとも第一級の水準にはない、そのようにいわねばならぬであろう。では、これを検しよう。

矛

まず「矛」について。

ⓐ宮室・樓観……常に人有り、兵を持して守衛す。

ⓑ兵には矛・楯・木弓を用う。

女王の宮殿は「矛」で囲まれている。当然、銅矛が中心であろう（他に「石矛」「鉄矛」もありうるけれど、当然ながら、弥生期で中心をなすもの、それは「銅矛」だ）。

この「矛」の中心は博多湾岸だ。たとえば、細矛5個をもつ、春日市の須玖岡本の甕棺、他にこれに比肩すべき弥生墓はない。次に細矛3個の甕棺、これも福岡市の板付出土だ。共に博多駅〜太宰府の間の弥生のゴールデン・ベルトの上にある（他に、細矛2個の弥生墓は、春日市1、糸島郡1、唐津市2、島原市1である）。

また国産とされる中広矛・広矛については、第一表（次ページ）のようだ。

また最多の福岡県についての明細（細矛・中細矛・中広矛・広矛）は第二表のようだ。

さらに、その（中広矛・広矛）鋳型の出土分布図は第14図のようだ。

以上によって見れば、矛が筑前中域（糸島郡・博多湾岸・朝倉郡）にその中枢地をもっていることは明

第一表　銅矛・銅戈・銅剣出土表（九州）

	〈大分県〉豊前（宇佐市等）	豊後（大分市等）	〈熊本県〉	〈宮崎県〉	〈鹿児島県〉	〈福岡県〉筑前（博多湾岸等）	筑後（八女市等）	〈佐賀県〉唐津（東松浦郡）	その他（佐賀市等）	〈長崎県〉対馬	壱岐	その他（島原市 諫早市）
細　矛						20	3	11		2	2	4
中細矛			7			1						
中広矛	7	5	5		1	24〔鋳型1〕			1	7		
広　矛	6	32	4			56〔鋳型11〕	43	3	8	87	3	
細　戈		3				9		6	2			
中細戈			3						2〔鋳型1〕			
中広戈	20	11	8	1		126〔鋳型4〕	13		1〔鋳型1〕	1		
広　戈			1			2〔鋳型4〕		1				
細　剣	中細剣 1	4	1			25〔鋳型1〕	6	13	6	5	3	4
（備考）		〔戈か剣鋳型1〕				〔戈鋳型片等7〕						

樋口隆康編『大陸文化と青銅器』（古代史発掘5）（講談社）の巻末表（弥生時代青銅器出土地名表）にもとづき古田作成〔第二表とも〕。

第二表　「筑前と筑後」出土表（福岡県）

	筑後 山門郡	筑後 八女（郡・市）	筑後 その他（小郡市等）	筑前 中域（糸島郡、博多湾岸、朝倉郡）	筑前 東域（粕屋郡以東）
細矛			3	17	3
中細矛					1
中広矛				24〔鋳型1〕	
広矛	1	33	9	39〔鋳型11〕	17
細戈				8	1
中細戈					
中広戈		1	12	101〔鋳型1〕	25〔鋳型3〕
広戈				〔鋳型4〕	2
細剣	1		5	30〔鋳型1〕	7
（備考）				〔銅矛鋳型1〕〔戈等鋳型片6〕	

らかだ。ことに博多湾岸に矛の鋳型は集中している。まさに矛の王国は、博多湾岸を中心として、その周辺に中枢部が存在したことは疑えない。この事実は、卑弥呼の女王国の都城の存在する領域がどこか、それを明確に立証しているのである。

ここでは付言すべきことが二点ある。

〈その一〉は、対馬における「広矛87」（第一表）だ。明瞭なことは、この出土物が、第14図にしめされたように、博多湾岸とその周辺（糸島郡・東背振）で「生産」されたものであることだ。

ではなぜ、対馬に矛が集中的にもたらされたか。その理由は一つだ。

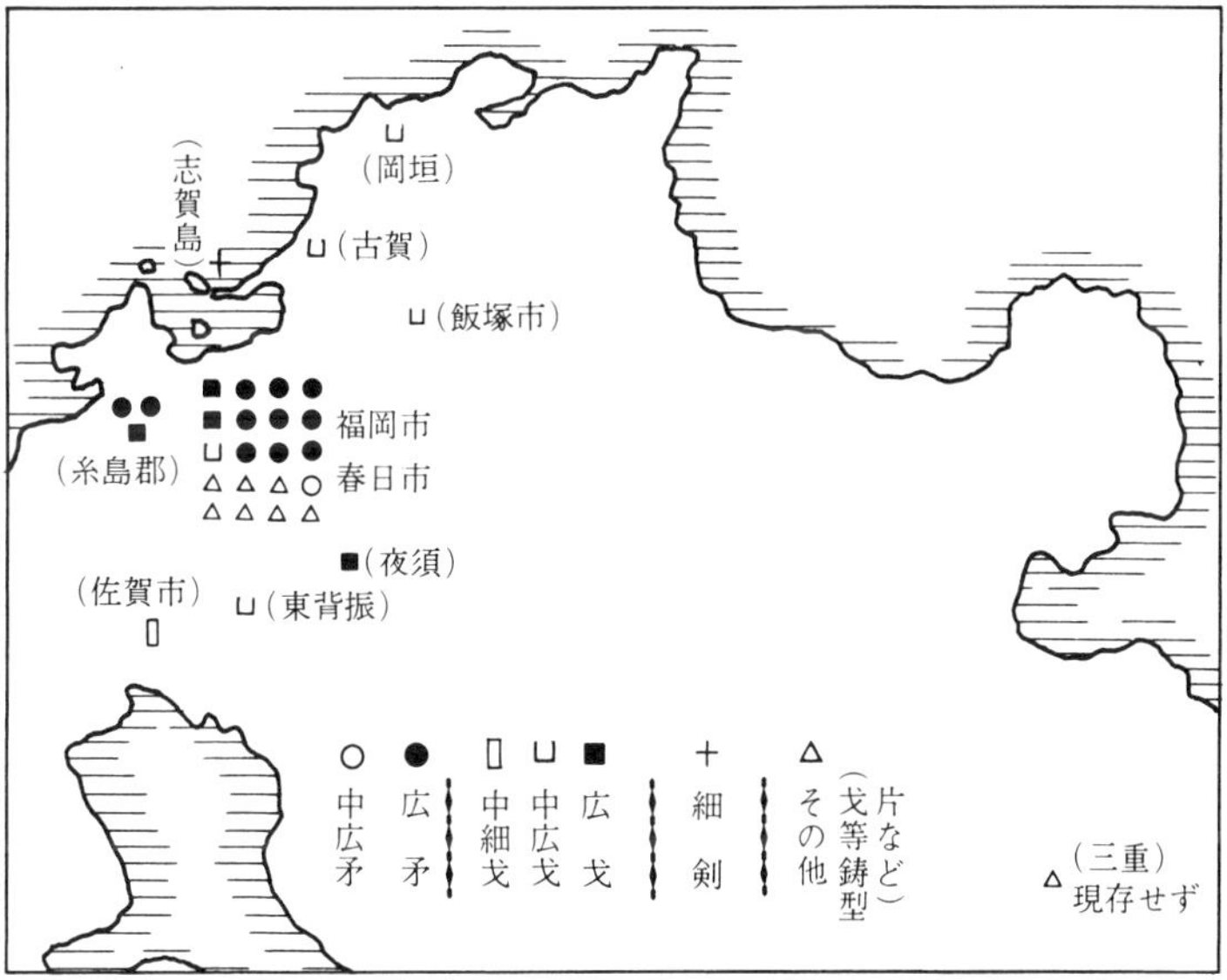

第14図　銅矛・銅戈・銅剣鋳型出土図（樋口隆康編『大陸文化と青銅器』（古代史発掘5）（講談社）の巻末表によって古田作図）

〝博多湾岸の王者は、対馬を、自己にとって無比の聖地としていた〟と。

古墳時代において、沖の島が類を絶した神聖の島とされていたことは、周知の通りだ。これに対して、弥生時代においては、対馬がその中心だったのである（これに反し、この問題を〝対馬における商人の活躍の成果〟〈たとえば松本清張氏〉のように見なすことは不可能である。それは、沖の島の宝物が、商人活動の集積の結果などと称しえないのと同一である）。

では、なぜ、対馬か？　これに対する答えは容易だ。なぜなら、先述のように「天国」はこの壱岐・対馬を中心とする領域であった。その天国から、この筑前中域へと進出した支配権力、その博多湾岸における権力の樹立、その由来を語るものこそ、あの「国生み神話」（記紀神話）だった。それは「矛」（天の沼矛）によって国々を拡大したことを語る神話だった。

「天国」の中枢に当る壱岐・対馬両島のうち、壱岐の方は、その生活領域（カラカミ遺跡・原の辻遺跡等）であり、信仰の聖地は岩山の島である対馬の方だったと思われる。そこは、天照大神（阿麻氏留大神）の本貫の地であった。

このような分析からすると、対馬における広矛の集中、それは何等不思議とすべきところではなかったのである。

〈その二〉は、八女の「広矛43」だ。ここにも、博多湾岸の王者（倭王）にとって、神聖な地の存在したことを物語っている。もちろん、ここの広矛もまた、博多湾岸とその周辺の鋳型で作られたものが、ここにもたらされているのである。

博多湾岸の女王、卑弥呼の「鬼道」の巫術は、あるいは、この八女の地にその源流をもっていたのではあるまいか（『日本書紀』の景行紀に、この地の山中に「八女津媛《やめつひめ》」のいたことが記載されている）。

これに対し、すすんでこの地（八女）をもって、卑弥呼の中心宮殿に擬そうとする試みにおもむく論者があるならば、それは不当だ。なぜなら「八女の広矛43」より、はるかに多大の広矛が、対馬に運ばれているからである。

したがってやはり博多湾岸の女王が、それぞれ北の対馬と南の八女をもって、神聖の地として尊崇し、そこに神殿ないし祭祀の場を設けていた。このように解するのが、出土状況から見て、もっとも妥当ではあるまいか。

ここで特記すべきことがある。それは「鋳型の論理」だ。銅器が鋳型で作られる以上、鋳型は銅器の母だ。いいかえれば、鋳型の集中的出土地こそ、その銅器の母域、すなわちその銅器を神聖視、もしくは宝器視していた文明の中枢の地なのである。この道理を無視することは許されぬ。

さらに、博多湾岸には前述のように、最多量の細矛をもつ弥生墓群が存在するのであるから、博多湾岸は単なる生産地帯、そのように称することは許されないであろう。やはり、矛の母域、すなわち「矛の都域」の中枢、中心的な倭国の宮殿の地、それはこの博多湾岸とその周辺の領域の中にある、そのように考えるほかはないのである。

以上のように「矛の物証」とその中枢をしめす「矛の鋳型の物証」は、博多湾岸とその周辺山地の間を、邪馬一国の都域中心と見なす、先の文献分析を裏書きしていたのであった。

絹

倭人伝には、中国の天子から卑弥呼へ下賜された錦や絹、卑弥呼や壱与から中国の天子へ上献した錦の記載が多い。いずれも、絹を材質とするものだ。次にあげよう。


ⓐ今、絳《こう》地交竜錦五匹・絳地縐粟罽《すうぞくけい》十張・蒨絳《せんこう》五十匹・紺青五十匹を以て、汝が献ずる所の貢直に答う。又特に汝に紺地句文錦三匹・細班華罽五張・白絹五十匹……を賜い、皆装封して難升米・牛利に付す。

ⓑ（卑弥呼）生口・倭錦・絳青縑・緜衣・帛布……を上献す。

ⓒ（壱与）異文雑錦二十匹を貢す。


以上の記載からすれば、倭国の首都には、中国絹と倭国絹が共在し、集中出土するはずだ。では、そのような例、日本列島の弥生遺跡の中から「絹」の出土は存在しているであろうか。それは先の表（一四一ページ）のようだ。

この表のしめすように、弥生絹の出土領域は日本列島中、いちじるしく極限されている。それはとりもなおさず、弥生期における絹の貴重性をしめすものであろう。したがってこの出土領域をおいて、他に倭国の都を求めること、それは木に縁って魚を求めるに類するものではあるまいか。そしてそれは、先の「矛の母域」と一致していた。春日市域を中心として、志賀島から朝倉に至るゴールデン・ベルト、その上とその周辺にあったのである。

勾玉

倭人伝の中には、倭国の名産、勾玉《まがたま》を壱与が献上した記事がある。

白珠五千孔・青大勾珠二枚……貢す（「孔青」を一語として区切る読み方もある）。

右の「勾珠」がいわゆる「勾玉」のことであることは動かせないであろう。しかもそれは「青大勾珠」、つまり青く巨大な勾玉だったのである。

では日本列島中、巨大な勾玉はどこで作られたか、この問題を考える上で見のがしえぬもの、それは「ガラスの勾玉の鋳型」だ。これは、他の通例の「石の勾玉」より大きい上、ガラス自体が弥生期においては貴重な材質だったから、その産地は、まさに勾玉の王国中の心臓部、そのように見なすほかはないのである。

そしてその産地もまた、あの春日市、ゴールデン・ベルト中心地だったのである。してみるとやはり、この問題からもまた、壱与のいた首都、すなわち邪馬一国は、この中心領域をはずして、他に求めることは不可能なのである。

（他に、大阪府の茨木市の東奈良遺跡からも、ガラスの勾玉の鋳型が出土したが、この方は、ずっとこぶりだ。とても、巨大な勾玉ではない。なお、岡山県にも、鋳型出土の可能性があるといわれる。）

鏡

従来の「邪馬台国」論の物において「眼睛」のような位置を占めてきたもの、それは鏡だ。

いわゆる「三角縁神獣鏡」問題が、「邪馬台国」の所在を物の面から決定する決め手のようにさえ見なされ、論ぜられてきたのである。

けれども今、冷静に「倭人伝の中の物証」という客観的な視野から見つめてみると、ことは、意外にも簡明だ。なぜなら、倭人伝には「鏡」だけが単記せられているのではない。先にあげた「矛」「絹」「勾玉」、また後にのべる「鉄」などとの共記である。それゆえ当然それらが「共在」することが必然の条件なのであるから。

そして、いったんそのような見地に立つとき、いわゆる「三角縁神獣鏡」は、直ちに資格を喪失する。なぜなら、この種の鏡は全体としてみれば、たとえば椿井大塚山古墳（京都府）出土の三十数面の三角縁神獣鏡がしめすように、明らかに近畿が中心だ。ところが、先の「矛の鋳型」や「中国絹と倭国絹の集中出土」や「巨大な勾玉の鋳型」などは、近畿には存在しない。したがってそれらと「共在」しない「三角縁神獣鏡」の場合、「倭人伝内の物」として見なすことは、不可能なのである。

では、他の種類の鏡があるか。それはただ一つ、いわゆる「漢式鏡」だ。

> 又特に汝に……銅鏡百枚……を賜い、皆装封して難升米・牛利に付す。

これだけの数下賜されているのだから、少量出土の鏡ではない。かなりの量の鏡の集中出土が期待される。特に倭人伝には、右の文（魏の明帝の詔書）につづいて、次のように書かれている。

> 還り到らば録受し、悉く以て汝が国中の人に示し、国家汝を哀れむを知らしむ可し。故に鄭重に汝に好物を賜うなり。

右では、倭王側の「録受」と、倭国の人々に対する「悉示」が指示されている。決して配下への分与など、命じられてはいないのである。

この点、有名な、小林行雄氏の「配布の理論」がしめすように、「三角縁神獣鏡」の分布状況の特徴

連弧文銘帯鏡（飯塚市歴史資料館蔵）

は、分散と別有にある。前ページの文面の指示状況とは全く一致していないのである。

この点「漢式鏡」の場合、全く分布状況が異っている。現在の出土数、約百五十面のうち、その九割の約百四十面が福岡県、そのさらに九割の約百三十面が筑前中域出土なのである。すなわち、全体の約八割がこの領域に集中出土しているのである。この点、前ページの文面の指示状況と一致している。少なくとも、矛盾しないのである（鏡の出土数はなお増加しているが、右の大勢に大異はない）。

その上、もっとも肝心なこと、それはこの鏡の集中領域が、先の「矛」「絹」「勾玉」等に関連した出土領域と一致していることだ。これが「倭人伝の物」として、もっとも重要な条件であることは、すでに縷述した通りである。

しかも「三角縁神獣鏡」が古墳時代（ほぼ四～六世紀）の古墳からしか出土しないのに対し、「漢式鏡」は弥生遺跡から出土している。この点、後者をもって「倭人伝内の物」と見なす立場を支持する。

けれどもここに、重要な吟味点が存在する。それは、右の「漢式鏡」が、主として弥生中期を中心とした時期の出土物として、従来の考古学者によって、年代判定されてきたことである。弥生中期とは、通例、前一～後一世紀を中心とする時期に当てられてきた。これに対し、三世紀は弥生後期後半に当てられてきた。ここに従来の「邪馬台国」論の混迷をきたした、その考古学的基礎原因があったのである

（先の「細矛」や「中国絹と倭国絹の集中出土」も、共に従来は「弥生中期」に当てられてきていた）。

ここで、問題の本質を掘り下げて考えてみよう。考古学の年代比定の問題だ。わが国の考古学的出土物は、古代においては、通例、絶対年代の記録がない。したがって、

㈠出土物の前後関係を形状その他の分類、また出土地層の新古などによって判定する。

㈡これに対して、それぞれの時期の絶対年代を比定する。

以上の二段階の作業が少なくとも不可欠である。けれども、そのさい注意すべき肝心の点、それは右の二段階の作業とも、一個の作業仮説にすぎぬことである。

たとえば「矛」の場合、考古学者は「細矛―中細矛―中広矛―広矛」の四段階に分類した。そして前二段階を弥生中期、後二段階を弥生後期に判定してきた。ところが、前二者と後二者とは、出土状況が根本的に異っている。すなわち、前二者は、通例甕棺などの墓の中から出土するのに対し、後二者は、通例、墓からではなく、工事現場などの土の中からいきなり出土する。このような異った出土状態の中の物を、同一系列の中の前後関係においていいかどうか、これが問題だ。もしこれに対して〝それでいい〟と考える論者（この立場が、いわゆる考古学上の定説だ）があったとしても、それはあくまで一個の試案であり、作業仮説にすぎぬ。このことは、明白なのである。

ましてこれをそれぞれ「弥生中期＝前一～後一世紀」「弥生後期＝二～三世紀」に比定するなどというのは、右に対してもう一つ輪をかけた、いわば二重仮説なのである。

右の事実を確認したあとで、次の局面にすすもう。

わたしたち日本の研究者が、日本列島における古代の出土物に対して、その絶対年代を確認しうるのは、何によってであろうか。ことにそれが、中国からの直接ないし間接（伝来ののちの国産の場合）の渡

来物である場合、中国側の史書記録、それがほとんど唯一の確かな基準となりうること、これは当然である。

たとえば、志賀島の金印の場合をとってみても、『後漢書』の倭伝の記載と相対比させてはじめて、その渡来（下賜）の絶対年代を知りえたのである。

この点から考えると、『後漢書』より二世紀近く早く成立した同時代史書である『三国志』、その倭人伝の記載が、日本列島出土物の絶対年代比定の基準となるべきは当然だ。もちろん、志賀島の金印のような特定物（たとえば「親魏倭王」の印）こそ出土していないけれど、代ってここには、幾種類もの物が記載され、その物の使用方法まで明示されているのだ。これらが絶対年代の基準尺として重要でないはずはない。

このような立場に立って見れば、次の事実が判明しよう。

(一)倭人伝に記載された物の各種が共在するところは、筑前中域しかないこと。

(二)同じく、これらの物の共在するときこそ、三世紀に比定さるべきこと。

この二点である。いいかえれば、従来、考古学で定説視されてきた年代比定の仮説はあやまっていた、そのように考えるべきなのだ。それが、人間の思考のおもむくべき、本来の筋道なのである。

これに対して、次のように考える論者があったとしよう（それが、現今の、ほぼすべての考古学者のようである）。

〝考古学上、三世紀に当る弥生後期後半には、「広矛」など以外には、倭人伝の物の記載に相当する出土物はほとんど存在しないから、倭人伝はあやまっていると見なさざるをえない〟と。

これは思考の逆立ちである。なぜなら、自分たちの立てた仮説が、一個の作業仮説であり、一試案であることを忘れ去っているからである。たとえば、志賀島の金印に対して、あらかじめこれを、たとえば「前漢代初頭のもの」とか「後漢代末葉のもの」とか論定しておいて、その論定という名の作業仮説を拠り所として、『後漢書』の倭伝の金印記事（建武中元二年、後漢の光武帝）をあやまりと称したとしたら、それこそ研究方法上の錯乱として、噴飯ものとされるのではあるまいか。ところが、実は史料性格としては、『後漢書』倭伝以上に信憑できる、『三国志』の倭人伝に対して、考古学界はそのような研究方法で、相対してきたのである。

なぜこのような背理が許されてきたのか。思うに、明治の白鳥・内藤論争以来、倭人伝の里程記事は誇張・虚大、それが両者間の定説となったため、「倭人伝の記事、信ずるに足らず」。これが学界共同の承認事項とされた。そのため、考古学者も、自分たちの立てた仮説の結果が、倭人伝の記載に合わざることを意に介せずに経過できたのではあるまいか。

しかしながら、その反面「鏡百枚」のみは、これを文面全体から抜き出して、その抽象結果に対比させて、小林行雄氏のいわゆる「三角縁神獣鏡配布の理論」は立てられた。そして他の物（たとえば、矛など）については、「倭人伝の記載は正確とは限らない」という不信論をもって、対したのである。文献に対する処理方法、または使用方法があまりにも恣意的、そういって果して過言であろうか。倭人伝に記載された物を、全体として扱う以上、近畿説は全く成立しえなかったのである。

成立しえなかったのは、むろん近畿説だけではない。九州説の中でも、島原説（宮崎康平氏）、筑後山門説（星野恒・橋本進吉氏等）、筑後川北岸中心説（安本美典・奥野正男氏等）、宇佐説（富来隆氏等）、京都郡・田川郡説（重松明久・坂田隆氏等）等いずれをとっても、これらの物の最多集中中心領域とはなっていないのであった。

このような物証を欠いたままの「邪馬台国」論、それが従来の大勢であった。しかし、その背景には正確な文献処理法を無視したままの「鏡百枚」の文献利用、すなわち「三角縁神獣鏡＝魏鏡」論、それを定説化してきた考古学界に、その責任の一端はなかったであろうか、そしてその他端には、弥生期の各期（前・中・後期）の絶対年代比定の方法論上の背理、その問題が存在していたのである。

王仲殊論文をめぐって

王仲殊論文は、わが国の古代史学界に激震を与えた。「関于日本三角縁神獣鏡的問題」（『考古』第四期、昭和五十六年）がこれである。

その衝撃の焦点、それは「三角縁神獣鏡は中国鏡（魏鏡）ではなく、日本製鏡である」という命題であった。これはこの鏡をもって魏鏡と見なし、魏の天子から卑弥呼に下賜された鏡と見なしてきた日本の考古学界（定説派）にとって、致命傷をなすべき根本問題であった。なぜなら、たとえば考古学の背柱ともいうべき編年問題一つをとってみても、「三角縁神獣鏡は魏鏡」という認定がその基本をなしていた。それは、現実には四世紀以降の古墳から出てきたとしても、その実体は、三世紀の鏡であり、したがっていわゆる「漢式鏡」（前漢式鏡・後漢式鏡）は二世紀以前の鏡としての時間の位置を与えられていた。

したがって「三角縁神獣鏡は魏鏡に非ず」となれば、これらの編年体系全体が動揺し、再編年へとおもむかざるをえないこと、それは必然だったからである。

このように重大な影響力をもつにもかかわらず、王氏の論定には動かしえぬ重味があった。というのは王氏が積年の鏡の専門的研究者であると共に、考古研究所副所長、という肩書きもしめしていたように、中国内出土のすべての鏡は、博物館内外の収蔵庫等の所蔵物をも子細に点検しうる立場にあったからである。その上、氏は日本に来て各大学・博物館を歴訪して三角縁神獣鏡を実見した上、帰られてさらに自国内の出土・収蔵鏡を再検査されたのちの判断であったから、日本側の学者には（たとえ鏡の専門家であっても）、容易に反論しえぬ堅実さをもつ。そのための衝撃だったのである。

だが、この王論文にも問題があった。その点、左に分析しよう。

第一。王論文の一つの欠陥。それは日本側の先行論文に対して十分に注意がはらわれていなかったことである。日本側の「三角縁神獣鏡国産説」の系譜として、森浩一氏のほかに、松本清張氏、わたし、奥野正男氏と、逐次立論を深めてきた。これはあるいは外国の研究者として、やむをえざるところといえよう。しかしながら、すでに王論文が出たあと、日本側の学者が〝当方に先行研究あり〟の事実を告げないとしたら、謙譲に非ず、かえって阿諛《あゆ》に近いのではあるまいか。

第二。先にのべたように、はじめ王論文は、「邪馬台国近畿説」への打撃としてうけとられたけれど、実は王氏自身、近畿説に属すること、当論文の論理構造の明示するごとくであった。

三角縁神獣鏡（国分神社蔵）

なぜなら、王氏は、いわゆる「景□三年鏡」（島根県神原古墳出土）、「正□元年鏡」（群馬県高崎市出土・兵庫県豊岡市出土。また山口県高洲古墳出土鏡も）に対して、日本側の定説派（この点、森氏も同じ）に従って、それぞれ「景初三年鏡」「正始元年鏡」と見なされた。したがって、これらの鏡（および同類の三角縁神獣鏡）をもって、〝三世紀前半代における国産鏡〟と見なさざるをえないこととなったのである（景初三年は「二三九年」、正始元年は「二四〇年」。いずれも魏朝）。

ために、〝すでに卑弥呼の時代、呉の工人が日本列島（近畿）に来り、そこに「魏」の勢威の強いのを見て、「魏年号」を自作の〝呉式鏡〟（三角縁神獣鏡）に銘刻した〟という、一種奇矯な説を樹立されるに至ったのであった。

ここに、王説の根本矛盾が存する。なぜなら、共に第二字の見えない「欠落年号鏡」を、それぞれ「景初」「正始」と従来の論者が判定しえたのは、なぜか。他ではない。〝当鏡は魏鏡である〟という基本命題に立ったから、そのように判断しえたのだ。然り。もし「魏鏡」なら、「景〜」「正〜」という年号は他にないから、当然、右のような判定結果をうるのである。

ところが王氏はちがった。〝当鏡は魏鏡に非ず〟と認定されたのであるから、右のような日本の定説派（および森氏）の判定結果に従われる必要はなかったはずだ。この自己矛盾である。

第三。右のような王氏の事実認定上の錯雑は、氏の論文の全体構造において、重大な矛盾をくみこまざるをえないこととなったようである。

というのは、先述のように王氏は〝三世紀代前半、すでに近畿で「紀年鏡」をふくむ三角縁神獣鏡が大量に生産されつつあった〟という命題を主張された。右の紀年鏡が最初の当鏡、というわけでもないであろうから、すでに三世紀初頭から当鏡は近畿で作られはじめていたこととなろう。

では、当鏡を出土する古墳は、原則として「三世紀前半の古墳」に擬してよいであろうか。おそらく、日本側の考古学者において、これに対して「イエス」と答えうる人は、ほとんどありえないであろう。それは古墳時代以前、弥生時代だからである。もし、古墳時代の萌芽をそこに求める論者があったとしても、たとえば、当鏡が多量（三十〜四十面）出土したことで有名な椿井大塚山古墳（京都府）をもって、「三世紀前半代の古墳」と見なす学者は、まずありえないであろう。

とすれば、やはり日本考古学界（定説派）の持説ともいうべき、「全面伝世論」に依存せざるをえぬこととなろう。すなわち〝それは三世紀に作られたが、三世紀の遺跡（弥生墓）には埋蔵されず、地上で伝世して、四世紀以降の古墳に埋納された〟という議論である。

これは、わが国の考古学界で、いわば公認された論法であるから、王氏がこの同じ論法に依拠されても、一見、何の不都合もないように見える。が、そうではない。

なぜなら、日本の考古学者（定説派）の場合、〝当鏡は中国に出土した旨の報告はない。しかし、それは全部（あるいは大部分）、日本列島へもってこられたからだ〟と考えた。当鏡、魏鏡論である。この鏡が中国での出土例報告のない事実に対して、右のような形で応答してきたのである。

これは論理的には、次の構造だ。〝母域（中国）になくても、中国製と見なす〟と、これはまた〝母域（弥生遺跡）になくても、弥生伝来鏡と見なす〟という論法と同一だった。一は空間軸、他は時間軸の差こそあれ、「母域」になきを痛痒《つうよう》とせず、という立場だったのである（この論法が、人間の理性の面前で無理である点、『ここに古代王朝ありき』で詳論した）。

これに対し、王氏は「当鏡は中国に出土しないから、中国製に非ず」という立場をとられた。人間の理性において当然の立場だ。そこに王氏の提起命題の衝撃性の根本があったのである。

ところが、もう一方、こちらでは、〝母域たる弥生遺跡に出土せずとも、弥生期（三世紀前半）生産鏡である。地上で伝世して古墳に埋納されたもの〟という立場をとられるとしたら、完全な、論理上の「自己分裂」を生じている。

第四。王氏の陥られた「自己矛盾」の反映がある。それは『三国志』の魏志倭人伝で、魏の天子が卑弥呼に下賜したと記されている「銅鏡百枚」、これをいずれの（種類の）鏡とも指定しえないことである。

それも当然だ。なぜなら、〝三角縁神獣鏡は、この下賜鏡に非ず〟としておいて、なおかつ、「邪馬台国、近畿説」をとるとしたら、他のいずれにも、それに該当する鏡を見出しえない。これはいわば、理の当然なのである。

これに対して、わたしの立場。

Ⓐ当鏡は中国から出土せず、日本列島からのみ出土するから国産（渡来工人製をふくむ）である。

Ⓑ同じく、当鏡は弥生遺跡から出土せず、古墳からのみ出土するから、古墳時代（四世紀以降）の生産物である。

以上の二つの対応した命題に立つとき、問題の「下賜鏡」に対しては、

Ⓒ弥生遺跡から出土する銅鏡は（若干の多鈕細文鏡や戦国鏡を除き）、いわゆる漢式鏡（前漢式鏡と後漢式鏡）しかないから、これが問題の「下賜鏡」である。

この帰結しかないのである。

そしてその「漢式鏡」は、全体（約百五十面）の九割が福岡県、そのさらに九割（全体の八割）が筑前中域（糸島・博多湾岸・朝倉）から出土しているから、ここが卑弥呼の都邑の地、邪馬一国の中枢である（邪馬一国自身は筑後等をもふくむ）。「物」を重視し、「物」に立ち、「物」に帰結する論理、そのような立場に立つ限り、これ以外の帰結をわたしは知らないのである。

しかしながら、久しく待望されてきた中国側の考古学者の「三角縁神獣鏡論」を公にされた点、王氏の決断に深い謝意を表すると共に、日本側の考古学界の狭いしきりを越えて、日本の研究者と自由に討論される日を、さらに鶴首待望したい。

（なお、同じく中国の汪向栄氏の『邪馬台国』〈一九七二年三月。北京、中国社会科学出版社刊〉、「弥生中・後期

における近畿地方の生産力発展状況と邪馬台国所在地」〈『中国社会科学』一九八二・三号。通巻第十五号、五月十日刊〉に対する再批判については、古田『多元的古代の成立〈下〉』駸々堂刊参照。）

鉄

倭人伝において重要なもう一つの物、それは「鉄」だ。

(a)木弓は下を短く上を長くし、竹箭《ちくせん》は或は鉄鏃《ぞく》、或は骨鏃なり。

(b)又特に汝に……五尺刀二口……を賜い、皆装封して難升米・牛利に付す。

(c)国に鉄を出だす。韓・濊・倭、皆従いて之を取る。諸市買、皆鉄を用う。中国に銭を用うるが如し。又以て二郡に供給す。（魏志、韓伝）

右の(a)の「鉄鏃」は消耗品だから、当然これは国産であろう。これに対し、(b)は下賜品であるが、鉄刀であろうと思われる。すなわち矛や絹と同じく、国産と渡来品と双方にわたって鉄器は存在したのである。

注目すべきは、(c)だ。朝鮮半島から日本列島にかけて、「鉄」は「貨幣」（銭）として通用していたというのである。わたしはこれを「鉄本位制」と呼んだ（『ここに古代王朝ありき』三九ページ）。

右の(a)(b)(c)いずれの点から見ても、「鉄」が卑弥呼の女王国にとってもった意味の重大さが察せられよう。

その鉄器の出土数は、「福岡県106」に対し、「奈良県0」（見田・大沢四号墳を入れれば1）、両地域の落差は、圧倒的といっていいのである。

これに対して、〝弥生期の近畿では、宝物を埋納する習慣がなかったのだろう〟というような弁解が成されることがあるけれども（たとえば、佐原真氏）、思うに不当ではあるまいか。なぜなら、一に「鉄鏃」などは（使用後は）山野に散乱するものであるから、右の弁解でおおうわけにはいかないこと。二に「矛」などは、この弁解によっても弁じ切れないのではなかろうか。なぜなら、近畿の古墳出土物から見て（銅矛であれ、鉄矛等であれ）、「矛」をもって宮室・楼観の守衛のシンボルとしていたとは、到底思われぬからである。

次に、この鉄器を重視しつつ、筑後川北岸（朝倉・東背振等）を倭国の首都中枢と見なす論者がある（奥野正男氏等）。この説は、わたしの邪馬一国の全範囲の中にふくまれるから、その点「小異」にわたしたちはこだわるべきではないであろう。

だが、わたしのいう筑前中域を除外して、他（朝倉・東背振等）を首都中枢と敢えて規定することの不穏当なことは、奥野氏自身のしめされた表（『邪馬台国はここだ』付表）によっても判明する。

まず、〔付表3〕の「福岡県弥生時代鉄器出土地」によると、「筑前東域42。筑前中域（朝倉を除く）75。筑後川流域33」であり、筑後川流域は、その範囲の広さにもかかわらず、筑紫北岸部に比べると、過少である。もしこれを筑前・筑後に分けると、「筑前127、筑後24」であり、筑前側の優勢は圧倒的だ。これから見ても、筑前側に「付属国」、筑後側に「中枢国＝邪馬台国」をおこうとする試みの、不可能なことは、明白である。さらに佐賀県の場合、「九州北岸側（唐津市）5、内陸側（東背振等）15」である。この後者を、先の「筑後川流域33」に加えてみても、「48」であり、領域の広さでは、はるかに大きくとっていながら、遺跡数は「筑前中域75」に及ばず、まして「九州北岸部（筑前東域・筑前中域、朝倉を除く）・唐津市122」には、大きく劣っている。

このような鉄器出土の遺跡数から見ても、奥野氏（また安本氏）のような、内陸部（筑後川流域等）中枢説が、客観的には成立しえないことが判明しよう。

さらに、この鉄器問題は、倭人伝の中の物の一部であるから、先の「矛の鋳型」や「中国絹と倭国絹の集中出土」や「勾玉の鋳型」や「鏡」の問題が、これ（内陸部中枢説）を支持しない点とあわせれば、やはり筑紫北岸部を除外して、倭国の首都中心を誇ることは、ひっきょう無理なのである。ただ、最初にのべたように、いずれも同じ邪馬一国内部なのであるから、瑣末の論争におちいり過ぎることは、後世から蝸牛の争いのそしりをまぬかれぬところであろう。この点、特記したい。

冢

次は「卑弥呼の墓」について。

倭人伝には、倭人の墓について、次のような記事がある。

ⓐ（倭人）其の死には棺有るも槨《かく》無く、土を封じて冢を作る。

ⓑ卑弥呼死するを以て、大いに冢を作る。径百余歩。

右の卑弥呼の墓の形状と規模はどのくらいか。その答えは簡単だ。

まず第一に形状。いわゆる「円墳」である。なぜなら、右のⓑの「径」というのは、〝円のさしわたし〟をしめす術語だからである。

㋑燉煌、径寸の大珠を献ず。（魏志十六）

㋺（円田）径、六十歩三分歩の一。（『九章算術』方田）

のように、『三国志』の内外とも、「径」はいずれとも円のさしわたしの意義だ。したがって卑弥呼の墓の場合も、三世紀の洛陽のインテリたち、『三国志』の本来の読者たち、彼等がこれを「円墳」として受け取ったこと、それを疑うことはできない。そして著者陳寿も、そのように理解されることを予想して、右のⓑの一文を書いているのである。まかりまちがっても、この一文から前方後円墳の形状などを思い描くような、三世紀洛陽の読者など一人もいるはずはないのである。

第二に「径」の長さ。「歩」には、単純に〝歩いて何歩〟と見なしうるケースもありえよう。けれども、これはそれではない。なぜなら「径」という算術上の術語が用いられているからである。右のⓑの例がしめしているように、この「歩」は長さの単位に他ならない。それは「一里＝三百歩」である（この点、長里、短里とも、変らない。たとえば『九章算術』〈長里〉と『周髀算経』〈短里〉）。

したがって「『三国志』は短里で書かれている」という先述来の命題からすると、当然この「歩」は、短里にもとづく短歩となろう。この短歩こそ、『周髀算経』にもしめされた、本来の「歩」の長さだったのである。

「短里＝約七五メートル」とすると、「短歩＝約二五センチ」となろう（正確には「短里＝約七六〜七七メートル」＝谷本茂氏の計算による）。したがって「百余歩」は、これを百三十〜百四十歩とすると、約三〇〜三五メートル前後となろう。

右の「冢」の用法の変遷史について、その大略をのべてみよう。

(一)「匑（＝冢）、高墳也」（『説文解字』注）とあるように、本来〝盛土を高くもり上げた墓〟の意であった。「墳は墓なり」と注しているように、この場合、「高墳」は「高墓」の意だというのである。「凡そ高大、冢と曰《い》う」という解説もある。

(二)反面、「冢」には別の意義もあったようである。「山頂、冢と曰う」といった用法である（以上、「冢」字の項）。

(三)「墳」については、「墳、墓なり」とあるのに対し、「此れ、渾《す》べて、之を言うなり。析《せき》して之を言えば、即ち墓は平処為《た》り。墳は高処為り」といった解説が付せられている。そして「孔子曰く『古は、墓して墳せず』」という引文をしている。周代から見て、古（堯・舜・禹の聖代や夏代か）は、〝平地の墓所〟であって、高く築かれた高墓ではなかったと孔子が言った、というのである。これに関連して、邯鄲の淳孝の女、曹娥碑に「丘墓、墳を起す」を引き、さらに「土の高き者、墳と曰う」という解説も、のべられている。

㈣そして注目すべき点、それは右の㈢の用例に関連して、次のようにのべられている点だ。

方言に曰く「冢、秦晋之間、之を墳と謂う。或は之を培と謂う。或は之を堬と謂う。或は之を埰と謂う。或は之を埌と謂う。或は之を壠と謂う。関より東、之を丘と謂い、小は之を塿と謂う。大は之を丘と謂う。此れ又、別国の方言の、同じからざるなり。墳の義多し」と。

つまり〝かつては「高墓」のことを「冢」と言ったが、秦・漢・西晋・東晋の間になると、このこと（高墓のこと）を「墳」というようになった。しかし、各国の各方言において、用字・用法ともいろいろであり、「墳」の意義も一様ではない〟というのだ。

右のようにのべているのである。（「秦晋之間」は〝秦地方と晋地方の間〟の義か。篠原俊次氏による。）

㈤では『三国志』ではどうか。蜀志の諸葛亮伝に、次の一文がある。

山に因りて墳を為し、冢は棺を容《い》るるに足る。

これは諸葛亮（孔明）の遺言である。〝自分が死んだら人造の「墳」（高墓）を建造するようなことはせず、自然の山（定軍山）を墳に見たて、「冢」は、わたしの遺体を入れた棺を入れるに足るものであれば、それでよい〟という。

明らかに「墳」の方を「高墓」の意に用いている。㈣で秦晋之間の用法としてのべられた通りだ。

これに対し、「冢」の方が遺体の棺を入れうる程度の「小墓」の意に用いられていることは、疑えない。

これは、蜀における諸葛亮自身の用法であると共に、『三国志』全体の用法であろう。なぜなら、陳寿は他の個所（たとえば、魏志もしくは烏丸、鮮卑、東夷伝の冒頭など）で、「ここの『冢』の用法は、蜀志とは異る」などと記してはいないからである。

むしろ、ことは逆であるかもしれぬ。なぜなら魏志は『三国志』の中心であり、その末尾の倭人伝にこの「卑弥呼の冢」の記事がある。そこで「大いに冢を作る」といいながら、その「径」はわずかに「百余歩」、つまり短歩で約三〇～三五メートル程度だ。当然、一般の倭人の墓としての「冢」は、右よりずっと小さいこととなろう。

このような、魏志における「冢」の用法と、蜀志における「冢」の用法と、その両者に狂いはない。これが『三国志』の採用した「冢」の用法だったのである。

ここにおいて注目すべきことは、次の点だ。

右のように、倭人伝内の「冢」の記事を分析してみると、それはまさに日本列島における弥生墓の実情と一致している。少なくとも、矛盾していないのである。

したがってこの点においても、この史書が、三世紀の魏朝の（帯方郡の）官人による倭国首都圏における実地見聞によるという、その史料性格をよく裏書きしているのである。

これに対し、次のような論者があったとしよう。

(イ)「径」を前方後円墳の長径、もしくは前方後円墳の後円の径、といった形で理解し、「百余歩」を長里もしくは歩幅として、約一八〇～二〇〇メートル、もしくは約七〇～八〇メートルの類と解する

（卑弥呼の墓を「箸墓」などに当てようとする論者）。

(ロ)「径、百余歩」をもって円墳の直径、一八〇～二〇〇メートルの類と解し、これは弥生墓の実際に合わずとし、それ故「倭人伝の記載は虚妄」と見なす（多くの考古学者）。

右の(イ)が『三国志』全体の用例（「里―歩」や「径」）に反し、また三世紀の用法に反していたこと、右にのべた通りである。

右の(ロ)も、同じく『三国志』と魏・西晋朝の里単位（短里）の問題に対する、的確な理解を欠如していること、それが先述来の「里単位」に対する論証によって判明するであろう。今後、もしこの見地を堅持しようとする考古学者には、当然この「里単位」問題に対する再批判が必要とせられよう。

論者の中には、『説文』の中の「墳は墓なり、冢は高墳なり」といった文例を引き、『三国志』中の蜀志諸葛亮伝の、右の一文のもつ意義を否定しようとする人がある（たとえば、白崎昭一郎氏）。しかし、それは「冢」や「墳」の用法の変遷史をかえりみないものであったことが、右の論証によって知られよう。

また白崎氏は、魏志高句麗伝中の、

石を積みて封となす。

という一文をあげ、これは三世紀当時の高句麗の積石塚、つまり古墳を指している。したがってこれと同じく、倭人伝の、

土を封じて冢を作る。

も、古墳だと論じている。

けれども、「土を封ずる」とは、〝盛土をする〟ことであって、その高さや規模を表わしはしない。また「三世紀の高句麗の墓」について、確定した事例が報告されているわけでもない。

さらに、早くから中国と交渉の深かった高句麗に、中国と同じく「古墳」が成立したが、いまだ南の島国を中心とする倭国には、そのような墓の様式が伝播せぬ。そのような史的段階がかりに存在したとしても、何の不思議もないのである。

したがって、「封となす」といった語形だけから〝高句麗と倭国と、同じ規模の「古墳」がすでに成立していた〟、そのように断ずるとしたら、早計という他はないのである。

要は、そのような、一種漠然とした語形から論断するのではなく、「径」「里―歩」といった、三世紀、魏・西晋朝当時の術語、それに対する的確な理解から問題をつめる。それが文献理解の正道ではないであろうか（先にのべた「赤壁の論証」は、白崎氏との論争の中から、発見しえたところであった。『東アジアの古代文化』28・29号。この点、氏に深謝する）。

今までは、倭国の首都、邪馬一国をキイ・ポイントとする問題だった。今度はそれ以外の国について重要な問題点を指摘してみよう。

狗邪韓国の秘密

第一は、倭人伝の冒頭に出てくる「狗邪韓国」の問題だ。この国名は通例「クヤ韓国」と読まれているようであるけれど、「コヤ」の方がよいであろう。なぜなら「狗」にはこの両音がある上、対海国・一大国の「大官」と書かれている「卑狗」は「ヒコ」であって、「ヒク」ではないと思うからである。

問題のポイント、それはこの国が、名前は「―韓国」の形で、当然、韓地に属しているとされながら、その実態は、倭国内に属していると見なされる点である。その理由は次のようだ。

①「其の（倭の）北岸、狗邪韓国」という表現そのものが、それ（この地帯が倭国に属していたこと）を

しめしている。

②(a)「帯方郡治―女王国（一万二千余里）」　(b)「帯方郡治―狗邪韓国（七千余里）」　(c)「倭地〈周旋〉五千余里」以上三つの距離関係からすると、

(a)－(b)＝(c)

と見なすのが自然である。すなわち「狗邪韓国は、倭地の起点」。この命題がここでも裏付けられる。

③（韓地）其の瀆盧国、倭と界を接す。（『三国志』魏志韓伝）

当然ながら「界を接す」とは、〝陸地の境界をもっている〟ことだ。この韓伝の一文も、倭人伝の記述内容と一致している。

④（韓地）東西、海を以て限りと為し、南、倭と接す。（同右）

ここでも、韓地が南において海を限りとせず、倭国と陸で接している状況が如実に語られている。

右のように、「朝鮮半島南辺に、倭国が及んでいた。狗邪韓国の地も、その一つである」というテーマは、『三国志』の東夷伝のしめすところ、くどいほどくりかえされており、これを疑うことは不可能である。

右の『三国志』のテーマは、「物証」によっても、裏づけられている。博多湾岸とその周辺（糸島郡・東背振）に鋳型の出土が限定されている「矛」（中広・広矛）、同じく博多湾岸とその両翼（東は岡垣から西は佐賀市まで）に鋳型の出土が限定されている「戈」（中広・広戈）、それらの実物が朝鮮半島の洛東江流域に分布している。ことに後者は、かなりの広範囲の分布である。これは、博多湾岸を中心とする矛と戈の国としての「倭国」、その全領域内にこの部分領域が入っていたこと、その証跡である（これに対し、洛東江流域から鋳型の出土がないにもかかわらず、将来の出土を信じてこれを韓国製と称する論者ありとすれば、それは学問的見地に非ず、国家的・イデオロギー的見地優先の立場とせねばならぬのではあるまいか。——たとえば金廷鶴氏編『韓国の考古学』河出書房新社刊、参照）。

『三国史記』の証言

この問題を他面から裏づける重要な史料がある。『三国史記』だ。

(イ)秋七月、百済、境を侵す。（奈解尼師今四年＝一九九＝後漢の献帝、建安四年）

(ロ)夏四月、倭人、境を犯す。伊伐飡利音を遣わし、兵を将いて之を拒ましむ。（奈解尼師今十三年＝二〇八＝後漢の献帝、建安十三年）

右の(イ)において、「境を侵す」という表現が〝新羅と百済との国境を侵した〟という意味であることは、いうまでもない。とすれば、(ロ)もまた〝新羅と倭との国境を侵した〟の意と見なさざるをえないであろう。そうでない場合、

(ハ)五月、倭兵、東辺を寇す。秋七月、伊飡于老、倭人と沙道に戦う。風に乗じ、火を縦《はな》ち、舟を焚く。賊、水に赴きて死し尽す。（助賁尼師今四年＝二三三＝魏の明帝、青竜元年）

とあり、こちらは明白に新羅の東岸を、舟で襲撃しているのである。これに対すれば、(ロ)の場合、やはり陸上の国境侵犯事件として記述されていることは、先入観なき限り、これを疑うことはできない。

『三国史記』は、書名の通り新羅・高句麗・百済の三国に分立させて篇を成した史書だ。だが、その実質、内容とするところは、朝鮮半島内の国家が決して右の三国にとどまらなかったことをしめしている。たとえば、

(ニ)春二月、加耶国、和を請う。（奈解尼師今六年＝二〇一）

とあるように、三国以外に、この「加耶国」の存在したことは明らかだ。これに対して「朝鮮半島は三

国分立なのだから」という理由で、加耶国の存在を否認するとすれば、暴断である。

これと同じく、新羅本紀に、右の加耶国と並んで、あるいはそれ以上に頻出する倭国について、〝それは、新羅と陸上の国境をもっていた存在であった〟ことを否認することは、予断なき限り、困難なのである。

以上のように『三国史記』の倭国が朝鮮半島内に領域を有していたことは、先の物証によって確かめうる。すなわち、博多湾岸を中心として出土する鋳型によって作られた倭国製の中広矛・広矛、中広戈・広戈が、洛東江流域に点々と出土しているからである。

そしてこのことはまた、『三国史記』に頻出する「倭国」が、博多湾岸を中心とし、都域とする国家であったこと、その事実を指示していたのであった。

以上のように、三世紀の東アジアのもとにおける右のような状勢は、同時代史書である『三国志』、当地（朝鮮半島）の史書である『三国史記』、そして現地出土の物証、この三者が一致するという、歴史学上安定した史料状況をしめしていたのである。

（この点、のちの「任那日本府」問題と密接な関連を有する。）

伊都国の秘密

倭人伝中、謎につつまれた国、それは伊都国だ。

(1)千余戸有り。世〻王有るも、皆女王国に統属す。郡使の往来、常に駐まる所なり。

問題の一つのポイント。それは「統属」の一語だ。これに対し、

女王国を統属す。

と読む論者（阿部秀雄氏）があり、一時、かなりの同調者を見た（たとえば、佐伯有清・松本清張・森浩一氏

等）。けれど、『三国志』内の「統属」の用例すべて、「A統属B」は「AはBに統属す」であって、例外はない（古田『邪馬一国への道標』第三章参照）。

この点、たとえば『三国志』の魏志濊伝の、

漢より以来、其の官に侯、邑君、三老有り。下戸を統主す。

とある「統主」の対語をなすもの、それが「統属」だ。だから「伊都国」が主人国なら、

（伊都国王）女王国を統主す。

でなければならぬであろう。やはり、伊都国は「服属国」、邪馬一国が「主人国」なのである。

右のような当然の帰結から、もっとも本格的な質問が生れる。それは次のようだ。

〝倭国内の他の国々もすべて「服属国」だ。なぜ、「伊都国」だけがこの旨、特記されたのか〟と。

この点、実は回答は一応容易である。なぜなら、倭国内では「王有り」とされているのは、主人国たる邪馬一国（女王国）以外には、この伊都国だけなのである。この国の他には「大官・副官」はあっても「王」はいない。「大官」や「副官」なら、いわずとも倭国に「服属」しているのは当然なのであるから。この点、「五万余戸」の投馬国、「二万余戸」の奴国の場合も、変りはないのである。

いいかえれば、「倭国内に二人の王あり」。これが倭人伝のしめす記載事実だ。だからこの二人の王の関係をのべる必要がある。それが、右の「統属」の一文なのだ。

だから問題は、〝なぜ、伊都国にだけ「王」がいるのか〟という一点にあろう。しかも、「千余戸」というような、わずかの戸数。ここになぜ「王」がいるのか。この問題を追跡しよう。

倭国には二種類の王がいる。一方は邪馬一国の倭王。女王である。名実ともに兼ねそなえた王者だ。他方は伊都国王。名前は王でも実力はない。いわば王としての格式だけが認められている形なのである。名目だけの王だ。ではなぜそのような王が格式だけ認められていたのか。それは他でもない、〝旧来の王者〟だったからであろう。なぜなら、そのような格式の王の称号が、新参者に与えられるはずはないからである。すなわち、〝かつてのこの地の王家〟、それが今は格式として残されているのだ。

二人の王

魏志高句麗伝に次の例がある。

(イ)本《もと》、五族有り。涓奴部・絶奴部・順奴部・灌奴部・桂婁部有り。本、涓奴部、王為り。稍《ようや》く微弱。今桂婁部、之に代る。

本来は涓奴部から王を出していた。ところが、今はそれに代り、桂婁部から王を出すようになった、というのである。

(ロ)涓奴部、本、国王。今、王為らずと雖も、適《たまたま》大人を統じ、古雛加を称するを得《う》。亦宗廟を立て、霊星・社稷を祠るを得。

涓奴部は現在は王ではないけれど、王時代以来の格式を保ち、「宗廟を立て」たり、「霊星・社稷を祠る」という、王者の礼を存続することが許されているというのである。

この事例は、倭人伝の「二人の王」問題を解く一つの鍵を与えるものであろう。歴史の転移は、次のようにして生じたのではあるまいか。

(a)かつてこの地に、統合の王者がいた。

(b)ところが、あるとき、新しき実力者がこの地に来り、統合権の委譲を迫った。

(c)旧王者は（実力の圧倒的な落差のため）、止むを得ずこれを受け入れた。
(d)新王者は、委譲の功によって旧王者に対して王の名目的称号と格式だけを認め、その存続を許した。
以上の状況である。

以上の状況は、現地（糸島郡）の出土事実からも、裏づけられる。なぜならここには、二種類の王墓があるからである。

第一は、周知の王墓、三雲・井原・平原の弥生王墓である。矛・剣・鏡・玉等各種の金属等の宝物を大量に副葬していたことは著名である。通例弥生中期とされている。

第二は、志登支石墓群。糸島郡前原町の東北辺。右の三王墓（前原町の東南辺）とは指呼の間にある。ここには支石墓（ドルメン）の団地ともいうべき墓地群があり、代々祭祀をつづけられてきた姿、歴然たるものがある。これは弥生前期・中期とされる。すなわち、右の第一の王墓と時期がダブっている（もしこれを弥生前期のみとすれば、第一の王墓へと交替したこととなろう）。

しかし、第二の墓群には、第一のものと大きなちがいがある。

〈その一〉第二墓群には金属製の宝器がほとんど認められず、石器・土器類の副葬品にほぼ限られている。

〈その二〉第二墓群には、これに対する祭祀が後代（平安・鎌倉期）までつづいていることだ。この二点は何を意味するのだろう。

〈その一〉の背景は、今山の石斧にある。志登支石墓群のすぐ東隣であり、時期も相重なっているから、両者無関係とは考えられない。またこの石斧は、筑前から筑後にかけて、かなり広範囲に分布している。ちょうどのち（金属器時代）の「矛や戈」とかなり共通した分布部分を（中枢において）もっている。

したがって今山の石斧の製造者が、すなわち筑紫の有力者であったことは、まず疑えない。すなわち、「志登支石墓群の被葬者＝今山の支配者」という可能性が高い。

これに対して第一の王墓は異る。金属器の王者である。ここには、第二の石器の王者とは異質の文明がはじまり、その王者の墓がいとなまれたことをしめしている。弥生期はやがて全面的に金属器の時代に突入した。この時代に実力をもつものが第一の系列、金属器以前（石器）からの名門の被葬者の墓、それが第二の系列なのである。

右によってみれば、第一こそ弥生時代の倭国の王墓、すなわち倭王墓であり、第二こそ伊都国王墓であることが判明しよう。

あやまられた伊都国王墓

従来は、右の第一をもって伊都国王墓と命名してきた（たとえば原田大六氏。また現地〈糸島郡前原町等〉の掲示等も）。しかしこれは誤断ではないであろうか。なぜならこの第一の王室に相比すべき弥生墓は、博多湾岸の須玖岡本の王墓（春日市）や同じく博多湾岸の板付の王墓（福岡市板付田端。甕棺。細剣4、細矛3）のみであり、立岩や東背振となると、副王墓であって、糸島郡や博多湾岸の王墓と同格とはいいがたい。

そして重要な一点。それは右の二領域の王墓以上の超王墓は、いずこにも存在しないことだ。原田氏が卑弥呼の墓に比せられた「箸墓」（奈良県）などは、右の二領域の王墓とは時期を異にし、弥生墓ではない。

してみると、右の二領域の王墓をもって、それぞれ伊都国王や奴国王の墓と見なしてきた見地は支持

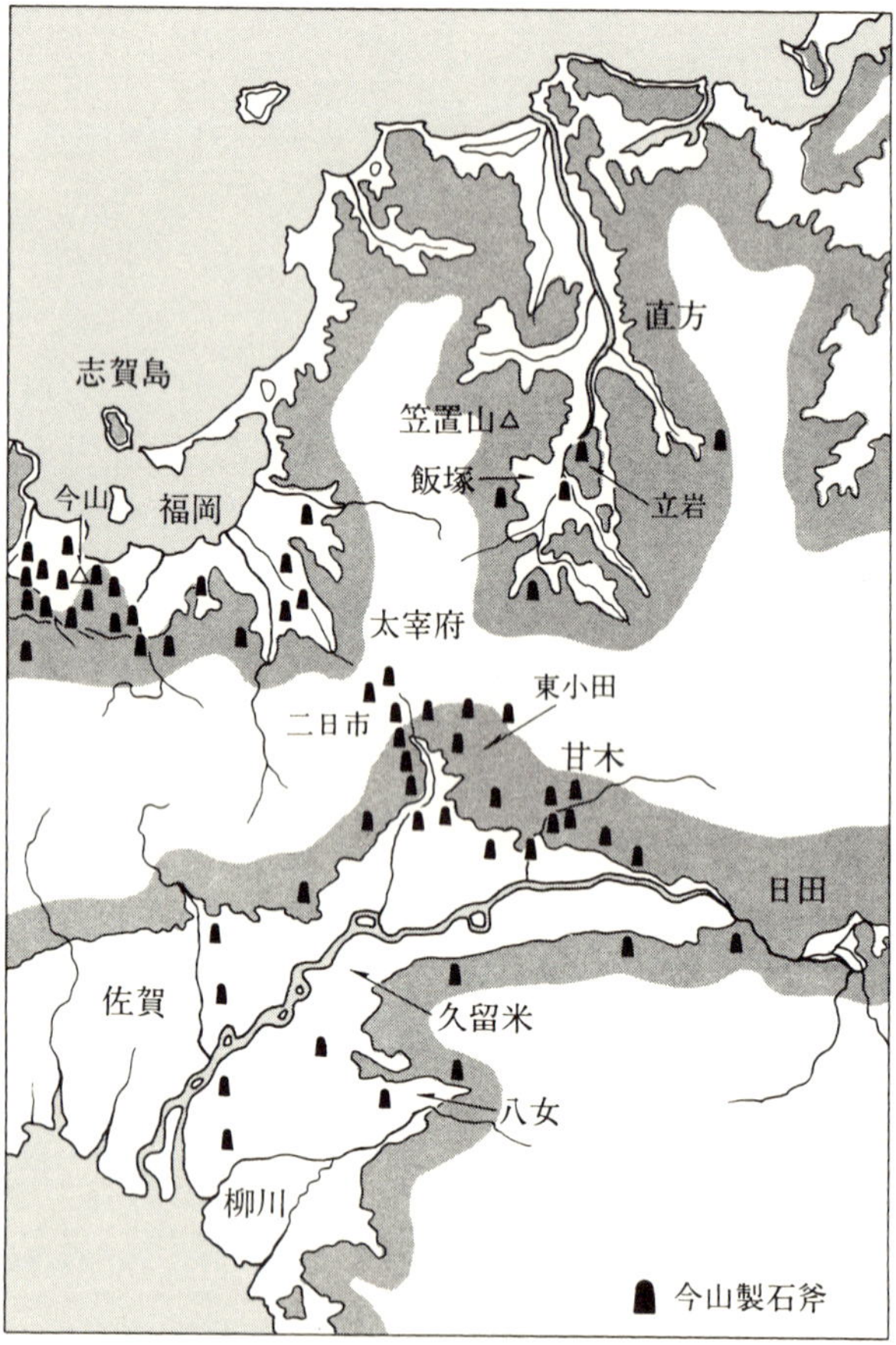

第15図　今山製石斧の分布図

せられがたい（そもそも奴国に王はいない。前述の通りだ）。

実は、この両者とも倭王墓であり、博多湾岸の首都圏（春日市）と共に、西隣の奴国（糸島郡平野部。三雲・井原・平原）を王家の谷として、ここに王墓がおかれたのである（博多湾岸の北岸、志賀島の金印も、支石墓による王墓として、ここに埋納されていたという可能性がある。そのさいは三雲・井原・平原の王墓より、時期が早いこととなろう。ただ、これを弥生後期における埋納と見なす見地もあるようである。たとえば、岡崎敬氏）。

以上のように、第一の王墓を倭王墓と見なすとき、第二の志登支石墓群こそ、伊都国王の代々の王墓であったこととなろう。倭人伝に、

世ゝ王有るも、

といっている文章と、志登支石墓群に代々の支石墓が相継いでいる状況とも、よく一致しているのである（なお、糸島郡とその周辺には、他にも、類似の支石墓が存在するから、それらも伊都国王代々の王墓群の一端と見なすことができよう）。

以上によって、魏志倭人伝のしめす二つの王家問題と、糸島郡とその周辺の出土事実とが、両者よく相適合していることが知られよう。

王家の谷の宝器

一歩を進めよう。先に記紀神話中の「天孫降臨」の地が、他に非ず、この糸島郡の高祖山連峯であったことをのべた。ここは東は板付、西は菜畑といった、九州北岸の先進縄文水田地帯の中心地であったこと、その事実を指摘した。稲作問題から見た天孫降臨問題である。

この点はまた、金属器問題から見た天孫降臨問題としても、分析しうる。

記紀神話において、天照大神にまつわる宝器を見てみよう。

(A)㋑上枝に八尺の勾璁《まがたま》の五百津の御須麻流《みすまる》の玉を取り著け、中枝に八尺鏡を取り繫《か》け、下枝に白丹寸手、青丹寸手を取り垂らし……。（『古事記』天の石屋戸）

㋺上枝には……八咫鏡を懸け、中枝には……八坂瓊の曲玉《まがたま》を懸け、下枝には……木綿《ゆふ》を懸け……。（『日本書紀』第七段、一書第三）

(B)故《かれ》、天照大神、乃ち天津彦彦火瓊瓊杵尊に、八坂瓊の曲玉及び八咫鏡・草薙剣、三種の宝物を賜ふ。（『日本書紀』第九段、一書第一）

ここには二つのタイプがある。(A)は、勾璁《まがたま》（曲玉）と鏡と木綿《ゆふ》（もしくは白丹寸手、青丹寸手）のタイプ。(B)は、曲玉と鏡と剣のタイプである。

糸島郡の三雲遺跡では、鏡35面と細剣1と勾玉・管玉類をふくみ、(B)タイプだ（また三雲遺跡を第一号甕棺〈鏡と細剣と勾玉等〉と第二号甕棺〈鏡とガラス製勾玉12と硬玉製勾玉等〉に分離する見地がある――『日本における古鏡、発見地名表、九州地方Ⅱ』一九七九年、東アジアより見た日本古代墓制研究による――。これに従えば、第一号甕棺は(B)タイプ、第二号甕棺は(A)タイプとなろう）。

また博多湾岸の須玖岡本の王墓では、鏡30面以内、細剣4、勾玉、ガラス製勾玉等をふくむから(B)タイプである。

さらに、糸島郡の井原遺跡は、鏡21面と鉄剣をふくむから、(B)タイプ系らしい（勾玉類は未収載かもしれぬ）。

また、平原遺跡は、鏡38面とガラス製勾玉3のほか、おびただしい玉類をふくむから(A)タイプに近い（ただ、素環頭大刀1をふくむ）。

以上のように、記紀神話の天照大神と天孫降臨をめぐる宝物記載は、糸島郡から博多湾岸にかけての弥生王墓の出土物群と型を同じくしていることが判明する。

したがって津田左右吉がかつて〝三種の神器類は、六～八世紀の近畿天皇家の史官の造作〟と称して、その原初性を否定したことは、今かえりみれば、物証との対応を欠く、あるいはかえりみぬ議論であった。

史上の事実としては、天孫降臨にまつわる宝器は少なくとも弥生期の日本列島においては、この「筑前中域」（糸島郡と博多湾岸を中心とする）においてのみ、もっともよく妥当する。このように評してほぼ過言ではないのではなかろうか。

これに対し、天孫降臨のために、「国ゆずり」をさせられた古代出雲勢力。その大国主命の場合は、これと異る。右の(A)タイプや(B)タイプをまとうて描かれることはない。

また出雲における国生み神話ともいうべき「国引き神話」（『出雲国風土記』）では、そこで活躍する道具は「縄と杭」に過ぎず、金属器は出現しない。

その点、記紀神話における国生み神話が、「矛」という金属器（銅器）を花形の位置においているのと、全く様相を異にする。一は金属器以前、他は金属器以後として、歴史の位相を異にしているのである。

（ただ後の大国主命の時代に金属器の入っていたことについてはすでに前述した。――「八千矛の神」問題。）

記紀神話で「矛」が出現するのは、国生み神話だけではない。

（天照大神）故《かれ》、即ち石凝姥《いしこりどめ》を以て冶工《たくみ》として、天香山の金を採り、以て日矛《ひほこ》を作らしむ。

この「日矛」は、文字通り太陽の矛の意であろう。右の一文の主語が天照大神であることからしても、これは当然のことだ。

（『日本書紀』第七段、一書第一）

これに対し、『古語拾遺』でここの個所を、

石凝姥神をして日像之鏡を鋳しむ。

とあるところから「日矛＝日像之鏡」のごとく解する論者ありとすれば、それはあやまりであろう。なぜなら『日本書紀』と『古語拾遺』とは、それぞれ別文、異伝であり、両文の実質内容を同一とする保証はない。また、矛が太陽の光を受けて反射するさまを「日像の鏡」と称した、そういう可能性もありえよう。現在地中から出土する銅矛は、青くさびついた色をしているけれど、鋳上がり当時は、黄金色に輝き、太陽の光を受ければ、まぶしいほど反射していたもの、と思われるからである。

これに対し、「鏡そのものを日矛と称した」と解するとすれば、史料処理上の手法としても後代史料（『古語拾遺』）をもとにして先代史料（『日本書紀』）を解するものであるうえ、「鏡」それ自体を「～矛」と形容するなどということは、およそ考えにくい。

右のような日矛の性能を一段と発揮すべく作られたもの、それが広矛だ。

（大己貴神《おほなむち》）乃ち国平げし時に杖《つ》けりし広矛を以て二神（国ゆずり交渉の使者。経津《ふつ》主神・武甕槌神）に授けて曰《いわ》く、「吾、此の矛を以て、卒《つひ》に功を治むること有り。天孫、若《も》し此の矛を用ゐて国を治めば、必ず当《まさ》に平安なるべし。」（『日本書紀』第九段、本文）

ここで注目すべきこと、それは「広矛」という概念だ。通常は「天瓊《ぬ》矛」といった形で出てくる。これは〝天国風の玉を飾った矛〟の意であろう。三雲や須玖岡本の王墓のように、「細矛プラス勾玉」が

同一の甕棺から出土しているとき、これは本来は〝玉を飾りとして（糸で）結びつけた矛〟、つまり「天瓊矛」であった可能性が大きいであろう。

これに対して「広矛」。これは明らかに右の「細矛」、つまり「細形銅矛」ではない。それでは「広矛」という表現には、ふさわしくない。やはり、今日の考古学上、「中広矛、広矛」と呼ばれている方が、形状的にこの「広矛」の名にふさわしいのではなかろうか。

広矛の問題

右のような「広矛」の効能について、左の二点が強調されていることが注目される。

①大己貴神が、この「広矛」を用いて、出雲を中心とする古代文明圏を建設した。②その四囲平定のシンボルをなす「広矛」を、大己貴神は天照大神側の使者に引き渡した。すなわち、統治権の委譲の証《あかし》である。

このような「広矛をシンボルとした国ゆずり神話」が、いつ、どこで成立したか。わたしたちはこれを今は容易に指摘できる。

日本列島の弥生期の後半、博多湾岸とその周辺（糸島郡と東背振村）で、この「広矛」がおびただしく（鋳型によって）生産されていた地帯、ここだ。この「広矛」は一に、出雲から王権の委譲された証拠、二に、自分たち筑紫の新勢力が、新たな統治者となった、その支配の物的証拠として、P・Rされたのである。そのための新作神話だ。つまり、あのおびただしい「中広矛・広矛」の製作流行は、ただ黙々と神話なしに作られたのではない。右のような麗々しい神話つきで語られていたのであった。わたしにはそのように思われる。

大年神
神活須毘神――伊怒比売

〈五神〉
大国御魂神
韓神
曽富理神
白日神
聖神

大国主命と金属器

念のためにつけ加えておこう。

先に天孫降臨をもって金属器以前と金属器以後とを特徴づけた。それは巨視的に見て、あやまりないであろう。天照大神は「三種の神器」をシンボルとする新たな主神だった。けれども、その直前まで、大国主命は全く金属器を知らずにいたか。そんなことはありえない。なぜなら、天照たちの拠点の島々（壱岐・対馬等）は、その大国主命の支配下にあったはずだからである。したがって大陸・朝鮮半島から対馬・壱岐へと運ばれてきた金属器は、まず、出雲へと献上されたことであろう。それは出雲なる「大国御魂神」をめぐる、神々の配置図（前ページ図）からも、察せられよう（この点『盗まれた神話』第十四章参照）。

ところがその献上者であった対馬・壱岐の海上民（天照大神を奉ずる民）の反乱と権力奪取、それを語る神話が、あの「国ゆずり神話」であり、「天孫降臨神話」だったのである。反乱と奪権の正当化のために新作された弥生神話、これが本質だ。

したがって、すでに「大己貴神」（大国主命と同置される）が、金属器の武器（矛）をもって四囲を平定したという趣旨の右の神話は、必ずしもことの筋道に反しているとはいえないのである。

しかしながら、全体としては、記紀神話はやはり、広矛の多く生産されつづけた時代（弥生後半期）に、その筑紫で新作され、宣伝された神話、そのように見なすべきものであろう。

なお、出雲と筑紫の二つの国生み神話の問題について、もう少し話をつめておこう。

出雲の国引き神話に、金属器は登場しない。したがってこの神話が金属器伝播以前に作られたことは、疑えない。少なくとも、金属器はその社会の花形、もしくは主役にはなっていなかったのである。

これに対して、のちの大国主命の時代。それはすでに金属器を知った時代だった、したがって彼の四囲平定譚が、「矛」を中心に語られていたと、もし仮定したとしても、それは必ずしも不自然ではない。前述の通りだ。

もし、そうであったとしたら、論理的に次の重大な問題が生ずる。〝記紀神話における「国生み神話」、「矛」で国が生れたとするテーマ、それは創作に非ず、大己貴命の四囲平定譚の模作ではないか〟と。

主人公を〝本来の大己貴命に代えて、新たな「伊奘諾尊・伊奘冉尊」の二神をもってした〟改作神話である、と。

このような重大な帰結も、避けがたい。一つの作業仮説としてではあるものの。なぜなら、先にものべたように、「伊奘冉尊」は、本来、出雲における主神としての単独神（女神）であった。これに対し、記紀神話では、一対の名前をもつ男性神を創作し、これを加えた男女二神の形に作り上げた可能性が存しうるからである。未来の探究課題だ。

〈前に注記〈九七ページ〉した出雲〈島根県簸川郡斐川町神庭、西谷の荒神谷〉からの三百五十八本の中細剣出土の意義について追記しておきたい。

第一に、もっとも特筆すべき一事、それは、戦後史学を支配してきた「記紀神話後代造作説」が決定的に破産したことである。なぜなら、弥生期、筑紫〈糸島と博多湾岸を中心として〉から銅矛・銅戈　銅剣等の鋳型・実物類が大量に出土していた。それに今回の出土を加えると、筑紫と出雲が弥生期青銅器文明の二大中心だったことは疑いえないからだ。だから記紀神話のしめすところの〝筑紫と出雲が二大中心である〟という説話内容をもって、古き史実を背景とせず、ただ六世紀以降の近畿天皇家の史官による新しい「造作」と見なしてきた津田左右吉の史観は、すでに成立しがたい。それが衆目の前にさらされたのである。今後、学界が依然津田流の「造作」史観を定説視しつづけるとすれば、理性と心ある人々から固陋のそしりをうけること、まぬがれえないのではなかろうか。

第二に、今回の出土地は「神庭《かんば》」に属する。神名火山〈仏経山〉の麓だ。『出雲国風土記』のしめすところ、神名火〈樋〉山は、茶臼山〈松江市〉・朝日山〈山下に佐太神社〉・大船山〈平田市、大渋山説もあり〉と、宍道湖を四方から囲繞している。この湖を神聖なる湖（holy lake）とする信仰圏を背景としているようである。立岩の巨大な石神の祭場址〈現在も祭られている。平田市立石。九月五日が祭日〉がしめすように、縄文期以来の壮大な古代信仰圏が出雲に成立していたことが知られる〈隠岐島の黒曜石の産出がその基点となっていたのではあるまいか〉。先の朝日山北麓の中細剣6・銅鐸2の出土もあわせて、古代の出雲はこのように長大な歴史の文脈の中で見直さるべきであろうと思われる。〕

〔なお、この出雲出土の三五八本の「中細剣」（考古学上の命名）は、実は「出雲矛」ではないか、という問題提起を行うこととなった。この点、古田『古代の霧の中から――出雲王朝から九州王朝へ』（徳間書店刊）参照。〕

第五章　卑弥呼論

いよいよ神秘とされた女王の素顔を見るときが来た。

今までわたしたちが手にしえた情報は次のようであった。

卑弥呼の秘密

〈その一〉彼女は筑紫の女王であり、魏使に会うたときは、三十代半ばであった。

〈その二〉彼女はそれに先んじ、二十代末葉に、韓国（新羅）と国交を結んでいた。

〈その三〉彼女は博多湾岸（博多駅と太宰府の間を中心とする）に宮室・楼観・城柵をそなえ、ここを中心の都域としていた。

〈その四〉彼女にとって、糸島郡は、神聖な王家の谷に当っていた。

〈その五〉彼女の祭祀は、遠く対馬の天照大神の母地を聖地とし、近く八女津媛を祭る八女の地を、自己の鬼道にまつわる、一淵源としていた。

〈その六〉彼女の支配する領域は、筑前中域を中心として、北は朝鮮半島の洛東江流域から、東は四国西辺部まで及んでいた。

以上がアウトラインだ。このような、彼女を中心とした倭国、それはどんな成り立ちをもっていたのだろうか。それは幸いに、『日本書紀』の神功紀や景行紀に挿入された「九州王朝の発展史」の各部分によって推定しうる。その要点を左に記してみよう（論証の詳細は『盗まれた神話』参照）。

ⓐ神功紀には、「神功皇后が橿日宮から出発して羽白熊鷲（朝倉近辺か）や田油津媛（筑後山門）を討伐した」旨の記事が（仲哀天皇の不慮の死の直後）現われる。これは『古事記』には全くない記事だ。ない『古事記』の方が本来、ある『日本書紀』の方が後の挿入と思われる。なぜなら『古事記』の伝誦者や記述者が、神功勝利譚を削るべきいわれはないからである。

すなわち、本来は「筑前の橿日宮の女王が筑後方面を討伐した」という、筑紫一円平定譚を、ここに主人公をとりかえ、転用し、挿入したものと思われる。

ⓑ同じく、景行紀には、「景行天皇が周防の娑麼《さば》から九州に渡り、熊襲を征伐して凱旋した」旨の壮大な大遠征譚が書かれている。しかし、この記事には、筑前の空白をはじめ、数々の矛盾点がある。そして大切なこと、それはこの説話も、『古事記』には皆無なことだ。同じく、『古事記』側でこの一大勝利譚を削除すべきいわれはない。したがってこれも、〝筑前の糸島郡を出発点とした前つ君が九州東岸部・南岸部を征伐して筑前へと凱旋した〟という、九州一円平定譚が本来の形。それを（やはり主人公を入れかえて）ここに挿入したもの、と見なされる。

以上だ。これらはいずれも、いわゆる「天孫降臨」によって筑前中域を拠点としはじめて以後、三世紀の卑弥呼以前の事件だ。いいかえれば、弥生期における倭国の発展史のひとこまだったのである。もちろん、「天孫降臨」は、弥生前半期中葉、卑弥呼は弥生後半期末葉の時点にそれぞれ位置している。ほぼ、前二～前一世紀前後と三世紀とにそれぞれ当っていよう。

記紀と卑弥呼

次は、記紀と卑弥呼との関係についてのべよう。

第一の問題点、それは「記紀中に卑弥呼が出現していない」という、根本の史料事実だ。この点、従来の研究史の中で必ずしも正視されなかったのはなぜか。

戦前の史学（皇国史観）では、「倭王とは、天皇以外にあるべからず」との命題から、右の矛盾を正視できなかったことは当然だった。本居宣長の「熊襲偽僭説」など、そのために生じた苦肉の表現だった。戦後の史学（造作史観）では、「記紀の神話・説話は造作にすぎず」という基本命題に立ったから、この卑弥呼不在問題に対して、深刻に取り組むことがなかった。百花撩乱の「邪馬台国」論争の中でも、この肝心のテーマが真剣に論争されることのなかったのは、このためである。

しかし実は、記紀を見回してみても、そこには卑弥呼の片影すら見出せない。——これが厳粛な史料事実だ。なぜなら、

〈その一〉『書紀』は「神功皇后紀」を特立し、これを卑弥呼と壱与の二人に当てている。

㋑三十九年。是《こ》の年、太歳己未。魏志に云ふ。明帝の景初三年六月、倭の女王、大夫難升米等を遣はして、郡に詣り、天子に詣らむことを求めて朝献す。太守鄧夏、吏を遣はして将《ひき》ゐ送りて、京都に詣らしむ。

㋺六十六年。是の年、晋の武帝の泰初二年なり。晋の起居注に云ふ。武帝の泰初二年十月、倭の女王、譯を重ねて貢献せしむ、と。

㋑の「倭の女王」が卑弥呼を指し、㋺の「倭の女王」が壱与を指すこと、それは倭人伝を見れば、一目瞭然だ。したがって、少なくとも、『書紀』編者は、それを百も承知だったはずだ。だのに、この二人を神功皇后一人に当てようとする手口。それは、『三国志』の魏志倭人伝を読んだことのない八世紀

の大和を中心とする読者に対してだけ、通用しうる、あまりにも皮相な手口といわざるをえない。

しかし、神功皇后が卑弥呼に当りえないことは、次の三点からも明瞭だ。
(a)神功皇后は、あくまで皇后であって、天皇となった形跡はない。
(b)神功皇后は、新羅と接触したにとどまり、中国に使者などを送った形跡はない。
(c)神功皇后は、古墳時代の人であって、弥生時代ではない。
以上だ。このような無理、ことに(a)(b)の矛盾は、『書紀』の編者の目にも明瞭だったにもかかわらず、神功皇后以外に、当てるべき王者（天皇）を見出しえなかったこと、この事実ほど、〝近畿天皇家に卑弥呼なし〟、この命題を、逆に立証しているものはない。

〈その二〉のちに、神功皇后以外に、記紀中に「卑弥呼」を見出そうとする努力はつづけられた。たとえば、「倭姫命」（内藤湖南）や「倭迹迹日百襲姫命《やまとととひももそひめ》」（笠井新也・原田大六氏等）などがこれだ。だが、これらはいずれも、率直にいって、全く妥当しえないであろう。なぜなら、右の(a)(b)のテーマに矛盾するからである。彼女等は、主権者に非ず、また中国への使者派遣の事績の伝承がない。記紀という史書の性格上、彼女等が卑弥呼その人であったとすれば、それらの史実の反映がないことは、何としてもおかしい。思うに、最低の条件として、次の二点は不可欠だ。
(A)彼女が一国の主権者であること。
(B)彼女の名が卑弥呼に当りうること。
この自明の二点から見て、記紀中にその該当者を見出すこと、それは到底不可能だ。それはすなわち、「大和に卑弥呼なし」この命題を、もっとも率直簡明に立証していた。人々は錯綜する「邪馬台国」論議の中で、かえってこの根本自明の事実を見失ってきたのではあるまいか。

けれども、このような問題追跡は、すなわち翻れば、次の問いをひきおこす。〃九州に右の最低条件を満たす女性が、その片鱗でも姿を見せているか〃と。

日本側文献に現われた卑弥呼

これは至当の問いだ。なぜなら、中国の同時代史書、『三国志』のみならず、隣国（新羅）の後代史書『三国史記』にまで、その実名の記載されている高名の女王が、肝心の日本列島内の史料中に全くその片鱗をも見せぬとしたら、それは極めたる不可解事、これは表面に発言するとせぬとにかかわらず、おそらく万人の心裡に宿る、一大疑問ではあるまいか。思うにこの基本疑問こそ、凡百の邪馬一国（邪馬台国）論議の生みの親、そのように称しても、過言ではないであろう。では、それは存在するか。

まず、吟味すべき対象がある。それは天照大神だ。卑弥呼をこの女神と同一視する論者は、明治以降少なくないようである。

確かに、この両者には共通点が多い。一に、共に女性であること、二に、共に筑紫をその本舞台としていること。卑弥呼が筑紫の女王であることはすでに論証したところ。また大神も、本来の原籍は対馬ながら、中心の統一神に出世してからは、筑紫の博多湾岸を誕生地とする神話（記紀）が作られた。両者とも、筑紫を中心とする王朝、すなわち九州王朝の祖源をなす人物なのである。三に、共に、太陽神と関係が深い。卑弥呼は「銅鏡百枚」の贈与をうけている。この鏡は、太陽信仰の小道具であろう。大神はもちろん、太陽神そのものだ。四に、共に弥生時代に属し、偉大な女王の趣をそなえている。卑弥呼が弥生時代（前三〜二世紀から後三世紀まで）に属することは当然だ。大神も、実在したとすれば、弥生時代に属しよう（前述）。

しかしながら、このような共通点と共に、差異面も少なくない。

第一は、時期のちがい。弥生時代という点は共通だ。だが、大神はその前半、卑弥呼はその後半である。そのもっとも端的な理由、それは布（織布）と絹（錦）のちがいだ。記紀神話のしめすところ、大神が絹をまとって現われる場面は皆無だ。いずれも絹以前の織布だ（例外としては、「白丹寸手・青丹寸手」を絹と見なす見解〈原田大六氏〉があるけれど、それも衣ではない）。

これに対し、卑弥呼の場合。中国の天子からおびただしい錦類を下賜されている。彼女も、中国に対して「倭錦」を献上している（壱与は「異文雑錦」を献上）。したがって卑弥呼が晴れがましい儀式の場に出るとき、中国の錦や倭国の錦の衣をまとって現われたこと、それをわたしは疑うことができない。

だから、もし弥生時代を二つに分けるとすれば、その前半「絹以前」の時代、それが大神の語られている時代だ。これに対し、その後半「絹の時代」、それが卑弥呼の属した時代なのである。

とすれば、当然、両者は別人、そういう帰結しかないのだ。

第二は、行動舞台のちがい。大神はもと、対馬の生れ。やがて博多湾岸を誕生地とされたけれど、要するにこの対馬から筑紫にかけて、この対馬海流圏内の海域に、その行動舞台は局限されていた。彼女の最大の業績、その交渉相手は出雲の大神とその子供たちだった。

これに対して卑弥呼。倭人伝に特筆されているように、中国との交渉、これこそ彼女の得意の時期だった。彼女の使者派遣の意図は十二分に達成され、おびただしい下賜物がとどけられたのである。大成功だ。

もし卑弥呼が天照大神だったとしたら、この大成功が何等かの形で説話化されないはずはない。記紀神話の中の「天照大神説話」は、決して遺存した断片ではなく、一つの定形だ。しかも、記紀あわせて各種タイプの伝承が「一書に曰く」といった形で集大成されているのであるから。

明らかに両者、行動のタイプも、舞台も、交渉相手も、異っているのである。

第三に、係累。卑弥呼に「男弟有り」とされている点と、大神の弟、須佐之男命の存在とを共通点とする論者がある。

しかし、わたしにはこれは同意できない。なぜなら、

(a)大神には、「月読命」も係累として存在する。

(b)大神と須佐之男命との間柄は、平穏な補佐関係ではない。出雲への追放に終る。これに対して卑弥呼らの場合、「佐治国」という、緊密な関係として描かれている。

このように説話全体の構造を無視し、「弟」という共通項だけを抽出して、これを同一人物と見なすのは、フェアーではない。

以上、いずれによってみても、両者は同一人物とは見なしえないのである。

「卑弥呼と天照大神との別人説」に立って、新たに、両者の真の関係が見出されよう。それは次のようだ。

〝卑弥呼の共立の背景、そこに天照大神がいた〟。この一事だ。長い男王の統治のあと、彼の死によって倭国が混乱した。そのとき智恵者がいて、倭国の中の共同幻想を利用した。

〝かつてこの国には、偉大な女王がいた。彼女のもとにおいて、その頃、この国は牧歌的な繁栄と幸福を享受していた。〟

この、国家の始源に関する幻想を利用し、かつぎ出された巫女、それが卑弥呼だったのではないだろうか。彼女の出身は、おそらく八女のあたりだったのではないか。先にものべた「中広矛・広矛」の分布がそれを暗示しているようにわたしには思われる。もちろん、以上は「確証」ではない。しかし、わ

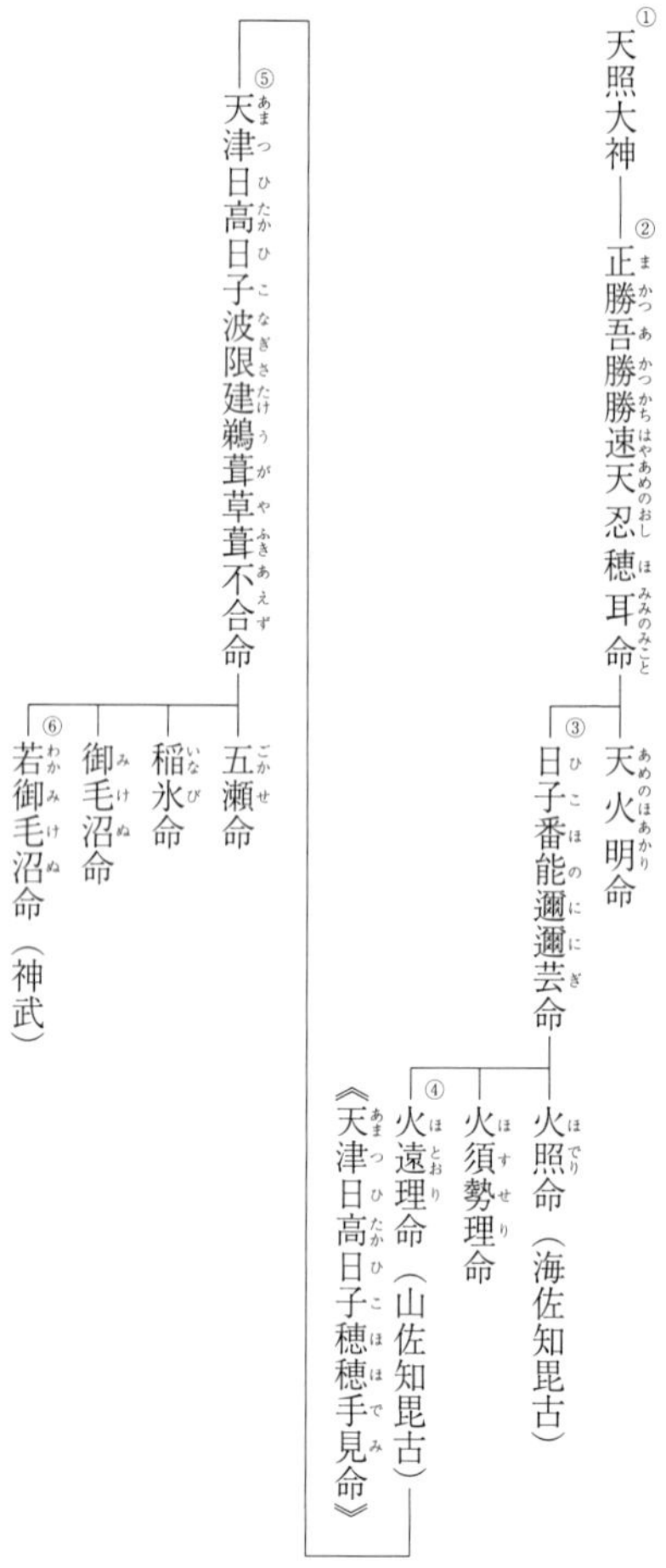

たしにはそのように想定されるのである。

天照大神の時代

次に、天照大神在世の実年代について、もう一つの測定法を記してみよう。『古事記』によれば、大神の系図は右図のようだ。

それによると、大神を第一代とすれば、神武は第六代、そのように見えよう。だが、問題は、次の一文だ。

故《かれ》、日子穂穂手見命は、高千穂の宮に伍佰捌拾歳坐《ま》しき。（『古事記』上巻末）

この命（系図では第四代）は、五百八十歳も生きた、という。これは何か。「二倍年暦」（後述）としても、二百九十歳だ。記紀とも、一人がこんなに生きている例はない。最高、百六十八歳（崇神天皇『古事記』）だ。「二倍年暦」で八十四歳、まさに最高年齢にふさわしい数値なのである。ところが、二百九十歳となると、人の生きうる年限をこえている。これはなぜか。

その答えは、ズバリ同名の世襲、つまり襲名だ。わたしはかつて糸島郡内、高祖山連峯西麓の農家、手塚誠さん方で系図を見せていただいた。代々同一名、やっと先々代あたりから、ちがう名前をつけるようになったという。このような襲名の風習は、現在も、農家、商家、歌舞伎界等、日本社会の各分野に深く遺存している。周知の通りだ。この「日子穂穂手見命」の名も、筑紫なる九州王朝内の王者の襲名された名称だったのではあるまいか。

このように考えると、天照大神―神武間は、ただ六代ではなく、二百九十年プラス五代の長さとなる。もし一代を十～二十年平均とすれば、三百四十～九十年となろう。

したがって次巻で後述のように、神武の生存時代を弥生後期初頭前後とすれば、天照大神の時代は弥生前期前半前後となり、先述来の論証とちょうど対応しうるのである（もちろん、これは大略であり、細密なものではない。――神武の生存時代は大和における銅鐸の消滅をもって判定する。この点も、次巻に詳述する）。

巨大年代

もう一つの問題。それは『日本書紀』の次の記事だ。

天祖の降りし跡より以逮《このかた》、今に一百七十九万二千四百七十余歳。（神武紀）

厖大な数字だ。一見、手に負えぬかに見えよう。しかし、実は簡単だ。次の例を見よう。

①一々の華より三十六百億の光を出す。（『大無量寿経』）

②是の人間より、上は梵天に至る、亦五百二十億万里。（『大楼炭経』）

③下二十五王より、其の寿、二・三百万載。（『釈迦譜』梁、僧祐撰）

長い年月の経過をしめす、一種の古代インド的表現法だ。この手法の影響と見て、ほぼあやまりないのではあるまいか。

仏教的表現法が『日本書紀』に影響を及ぼしていること、この点はすでに若き日の家永三郎氏の有名な論証がある（「神代紀の文章に及したる仏教の影響に関する考証」『上代仏教思想史研究』所収）。

「葦原の千五百秋の瑞穂の国は、是、吾が子孫の王たるべき地なり。爾皇孫《いましすめみま》、就《い》きて治《しら》せ。行け。宝祚の隆《さか》えむこと、当に天壌と与《とも》に窮り無けむ」（『日本書紀』第九段、一書第一）

戦時中に喧伝された、いわゆる「天壌無窮の神勅」だ（七六ページ）。ところが、この「宝祚」「無窮」といった概念や表現は、

㋑庶《ねが》わくは、皇隋の宝祚をして与に天長にして地久ならしめんことを。（隋の開皇六年の竜蔵寺碑銘）

㋺天壌と与にして窮まり無からん。（唐の貞観四年の昭仁寺碑銘）

といった仏教の願文類に頻出する慣用句の転用だ、というのである。

このような事例から見ると、先の巨大数値のケースも、仏教的表現の転用とみなすこと、何の不思議もない。

この表現から見ても、「天照大神―神武」の間は、六代ではない。六代では、せいぜい六十〜百二十年くらいだ。これに対して、先にのべたように、二百九十年プラス五代とすれば、代数にして、かなりのものだ。

卑弥呼は神武（二世紀後半頃か）より後《あと》、やはり天照大神とは、別人のようである。

では改めて問おう。卑弥呼とは何者か。その問いに帰る。

卑弥呼の実像

この緊要の問いに答えるために、まずなさねばならぬこと、それは「卑弥呼」の読み

だ。

従来、これは「ヒミコ」と読まれるのが通例だった。「日の御子」に当てられたりした（たとえば本居宣長）。「ヒメコ」と読んで「姫子」に当てた論者もあった（たとえば新井白石）。

けれども、これらは江戸時代のことだ。かえって明治以降の研究史上では、「ヒミコ」と通例発音されたまま、その読み方についての論議は、たとえば「邪馬台国」の比定地問題などに比べれば、議論と論争にあまりにも乏しかったといいうるであろう。

これを吟味しよう。

「卑」は「ヒ」と読んで、多く異論がないようである。先にもふれた、対海国・一大国の大官「卑狗」の場合、わたしはこれを「ヒコ」（＝彦）と読むべきもの、と見なす。したがって「卑弥呼」の場合も、当然、第一音は「ヒ」でなければならぬ。

第二音の「弥」。これも「ミ」でいい、と考える。なぜなら、投馬国の大官・副官は、「彌彌・彌彌那利」であり、これは「ミミ・ミミナリ」と読むべきもの、と見なす。なぜなら、「彦」と同じく、「耳」も、古代の称号名として、記紀にも、神社の神々の現存名称にも、現存地名にも、数多く遺存するところだからである（「稲田宮主須賀之八耳神」＝『古事記』出雲神話、「当芸志《たぎし》美美」＝『古事記』神武記、「岐須美美命」＝同上、「神沼河耳命」＝同上、「陶津耳命」＝『古事記』崇神記、「御陵は毛受《もず》の耳原に在り」＝『古事記』仁徳記等）。

したがって「卑弥呼」の第二音も、「ミ」と読まねばならぬ。

問題は、第三音だ。「呼」には、「コ」と「カ」の二音がある。

「コ」――〝息を吐く〟〝さけぶ〟〝よぶ〟

「カ」――〝さける〟〝すきま〟〝きず〟　（諸橋『大漢和辞典』）

罅、説文、裂なり。……或は呼と為す。　（『集韻』）

応劭曰く、釁《きん》、祭なり。牲を殺し、血を以て鼓釁呼《こきんか》を塗る。釁《きん》（ちぬる、ちまつり。犠牲の血を器に塗って神を祭る。その祭のこと）と為す。　（『漢書』高帝紀「鼓を釁《きん》す」注）

のごとくだ。これに対して従来は、さしたる吟味を加えることなく、「コ」と読んできた。「日の御子」「姫子」などの連想からであろうか。けれども、わたしはこれを非と考える。

なぜなら「卑狗＝ヒコ」であるから、「コ」の表音には「狗」の字が用いられていると考える他はない。とすると、もし「ヒミコ」を表音しようとすれば、「卑弥狗」とならねばならぬ。「彦＝日子」であり、この「コ」が「子」の場合の表音とすれば、「日の御子」「姫子」といった場合と、同意の「コ」だ。その上、夷蛮の固有名詞に対して、好んで卑字を当てている『三国志』にとって、「狗」の字はまことにふさわしい。事実、韓伝、倭人伝等にこの用字は多い。まして「卑弥呼」の第一音に文字通りの「卑」字が用いられている点から見れば、なおさらだ。「狗」字を避くべき道理はない。

このように考察してくると、「呼」は「コ」「ク」音に非ず、もう一つの音「カ」を表音しているのではないか、という問題が生れる。その上、この音の場合の字義が、祭に関し、そのさいの犠牲に関する、という、宗教的意義の強烈な用字であるから、

鬼道に事え、能く衆を惑わす。

という形で記され、異能の宗教的巫女と見られているこの女王に対する用字として、もっともふさわしい。

したがって、従来、漫然と使い馴れてきた「ヒミコ」でなく、「ヒミカ」と読む方が、表音上からも、

表意上からも、妥当なのである。では、これは倭語において何を意味するか。

ズバリいおう。それは「日甕」だ。「甕」は現在「カメ」と読まれることが多いけれど、「ミカ」とも読みうる。

みか（甕）専ら酒を醸《かも》すに用いた大きなかめ。もたい。祝詞、新年祭「――の上（へ）高知り」

（『広辞苑』）

「かめ」が、日常の煮沸用の「液体を入れる底の深い陶器」であり、頻用すれば、底（外側）が黒コゲになりやすいのに対し、「みか」の場合は「煮沸用」でないから、そういう痕跡はない。

したがって、あの「甕棺」は、今日の考古学上「かめかん」と呼ばれているけれど、これは煮沸用ではないから、「みかかん」と呼ぶ方が、むしろ妥当なのである。

「日甕」とは、〝太陽の（恵みを受けた）みか〟の意だ。先にふれた「日矛」と同類の用語である。つまり「日」は、一種の美称であり、実体をなす語幹は「ミカ」の方である。

では、そのような名前をもつ巫女の女王が、筑紫に存在した、その痕跡があるだろうか。――それは『筑紫国風土記』にある。

昔、此の堺の上に麁猛神《あらぶるかみ》有り。往来《ゆきき》の人、半ば生き、半ば死にき。其の数、極めて多し。因りて人の命尽《つ》くしの神と曰《い》ふ。

時に、筑紫の君、肥の君等、之を占ふ。（今）筑紫の君等の祖、甕依《みかより》姫をして、祝《はふり》と為《し》て之を祭らしめき、爾《それ》より以降、路を行く人、神害せられず。是《ここ》を以て筑紫の神と曰《い》ふ。

文意にいささか不分明の点があるけれど、「筑紫の君」や「肥の君」等の共通の「祖」として、「甕依姫」の名が出ている。「玉依姫」などの名もあるように、この「依」は〝憑《よ》り代《しろ》〟の意であり、「巫女」

であることをしめす名であろう。この女性の名の語幹をなす部分、それは「甕《みか》」である。

この「甕依姫」と「卑弥呼」との間には、見のがしがたい共通項がある。

①わたしの論証のしめすところ、卑弥呼は「筑紫の女王」であったが、この甕依姫も、「筑紫の君等の祖」というのであるから、やはり「筑紫の女王」と見なされる。

②卑弥呼は、大人たちの共立によって王位に即いた、とされるが、甕依姫も、「筑紫の君」や「肥の君」等にとっての共通の祖であり、共通の祝《はふり》とされる点、よく性格が共通している。

③卑弥呼は「鬼道」に事《つか》えた。巫女の女王であったが、甕依姫も、「―依姫」の名のしめす通り、その巫女的能力の卓越によって、後来の子孫たる「筑紫の君」や「肥の君」たちによって共通の宗教的尊崇を受けていたと見られる。

④名前も、両者共に語幹部分は「甕《みか》」であり、共通している。少なくとも、異名とは称しえないであろう。みずから太陽に祝福された身であることを誇張して「日甕」と称し、後世にはその巫女的尊崇を反映して「甕依姫」と呼んだ。このような状況は、推察して決して無理とはいえぬであろう。神功皇后や倭姫命や倭迹迹日百襲姫命との間に何等名前の上の共通性がなかったのと、大きく異っている。

⑤「甕」を名としていることから見て、この甕依姫が、あの「甕棺（正しくは、みかかん）」の盛行した弥生時代に存在したことがうかがいうる。この点も、卑弥呼と同時代の女王であったことを示唆している。

以上、要点をなす各項において、両者の間に共通点の存在することが判明しよう。

以上の比較論証に対して、不明の点がある。それは「中国への使者派遣」の点だ。この点は、この史料（『筑後国風土記』）の性格上、やむをえぬところだ。

だが、甕依姫は、筑紫の君や肥の君等の「祖」というのであるから、当然彼女もまた「筑紫の君」として、筑紫・肥等の九州各国の上に君臨していたもの、と思われる。とすると、縄文筑紫人の周代貢献の時代にはじまり、中国の江南の米をもたらしたとされる縄文水田や、有名な志賀島の金印など、縄文から弥生にかけて歴代、中国側と国交を結んできた筑紫の王者、この系列の下に、彼女も女王として存在していたこと、これをわたしには疑うことができない。

とすると、ここでも、『筑後国風土記』の性格上、一致を称することはできないけれど、さりとて不一致とは決して称しえない。そういう状況をしめしているのである。

以上、わたしは決して「ここに卑弥呼がいる」とは称しえないけれど、「彼女の痕跡と見て矛盾せぬものを、ここに見た」。そのように言うことは許されるのではあるまいか。

換言すれば、この論稿で論証してきたところ、「卑弥呼は筑紫の女王であった」。このテーマの残映ともいうべき史料上の一片の痕跡、それをわたしは見た。――そのように報告することができるであろう。わたしはそれをもって十分な喜びとしたい。

なぜなら、少なくとも卑弥呼と同類の性格をもつ、同時代の女王、それがここに描かれていることは確かなのであるから。

第六部　倭国の鳥瞰図

——その諸問題

第一章　社会構成

魅力あふれる女王から目を遠ざけ、この邪馬一国の社会構成に目を向けよう。はなやかな女王の衣の影には、錦や珠玉を作るおびただしい働き手の必要なことは論ずるまでもない。それにともなって、女王の下にはさまざまな階層が存在したことも、当然察せられるところであろう。

大人と下戸

それをうかがいみる史料もまた、倭人伝の中には豊富である。

倭国には二つの階層があった。「大人」と「下戸」だ。大人は皆四、五人の婦人をもち、下戸の中でも、時とすると、二、三人の婦人をもつ者がいたという。このような描写の中から、わたしたちは、この倭国の中にすでに階層分化が生じてきている姿を認めることができる。

先に卑弥呼が擁立されるとき、「共立」の表現があった。「共に一女子を立つ」（共立一女子）だ。これは有力大人が王を共立する、という体制ができていたことをしめすであろう。

もっとも、この「共立」について、日本の古代史学には有名な論争があった。昭和二十年代だ（藤間生大・井上光貞・上田正昭氏等）。まだこの時代は学界内での論争だった。昭和三十年代末以後、松本清張氏や宮崎康平氏等の登場する以前だ。一般の探究者の参加はまだほとんどなかった。

このとき、一つの焦点となったのは、共同体と階級国家の問題だった。つまり〝卑弥呼の君臨していた倭国は、素朴な「共同体連合」か、それとも、すでに発達した「階級国家」だったか〟という争いだ。

一方の論者は、この「共立」の用語を一つの重要な手がかりとして、「邪馬台国」は共同体連合であって、階級国家にまでは至りえていない。したがってここに近畿天皇家のような、近畿を中心とした統一国家が成立していたとは考えられない。すなわち北部九州の小国連合にすぎない、と論じた。

これに対して他の論者は、倭国の中に大人・下戸などの階級対立が存在していることなどをとらえ、これはすでにアジア的専制国家の体をなしている。すなわち近畿大和を中心として統一国家が成立していた証拠だ。だから「邪馬台国」は近畿だ、そう主張したのである。

この論争を今、ふりかえってみよう。

まず「共立」問題についていえば、この用語を『三国志』全体で見ることが十分でなかったようである。たとえば高句麗伝に、

国人、便《すなわ》ち共に伊夷模《いいも》（人名）を立てて王と為す。

とあって、高句麗王もまた、ここでは「共立」されている（夫余伝にもある）。つまり豪族たちの共通の承認によって、いささか通常の継承とは違った形で、王位が成立したことをしめすときの術語である。ここから直ちに〝共同体連合にすぎぬ〟と論ずるのは、早計であった。

何しろ倭国は、伊都国王への処遇を例外として、他は「王」をおかしめず、長官・副官の形で統治させていたのであるから。共同体連合では、こうはいかないであろう。

その点、第二の論者がいうように、倭国は階級国家である、としたのは、一応正しい。しかしそこか

ら〝だから大和が中心の、統一国家だった〟という帰結へ向うのは、明らかにこれもまた、早計である。なぜならここには〝階級国家なら、大和しか中心になりえない〟とか〝統一者は、大和の主権者のみ〟といった思いこみが、前提となっているからである。

〝筑紫を中心として九州と周辺を統一することもありうる〟――このような視点が欠けていた。いいかえれば〝統一といえば、大和〟。この発想こそ、天皇家中心の一元主義史観、そのもっとも端的な表現なのであった。

さて話をもとにもどそう。

大人には、直接卑弥呼の「共立」に参加するような有力大人と、一般の大人層とがあったであろう。いいなおせば、有力豪族と一般豪族といってもよいであろう。

これに対して下戸。ここにもまた階層分化の兆《きざ》しが認められる。なぜなら「或は二、三婦」と書かれている。これは「ひょっとすると二、三人の女性を妻にしている者もある」という意味だ。ということは、一般の「下戸」は当然、妻は一人、またはゼロ、というわけである。一般はそうだが、時には大人にならって、そういう一夫多妻制を真似する者も出ているというのだ。

これは二つのことを意味しよう。

第一に、この倭国の大衆である「下戸」のなかが、富裕な層と富裕でない一般層に分れてきている。つまり「階層分化」がおきている、ということである。

第二に、にもかかわらず、富裕な存在になってきていても、やはり下戸は下戸。つまり明らかに階級が成立しているのである。「人は生れながらに平等」という、人間の大原則とは相反するものだ。逆に、生れながらに、国家という名の建物の中の、ちがう階に住んでいて、行き来が許されない。そういう世界なのである。これは世界の古代国家、その構造の常であった。

たとえば、先の高句麗でも、この「大人」と「下戸」との存在が書かれてあり、「その国中の大家は、佃作しない。坐して食う者が万余口もあった。これに対して、下戸は、遠くから米糧や魚塩を担《かつ》いできて、この大家に供給する」との旨が書かれている。倭国に劣らぬ格差の世界が、リアルに描かれている。これは高句麗が軍事上その他で中国側との関係が深かったせいもあろう。このような階級の存在したこと、もちろん中国こそ、その典型をなす存在だったのである。

そしてわが倭国もまた、その一つなのであった。

さて、そのような、この時点の「階層分化」はなぜおきているのだろう。この点、二つのポイントがある。

階層分化

第一は、稲の耕作だ。倭国にそれがあったことは「禾稲《かとう》・紵麻《ちょま》を種《う》う」とある通りだ。倭国の都、博多湾岸とその周辺は、B本列島中の水田耕作が開始された濫觴《らんしょう》の地だった。それがまた、縄文晩期から弥生期にかけて日本列島最大の文明中心、また権力中心となりえた決め手だった。この事実をよく見つめれば、この領域が、中国側に知られた倭人たちの中心拠点だったこと、その認識には何の不思議もなかった。換言すれば、弥生期における倭王の権力発達の根源は、この禾稲の中から生れ出ていたのである。

ところが、この禾稲の水田耕作には、巨大な人力が必要だ。水稲そのものの手入れだけではない。灌《かん》漑《がい》など、さらに治山・治水の必要が生じよう。そのための人力・労働力がいくらあっても足りない、そういう日々の状況となってくる。

第二に、そこに、あの「生口」の必要が生れた。あるいは促進された。当時、労働力を増大させる一番手っ取り早い方法があった。獲得された捕虜、つまり「生口」である。そこで周辺の弱少な武力しかもたない国々は、間断なく「生口」獲得攻撃の危険にさらされることとなろう。ここで決定的な武力の落差を生んだもの、それが銅・鉄等による金属武器と旧来の前金属武器、つまり石や骨の武器との落差だったであろう。倭人伝に、

木弓は、下を短く上を長くし、竹箭は、或は鉄鏃、或は骨鏃なり。

とあるのは、倭国の武力として、すでに鉄器が威力を発揮しはじめていたこと、それを証言している。もちろん、まだ金属武器そのものは、必ずしも成熟していたとはいいがたく、むしろ石器・木器等との混用であったであろうけれども、時の流れは、刻々と金属武器の威力、旧来の前金属武器との落差、それを見せつけていったであろうと思われる。——その結果が、大量の「生口」の獲得であった。

「生口」と似た言葉でありながら、概念の異なるものに、「奴婢」がある。

奴婢

卑弥呼の日常において、

見る有る者少なく、婢千人を以て自ら侍せしむ。

とあるとおり、彼女の身辺は「婢」に囲まれていた。また卑弥呼が死んだときには、

徇葬する者、奴婢百余人。

と書かれている。生の日も、死の日も、卑弥呼という女王の身辺にあったのだ。ことに「徇死」といった場合、生前の主人の徳を慕って死の世界へお伴《とも》する、死後も生前と同じく婢として仕える、そういった意味をもつものであろう、と思われる。

この点から見ても、奴婢は、生口とはハッキリとちがっている。捕虜が捕虜獲得者の徳を慕って死ぬ、などというイメージは成り立ちにくいのである。この点、奴婢の方は、恒常化された権力者周辺の奉仕者、という感じだ。「大人」に対しても、おそらく奴婢群がそばにはべっていたのではあるまいか。

わたしたち現代人にはやりきれない光景であるけれども、それが古代世界の真実《リアル》な実態なのであった（「殉葬」の問題については次巻にのべる）。

第二章　倭国の暦

二倍年暦

倭人伝に用いられている寿命は、通例の暦ではない。〝一年を「二年」と計算する、特異の暦〟だ。——この点の指摘をまず行われたのは、安本美典氏。貴重な業績である。わたしも独自に、同じ結論に達していた。それはただ「寿命」だけではない。「年数」にも及ぶ。そのように見なしたのである。関連史料をあげよう。

(イ)其の人の寿考。或いは百年、或いは八、九十年。
(ロ)其の国、本亦男子を以て王と為し、住《とど》まること七、八十年。
(ハ)又裸国・黒歯国有り、復た其の東南に在り。船行一年にして至る可し。
(ニ)復た卑弥呼の宗女、壱与年十三なるを立てて王と為し、国中遂に定まる。（以上、倭人伝）
(ホ)魏略に曰く「其の俗、正歳四節を知らず。但〻春耕・秋収を計りて年紀と為す」（『三国志』倭人伝、裴松之注）

右の(ホ)から「二倍年暦」の概念をうるとき（当然、一つの「仮説」だ）、(イ)〜(ホ)について、矛盾なき理解をうる。その最大のもの、それは無論(イ)だ。このままでは、誇大、弥生の人骨からも、『三国志』の帝紀・列伝（の寿命記載のもの）からも、理解不可能である。ところが、右の概念に立つと、全く矛盾がない。

これはただ倭人伝だけではない。記紀の天皇の寿命も、同一の概念によると、全く矛盾がない（『失われた九州王朝』第二章参照）。

また『三国遺事』の駕洛国記でも、

寿一百五十八歳（王、献帝立安〈「建安」か〉四年＝一九九年＝己卯、三月二十三日没）

寿一百五十七歳（后、霊帝中平六年＝一八九年＝己巳、三月一日没）

とあり、「二倍年暦」のあと、歴然としている。

(ハ)は、「二倍年暦」だと半年。わたしが、この「裸国・黒歯国」を〝南米西海岸北半部〟、つまりエクアドル海岸のあたりに目途した、その根拠となった史料だ（のちに西晋の木華の『海賦』において、その詳細な裏づけをえた――『邪馬壹国の論理』参照）。

(ニ)も「二倍年暦」では「七歳」（現在の暦では六・五歳）。

(ロ)は「三十五～四十年」だ。

この「二倍年暦」の概念を導入しなければ、理解不可能な記事、それは中国（『三国志』）、朝鮮半島（『三国遺事』）、日本（記紀）の各国にわたっているのだ。それだけではない。堯・舜・禹の聖治で有名な堯について、

皇甫謐曰く「堯、即位九十八年、舜の摂を通じて二十八年なり。凡そ年百十七歳」と。

（『史記』五帝本紀第一、正義）

といった記事が頻出しているのを見ると、「二倍年暦」の淵源は意外に古いかもしれぬ。

張氏の反論

　ところがこれに対して反論されたものに、張明澄氏の議論がある（『季刊邪馬台国』13号、二十三ページ）。氏は倭人伝の「その人の寿考、或いは百年、或いは八、九十年」の文について「寿考というのは、平均寿命の意味ではなく、せいぜいどの程度まで生きられるかと言うことである」とし、「最高寿命」の意とされる。したがって「中国人は、倭人だけでなく、中国人であっても、『其人寿考、或百年、或八、九十年』というように考えている」と結論された。

　確かに、倭人伝の文中に〝現代風の平均年齢の概念〟を見出すことはできないかもしれぬ。しかし氏のいわゆる最高寿命説は果して妥当であろうか。この立場からは、〝倭人と中国人は同等程度の寿命〟と見なされていることとなろう。

けれども、『後漢書』倭伝には、

　寿考多く、百余歳に至る者、甚だ衆《おお》し。

とするし、倭国を中国以上の長寿国と見なしている。この文面が『三国志』倭人伝の当文面を見て、書かれたことは確実だ。

とすると、張氏が（その論調のしめすように）〝中国人が倭人伝を読んだら、必ずこのようにうけとる以外にはない〟といった自己主張をされるとしたら、明らかにあやまっている。なぜなら『後漢書』の著者、范曄も中国人だからである。したがって〝中国人と変らぬ、倭人の寿命状況が書かれている〟という、この氏のうけとり方は、当然ながら全中国人の主張ではなく、氏一人の主張にすぎぬものだ。その主張は果して正しいだろうか。

　第一の反問は、〝もし張氏のいわれるごとくであるなら、何も先のような文章を、こと新しく倭人伝に叙述する必要がない〟という点である。

たとえば倭人伝には、侏儒国について、

人長三四尺。

の叙述があるけれども、倭人自身については、格別身長に関する叙述がない。それはなぜか。中国人と倭人との間に身長に関して特記すべき差異が見出されなかったからではあるまいか。このような大局観からすれば、やはり張氏の説には無理があるようである。

反面、右の倭人伝の文からだけでは「二倍年暦」という概念を抽象することは、必ずしも容易ではない。そのさい、重要な鍵を提供したものは、先の(ホ)の文面である。

これを張氏の引文通りに再録してみよう。

魏略曰く、その俗は正歳四節を知らず、ただ春耕秋収を記して年紀となす。

これに対して、張氏は次のようにいわれる。

「どう読んだところで、『二倍年暦』という意味には取れない。『魏略』がみた倭人は、四季なんかを知らず、ただ春に植えて秋に収穫することを一年としている、ということである。そして、はっきりと、春と夏をあわせて一年にする、と書いており、『春耕』と『秋収』をあわせて『年紀』とし、『二年紀』とはしていない」

この張氏の説を検討する前に、いささか書誌学上の問題の検証が必要である。なぜならわたしたちの現在知っている刊本では、次のようだ。

(A)魏略曰、其俗不知正歳四節、但計春耕秋収為年紀。（傍点は古田。以下同じ）

（南宋の紹興本と紹熙本）

(B)魏略曰、其俗不知正歳四時、但記春耕秋収為年紀。

（清朝欽定、四庫全書本、乾隆四年校刊本、武英殿本等）

ところが張氏は、右の(A)(B)を合成した形の「―節、―記」の形の文形を何のことわり（採用刊本に関する注記）もなく、自明のごとく使用しておられる。おそらくこれは、

(C)魏略曰、其俗不知正歳四節、官本節作時但記春耕秋収為年紀。（中華書局の盧弼『三国志集解』）

に拠られたものと思われる（張氏は他の個所で、盧氏の右の本に触れておられる――『末盧国＝佐世保』説）。しかしながら、この盧氏の校定には、実は問題点が多い。

第一に、その依拠底本がかなり粗雑であったように見える点だ。たとえば、

如喪人名為持哀。宋本哀作衰下同

とあり、有名な倭人伝の「持衰」を「持哀」と版刻しているのである。盧氏が「宋本」といっているのは、(A)の紹興本のようであるが（紹熙本は未見のようであり、対校されていない。――たとえば「対海国」）、この点は(B)（盧氏は「官本」と呼ぶ）でも、変りはない。「持衰」である。したがって盧氏の依拠底本は(A)(B)のいずれでもない粗刻本であるという可能性が高い（盧氏の『三国志集解序例』や「三国志集解序」に各種の異本を対校した旨記されているが、右の形がいかなる依拠底本に拠るものか、必ずしも明確でない）。

同じく、今問題の一文でも、(A)の宋本（紹興本）に一部、後代本(B)の形が混入した形になっている（あるいは「(A)→(C)→(B)」という時間系列のものとも、考えられる）。要するに、盧氏の依拠底本は、原形をしめす良質のものとは、いいがたいようである。

第二は、盧氏の校正自身も、精密でない点だ。なぜならすでに「節」について、官本(B)によって〝「時」とするものあり〟と書いたのであるから、「記」についても、〝宋本（(A)の紹興本）では「計」とする〟旨、注記しなければ、一貫しないからである（他にも右の「宋本」を対照したところは、各所に見ら

れる)。したがってこの点は、やはり盧氏の校正上の錯脱の所為と見なすほかない。

以上を要するに、すでに同じ中華民国の張元済による廿四史百衲本の流布された現在、(B)や(C)でなく、古形の(A)によって立証すべきだ。現在の学術水準から見て、これは当然である。しかるに張明澄氏は、残念ながら、この肝要の検証を怠っておられるようである(もし後世の刊本たる(B)(C)の方が正しく、古形の(A)があやまっているという主張を、氏がもたれるのなら、その旨の立証が不可欠である。しかし張明澄氏にそれはない)。

以上のような、微細にわたる書誌について縷述したのは、これが史料批判上、重大な内容問題に関連するからである。以下にこれをのべよう。

(A)によってみると、その内容は次のようだ。

①倭人は、中国で行われている太陰暦の正月と同じく暦の上の四季を知らない。

②しかし彼等は独自の〝暦〟をもっている。それは春耕と秋収の時点を計測して、それぞれを年紀(としのくぎり)としている。

①の「正歳四節」が当時中国で行われた陰暦の体系を指すことにおいて、誰人にも異存はないであろう。そしてそれは必ずしも自然の四季とは一致していない。ことに中国の広大な大地では、自然の四季そのものが各地各様であること、自明のことだ。

②の場合、重要なのは、「春耕・秋収を計る」といっている点だ。倭人伝の「其の道理を計るに、当に会稽東治の東に在るべし」の例にも見られるように、「計」は〝計測する〟の意である。

そしてこのような三世紀中国人の観察が決して架空のものでなかったことは、最近の日本古代史上の報告がしめしている(たとえば原田大六氏の『実在した神話』)。

その詳細はなお不明ではあるものの、太陽信仰と農耕生活を結びつけていた弥生倭人が、この種の天文観測に無関心であったとは、祭祀上も軍用上も考えられないのである。そして「春耕」も、「秋収」も、このような倭人独自の天文計測との関連において行われていた、そのように見なすことは自然である。

そして重要なこと、それは(A)の文面を客観的に分析した結果が、弥生期の日本列島の実情況と矛盾せず、むしろ合致する、という事実である。このような日本列島側の事実を知らなかった清朝の校定者たちは「計→記」の改定校本を正本とし、(C)もこれに従い、やがて張明澄氏も疑わず、この改定本文に従って立論されたのである。

氏は「四季なんかを知らず」といわれるけれども、中国はいざ知らず、春夏秋冬の鮮明な日本列島（ことに今の場合、近畿以西）の場合、子供すら自然に「四季を知る」のであるから、当らざること甚だしい。この点、(B)(C)の文がかえって後代（清朝）など、机上で改作造文した結果であることをおのずから告白しているものではあるまいか（「四節」と「四時」は、ほぼ同じ意義の用法である。ただそのニュアンスに若干の差異があるようである。しかし今の問題にはかかわりがない）。

さて、次の局面に進もう。

先にのべたように、(A)の文は「二倍年暦」と解するのをもっとも自然とする文章であるけれども、なお慎重に別の立場から考えてみよう。すなわち、

(1)倭国に「二倍年暦」あり、と見なす。

(2)倭国にも「通常年暦」のみ、と見なす。

の二つの仮説あり、とするのである。そのさい、いずれが（倭人伝に限らず）関係史料を、より適切に解

説しうるか、という検証が問題となろう。

(1)の場合、

①魏略自身についても、文面が「春耕」や「秋収」の各一方のみの表記ではないから、より適切に解しうる。

②先述のように、中国・朝鮮半島・日本各国の文献に自然な理解を与えうる。

また日本人の生活習慣において、年に二回の節目をもっていた歴史の遺存形と見られるものが少なくない（たとえば年末と夏との二回の挨拶状、掛け取り等）のであるけれども、これは今後の課題であろう。

以上に対し、(2)の場合は、いずれの史料にも合理的かつ適切な説明を与ええず、不自然もしくは不合理の文として放置するほかはない。とすると、やはり第一の仮説の方が学問上、考慮に値し、かつ支持されねばならぬ。——以上だ。

けれども、この重要な問題点につき、反論を提起し、このようにより詳細な解説の機を与えて下さった張明澄氏に厚く感謝したい。

（なお初唐〈七世紀前半〉に成立した『晋書』倭人伝に次の記事がある。

「不知正歳四節但計秋収之時以為年紀」

ここでは次の点が注目される。

(1)(A)〈紹興・紹熙本〉型の文によりながら、「春耕」の一語を削除している。

(2)この場合、明白に「通常年暦」〈陰暦〉であり、「二倍年暦」と見得る余地はない。

(3)このことは次の一点を意味する。〝(A)の原文では、「通常年暦」としては不適切もしくはまぎらわしいため、『晋書』の著者は、一方の「春耕」を削除した〟と。

⑷すなわち〝中国人〈『晋書』の著者〉の目から見ても、(A)の原文では、すなおに「通常年暦」とは見えない〟ことを、この『晋書』の文面は、逆に証明していたのである。

なお、この「二倍年暦」の問題については、沢武人氏の「春耕・秋収——古代の紀年法についての提案」〈『宮崎県総合博物館紀要』第二輯・第三輯、昭和四九・五〇〉という論文がある。

二倍年暦の下限

最後に、この「二倍年暦」の下限の問題にふれよう。

先にのべたように、記紀において天皇の寿命が「二倍年暦」で書かれていること、これを疑うことはむずかしい。なぜなら、次ページの表のしめすように、最高限度が百四十（紀）および百六十八（記）を越えず、「二倍年暦」の視点から見れば、人間の寿命として無理がない。これに対し、単なる誇張の長寿と見なす立場（津田史学とその後継者の立場）からは、右のような長寿の限度問題を説明しえない。

さて、その下限はいつか。

㈠記では、少なくとも雄略（百二十四歳）まで。顕宗（三十八歳）はいずれとも不明だが、記の実質内容たる説話部分が、「顕宗まで」であることから見ると、やはりここまで「二倍年暦」であった可能性が高いであろう。

これに対し、「系譜のみ」の後時追加部分と思われる継体（四十三歳）の場合は、日本書紀（八十二歳）と比較すれば、すでに通常年暦になっていることがうかがえよう。

㈡紀の場合、右でしめされているように、少なくとも継体までは「二倍年暦」による寿命表記を基礎としているようである。

これに対し、安閑（七十歳）。宣化（七十三歳）以降については、判定すべき史料状況が存在しない。

		〔日本書紀〕	〔古事記〕
1	神　武	127歳（63.5歳）	137歳（68.5歳）
2	綏　靖	84〃（42　〃）	45〃（22.5〃）
3	安　寧	57〃（28.5〃）	49〃（24.5〃）
4	懿　徳	〔77〃（38.5〃）〕	45〃（22.5〃）
5	孝　昭	〔113〃（56.5〃）〕	93〃（46.5〃）
6	孝　安	〔137〃（68.5〃）〕	123〃（61.5〃）
7	孝　霊	〔128〃（64　〃）〕	106〃（53　〃）
8	孝　元	〔116〃（58　〃）〕	57〃（28.5〃）
9	開　化	〔111〃（55.5〃）〕 又は115〃（57.5〃）	63〃（31.5〃）
10	崇　神	120〃（60　〃）	168〃（84　〃）
11	垂　仁	140〃（70　〃）	153〃（76.5〃）
12	景　行	106〃（53　〃）	137〃（68.5〃）
13	成　務	107〃（53.5〃）	95〃（47.5〃）
14	仲　哀	52〃（26　〃）	52〃（26　〃）
	（神功皇后）	100〃（50　〃）	100〃（50　〃）
15	応　神	110〃（55　〃）	130〃（65　〃）
16	仁　徳	?	83〃（41.5〃）
17	履　中	70〃（35　〃）	64〃（32　〃）
18	反　正	?	60〃（30　〃）
19	允　恭	?	78〃（39　〃）
20	安　康	?	56〃（28　〃）
21	雄　略	?	124〃（62　〃）
22	清　寧	若干	?
23	顕　宗	?	38〃（19　〃）
24	仁　賢	?	?
25	武　烈	?	?
26	継　体	82〃（41　〃）	43〃（21.5〃）
27	安　閑	70〃（35　〃）	?
28	宣　化	73〃（36.5〃）	?
29	欽　明	若干	?
30	敏　達	?	?
31	用　明	?	?
32	崇　峻	?	?
33	推　古	75〃（37.5〃）	?
34	舒　明	?	
35	皇　極	譲位（重祚）	
36	孝　徳	?	
37	斉　明	?	
38	天　智	〔46〃（23　〃）〕	
39	天　武	?	
40	持　統	譲位	

注：（　）内は２分の１の数値、〔　〕は記事による算出。

ただ、推古の時代の直後〈舒明期のころ〉に追記されたと思われる記の系譜のみの部分が通常年暦によっていることからすると、すでにこの頃には「二倍年暦」から通常年暦への転換が行われていたのではあるまいか。

〈ただ、これは記紀といった公式記録の場合であるから、一般の民間等には、その後も残りえた可能性は十分あろう。〉

また記紀は近畿天皇家の史書であるから、中国との接触が早く、かつ濃密だった九州王朝〈筑紫〉の場合、もっと早くから〈公的には〉通常年暦に転換していた、という可能性も無視できないと思われる。

要するに、わたしたちの注目すべきところ、それは〝この「二倍年暦」が、決して倭人のみの一奇習などではありえず、暦の一類型として、広く分布していた〟、という可能性であろう。

先の夏王朝堯のケースも、加羅国王と王妃のケースも、倭人伝や記紀のケースとともに、その一痕跡と見なす立場である。

そのような作業仮説に立って、歴史民俗学的視点から、大陸・太平洋域等の広領域に対して探究が試みらるべきであると、わたしには思われる。

あとがきに代えて――わたしの方法論

本書で論じたところ、それはすべて、わたしの古代史探究の帰結である。それは当然だ。だが、同時にそれは、一個の学問的仮説であるということができよう。

たとえば、卑弥呼がもらったという金印が現われ、卑弥呼の墓の所在やその数々の物証の内実が明らかとなった、というわけではない。だから、その意味では、わたしの邪馬一国、博多湾岸説も、最終の結着点に至ったとはいえないであろう。

もちろん、本論でものべたように、学問的には、一個の金印の発見より、物証たるべき、数多くの出土物群の分布の方がより意義がある、そのようにもいいえよう。

しかしながら、卑弥呼時点の明確な金石文（たとえば右の金印のごとき）の出土があったとしたら、一挙に問題の確実性がえられるのは当然だ。

この点、わたしは本書の全体に対して、これを一個の学問的仮説と称することにおいて、何等の躊躇も感じないのである。

それゆえにこそ、研究者という名の各仮説提起者が、感情的対立や個人的攻撃などの泥沼に空しく埋没することなく、常に正々堂々と胸襟を開いて、各仮説の問題点を論争し合うこと、それが何よりも必要とされるのだ。

まして、縄文時代。本書でわたしの論じたところ、それは従来の縄文学にとって全く予期せざるところであるかもしれぬ。たとえば、縄文人が、たとえ後期末ないし晩期初頭（B・C一〇〇〇年前後）とはいえ、周王朝「貢献」というような政治行為を行うことなど、およそ信じがたかったところであろう。それは当然である。

しかし、『論衡』という文献に対する史料批判の結果は、これが容易に疑惑しがたい史料性格をしめすことが検出された。少なくとも、『漢書』の「楽浪海中……」の倭人記事のみを是とし、他方これを非とする、従来の文献処理の方法は、いかにも恣意的だったのである。

その上、周代の書たる『尚書』中の、周公の言（「海隅、日を出だす……」）もまた、これを裏書きしていた。さらに、『礼記』中の成王の言（周公の死にさいして。「昧」と「任」の舞楽）もまた、右の『論衡』の「倭人と越裳」の貢献記事を背景とせずしては、理解しえないものだったのである。

したがって、いかなる先入観にもわずらわされず、ひたすら厳格に、客観的に文献を処理する限りは、このように解するほかはない。――これがわたしの立場だ。

そしてこれをもって、一個の学問的仮説と見なすこと、これもまた、先述の問題と同じである。

本書では、周知の倭人貢献をもって、「日本人が文献に現われた始源」として扱ったのであるけれども、さらにより古い時代に関して、若干の徴候の見出されたことを、率直に追記しておきたい。

それは、『後漢書』の東夷列伝序文の記事だ。そこでは、

(一)堯が家来の羲仲を嵎夷のところに遣わし、そこに宅《お》らしめた。そこは「日の出づるところ」（暘谷《ようこく》）であろう（『尚書』にも所出）。

(二)夏の後半（夏后少康以後）に、夷人を来賓として招き、その舞楽を演じてもらった。

㈢夏の末期や殷の後半などに、諸夷が中国本土に侵入し、さまざまの経緯の末、淮《わい》・岱《たい》の間に定着するに至った。

といった情報が盛《も》られている。もとより、従来の中国古代史学、もしくは東アジア古代学にとっては、全く信憑性のおかれていない記事であろう。なぜなら、〝当初は「夷」とは、中国本土内部（東岸部方面等）の諸部族の称であり、後来、中国人の地理的視野の拡大によって、朝鮮半島や日本列島などの種族を「東夷」と呼ぶに至った〟というのが、現在の通説のようであるから。その見地からは（もしこれを範曄の意図——これは、倭伝をふくむ東夷列伝の序である——の通り、海外の東夷との歴史的交渉の伝承と見なすならば）これは笑うべき虚妄の記事と見えよう。

しかし、わたしには、この記事にもまた、一笑に付しがたいものが感ぜられる、とのみ、今はのべておこう。

わたしがこの『後漢書』の東夷伝序文のもつ問題性を指摘した（朝日カルチャー「倭人伝を徹底して読む」第一回、一九八四・四・二一・大阪）あと、鳥浜貝塚（福井県三方郡三方町鳥浜）で、縄文前期（五五〇〇年前）の地層からの赤漆塗りのくしの出土が報ぜられた。それは、従来の漆の歴史を一気に三千年もさかのぼらせるものだという。

またヒョウタン（西アフリカ産）などの外来植物が、大陸から運ばれた（森川昌和・福井県立若狭歴史民族資料館副館長）という推定もなされているようである。

さらに、中国社会科学考古研究所の安志敏・副所長によると、日本の縄文遺跡から出土する直径五センチメートルほどの硬玉製装身具（けつ状耳飾り）と同型のものが七千年前の農耕遺跡である河母渡遺跡（浙江省）で発見された。安副所長は朝鮮半島を経由しない日中の交流ルートの存在を推定しておられるという（『日本経済新聞』昭和五十九年五月十四日）。以上のような諸発見には、いまだ安定していないものがあるかもしれず、またさらに新たな局面の諸発見も、今後に期待されよう。

ともあれ、わたしたちのとるべき立場、それは、文献の暗示するところに対しても、これを一笑に付することなく、将来の研究のために、これを留意（take note）しておくこと。——これではあるまいか。

啓蒙主義史観に立って、上古の所伝を一笑に付すること、それが学問的と信ぜられていた時代は、確かにあった。明治以来、現今までがそうであった、とも見なしえよう。

けれども、今後は、もっと慎重な姿勢で、これらの上古の所伝や、上古の資料に対すべきときが近づいているのではあるまいか。

勇敢に仮説を立て、慎重に留意する。——これが新たな学問研究者の指標となるべきではあるまいか。

これがわたしの立場である。

文庫版によせて

一

かつてこの通史の執筆にさいし、決心した。「すべてを書き切ろう。」と。そうした。書き終って、何一つ残っていなかった。昭和五十九年二月中旬のことであった。

その年の四月、奇しき運命の変転に遭うて、東京に移った。爾来、四年になんなんとし、ふと四方を望み見て驚く。新課題・新発見の、未知の扉が各所に開放されてわたしの探究の旅を待っているではないか。知らず、あと何歳の生命《いのち》、願わくは幾十歳か、新たな探究への戦いの日々に恵まれんことを。

幸いに本書が文庫版化されるにさいし、近年、見出した新たなテーマ、未見のポイントについて、その主なものの若干を、以下簡記させていただきたい。

二

第一、佐渡島。わたしには、年来この島が不審だった。本書の「国生み神話」の項でのべたように、日本書紀に六個、古事記に一個、計七個の大八洲国の「候補地」が並べられている。その中にこの島の名は必ず入っている。だのに、この島をめぐる神名・神話など、一切出現しない。瀬戸内海内の二段地名（豊の安岐津、伊予の二名、吉備の児等）と異り、ここは記・紀神話の主舞台、対馬海流上出色の島。島名が出てくるのは自然だけれど、その中味がない。からっぽだ。だから不審だった。

果してこの島は、神もいない、神話もない、そんな〝空《から》っぽの島〟なのだろうか。そこに島がある、それだけは目についても、古代からの伝統に恵まれぬ、いわば「土」だけが海上に浮んでいる、そんな島なのだろうか。人の目を引き出したのは、江戸時代、幕府が黄金ラッシュの対象としたから。それ以外は、ただ流人の島だったのだろうか。

しかしわたしには、もう一つの想念があった。「いや、ちがう。ここは神聖な、宝の島だった。遠き悠遠の古えより、そうだった。ちょうど、筑紫にとっての沖の島、出雲にとっての隠岐島がそうだったように。前者は、いわゆる『海の正倉院』、後者は黒曜石の宝庫として、それぞれ両地域にとって、繁栄のキイ（鍵）をしめしていた。然り、古代の越の国にとっては、この島は同じ位置を占めていたのではないか。記・紀神話がそれにふれないのは、この島が、別の神話・文明圏に属していたからではないか。」この仮説だった。

昨年（昭和六十二年）の十月と十一月、二回にわたってこの島を訪れた。この島に詳しい松尾計一氏の御先導だった。わたしはそこに見た。この島の古代における輝かしい繁栄のあとを。或は、長者ケ平遺跡出土の、あふれるような縄文遺物群（小木考古資料館）。それは対岸の、新潟本土なる弥彦神社を指呼の間に見はるかす、絶佳の高地にあった。或は、国中《くんなか》平野の弥生の玉造遺跡群、当時はかなり入りこんでいたらしい海岸部をめぐって、今見出されているだけでも十何か所かの、各種の玉製品の製作跡が、群をなして存在している。まるで「臨海工業地帯」のように。この島の人々が使うには、あまりにも厖大な量だから、製品は舟で越の国本土へと運ばれたのであろう。この島で出土する、瑪瑙・赤玉石・碧玉・水晶・紫水晶・黒曜石と、あまりにもカラフルな、玉類や鏃等の製品。考古資料は、同時に美術資料だ（佐渡資料館及び新設の新穂資料館）。わたしはもはや、この島が、古代、神聖な宝の島であったこと、もし越の国で記・紀が作られたならば、この島が〝神々と神話の原点〟として語られたであろうこと、それを疑うことができなくなったのである。

三

右のテーマは、わたしの内部では、すでに「国引き神話」の探究の中から、胚胎し、強く醗酵しはじめていた。

すでに『古代史を疑う』（駸々堂刊）などでのべた通り、わたしはこの神話に対する、従来の理解にあき足らなかった。国引き先として、第一（新羅）と第四（越）は異論がないものの、第二、第三の「北門」を日本海岸（島根県北岸）や隠岐島とするのでは、いずれも古代の出雲内部だから、「タコの足喰い」（北岸）もしくは「心臓喰い」（隠岐）の観をまぬかれなかったからである。そこで〝清水の舞台から飛びおりる〟思いで、しかし実証的にはきわめて平明な方法（出雲以外、出雲から北方、の二原則によって、これをウラジオストックを中心とする地帯に求めた。第二が北朝鮮（朝鮮民主主義人民共和国）の東岸部、第三がソ連の沿海州である。すなわち、この神話は古代（弥生期以前）の出雲の漁民にとっての「世界」を舞台とした、壮大な神話だったのである、と。

ところが、この「世界」とは、日本海岸の西半分だ。第四の「高志の都都の三崎」が能登半島（珠洲か）と比定されている点からいえば、ことにそうだ。では、東半分は――。別の神話・文明圏だからだ。この答が、先の「佐渡の空白」問題へと、あらためてわたしの目を向けさせることとなったのである。その行手は――吉だった。

四

第二は、「邪馬（山）」の発見。三国志では邪馬臺国に非ず、邪馬壹国だ。これがわたしの古代史世界に歩を印した、最初のテーマだった。だが、後漢書では邪馬臺国が是、これがわたしの立場である。

両者に共通する「邪馬」、これが真の中心国名だ。邪馬壹は、狗邪《こや》や不耐濊《ふたいわい》、また閩越《びんえつ》のように、「当該地名プラス大領域名」の形。「壹」は、「倭」に代えて（壹与が国書で）用いたもの。異音ながら、〝中国の天子に二心なく忠節〟の表意を重んじた、倭国側の造字。――これがわたしの見解だった。

一方の邪馬臺は、「邪馬における臺（高地、宮殿）。」の意。「ヤマト」の表音ではない。五世紀（後漢書成立期）には、すでにこの種の表記は、東アジア各地にあった。

問題はこの「邪馬」。それはどこか。何年の課題だった。それが解けたのが、去年の二月。「邪馬壹国から九州王朝へ」というシンポジウム（同名書として、新泉社刊行）で博多に行ったとき、春日市の春日神社へ行き、宮司の星野昌徳さんから熊野神社関係の文書を見せていただいた（同神社宮司を兼務）。須玖岡本の王墓のドルメンが置かれているので著名の神社だが、一に弥生考古出土遺物の最密集地（志賀島から朝倉に至る、弥生のゴールデン・ベルトの中枢地）に位置すること。二に須玖岡本の王墓（中国絹と倭国絹を共存させている、日本列島唯一の弥生墓（甕《みか》棺））を〝下目〟に見下す丘陵部に当っていること、この二点から、わたしのかねて注目していた神社だった。ごく最近、約三〇〇メートル北方から、これも今のところ日本列島唯一の、弥生期の鏡の鋳型（及び他の二種類の鋳型片と銅鉾《し》）が、小さな倉庫の建て替え跡から出土していた。ところが、その神社関係文書には、

筑紫郡春日村大字須玖岡本山七八一

という、同神社の住所がくりかえし出てくる。「須玖岡本山」とは何か。これは、

春日村、須玖（大字）・岡本（中字）・山（小字）

ではないか。この点、後日（同年五月）朝闇《くら》神社の絵馬（筑紫舞）保存の問題で朝倉に向った途次、筑紫野市の法務局で確認したところ、あやまりはなかった。他にも、「須玖岡本」や「須玖岡本辻」などの字名があった。

もとよりこの「山」という地名が、三世紀にさかのぼって存在した、という保証はない。しかし、〝山だらけ〟の日本列島各地に「山」のついた地名は数多い。縄文・弥生にも山はあったのだから、これらを〝新規の命名〟ときめつけるわけにはいかないのである。

当然ながら、「大和」にしても、「山門」にしても、三世紀にさかのぼる〝保証〟など、全くない。ないけれど、一つの徴証とされている。目印とされてきた。それと同じだ。

ともあれ、わたしの立場はこうだった。先ず、最終目的地たる「ヤマト」（邪馬台）と読めそうな地名を採り、あるいは「改定」した上、大和や山門に当てる。その上で、そこへの行き道として〝都合の悪い〟方向や距離に〝手直し〟を加える。——このやり方を非とした。

代って、そんなことに一切かまわず、ひたすら三国志全体の表記法に従って倭人伝を読んだ。その里程を〝誇張〟に非ず、真なるものとした。部分里程の合計は、総里程になることを信じた。その結果、

わたし自身の思わくなどふっ飛ばして、博多湾岸と周辺山地に「到着」せざるをえなかったのである。
――これがわたしの方法だった。

そのあと、考古学的出土物分布への探究の道を歩みはじめるにつけ、ここがまさに、日本列島最大の弥生遺物最密集地であったのを知った。しかも、先の鏡の鋳型や小型銅鐸の鋳型や璧や王莽の貨布の出土などで、その頻出はとどまることを知らぬ勢いである（一つ、笑止なことがある。これらの出土をいつも「奴《な》国の出土」として伝えつづけている人々が〝少くない〟ことだ。倭人伝第三位の「奴国」がこれなら、第一位の「邪馬壹国」や第二位の「投馬国」は、この弥生のゴールデン・ベルトをはるかに上廻る、質量の出土量でなければならぬ。しかし、全日本列島中、そのような個所はどこにも存在しないのである。人間の健全な常識に背を向けつづけるニュース、そのこわさを、もう人々は忘れ去ったのであろうか）。

そして今年、わたしはその最密集地の真只中、その丘陵地に「山」の地名を見たのである。もちろん、これをもって「断定」することは禁物だ。だが、方法論上、もっとも筋の通った場所に、新たにもっとも有力な候補地を見た。わたしはそのように考えている。心を躍らせている。その当否は考古学的発掘が、いつの日かさししめすことであろう（この問題については、『よみがえる卑弥呼』〈駸々堂刊〉参照）。

五

なお、邪馬壹国の女王卑弥呼に関して新しい発見があった。彼女が日本の文献では、筑紫風土記の甕依姫に相当する、この同定は本書で最初にのべたところ（この通史の原型となった、大阪の朝日カルチャーセンター「みんなに語るわたしの古代史」連続二年講座で初述。昭和五十六〜七年）。だが、わたしには遠慮があった。「少なくとも卑弥呼と同類の性格をもつ、同時代の女王」（本書）――この表現が、端的にわたしの心緒を表現していよう。ところが、決定的な進一歩があった。

右の筑紫風土記に、重大な「原文改定」が行われていたのである。「今（原文）」と、「令（改定）」、たった一字だけれど、あの「壹」と「臺」の改定と同様、及ぼした効果は甚大だった。原文へと〝もどした〟途端、甕依姫の真実《リアル》な行為と背景が生き生きと復活し、それは倭人伝の伝える卑弥呼の姿と驚くほどの一致を見せていたのである（現行の岩波古典文学大系本『風土記』による。同じく現行の東洋文庫本も同じ。かえって「絶版」となった、岩波文庫本、角川文庫本の方が原型をとどめている）。

もはや「遠慮」は必要がなくなったようである。

同じく、風土記の問題として、出雲風土記に重大な「原文改定」が行われ、これは江戸時代の荷田《かだの》春満《あずままろ》以降、すべての校定者が従ってきていた。そのため、日本の古代史に関する、多元的真実が（天皇家）一元史観へと〝書き改め〟られ、国語学者も、歴史学者も、これに気づかずにきていたのである。

六

最後のテーマ、それは「江南と日本列島の交流」の問題だ。すでに「稲の渡来」などで注目されていたルートであるけれど、河姆渡遺跡（杭州湾南岸。浙江省余姚《よよう》市）から多くの石玦《けつ》（玦状耳飾り）が出土したことで、様相は一大進展を見せることとなった。

昨夏、現地に訪れ、遺跡と出土遺物を熟視した結果、わたしは〝日本列島から、中国海をはさんで、江南に及ぶ〟石玦文明圏の実在を疑うことができなくなった。このテーマのもつ波及効果は絶大だ。た

とえば、

㈠縄文早期末から後期前半まで（前四七〇〇〜前一五〇〇）の間、大半の時期（そのはじめ三分の二）は、中国大陸側（江南近辺以外）に同類の出土物がなく、日本列島側にはほとんど全土近く分布している。これを果して「江南から日本列島へ」の伝播という矢印で、合理的に解説できるのか、という問題。

㈡中国の新石器時代の土器分布は、江南周辺（仙人洞〈江西省〉前六八〇〇、河姆渡〈浙江省〉前四七〇〇前後）が最古であり、黄河流域や揚子江中・上流域はおくれる。東北地方・広州地方はさらにおくれている（上海博物館、新石器時代図による）。その最古の江南周辺領域の東方には、わが日本列島が横たわっている。前一万年の土器が軒並みの縄文列島だ（現在の最古は、神奈川県大和市の無文土器。前一万二千年前後）。とすれば、「土器の流れ」の矢印はどちらへ向くか。先入観なき人には、自明であろう。

㈢右の石玦文明圏の存在は、日本列島と江南との間の海、中国海が、当時の〝航行の場〟であったことを証明している。「意図ある航行」だ。縄文人の航海は、沿岸航行には限らなかったのである。

とすれば、そのような縄文の舟が黒潮に乗じたとしよう。その行先は、海流の論理の導くところ、北太平洋海流からカリフォルニア海流へ、やがてエクアドル沖で、北上してきたフンボルト大寒流に出会うのである。

エバンズ夫妻の縄文文明伝播説やわたしの「裸国・黒歯国」説を〝笑って〟きた日本の考古学者たちにも、笑い切れぬ季節がようやく到来したようである。

㈣同じく、先の「国引き神話」。弥生以前の「出雲〜ウラジオストック」間の古代航行を疑問視する論者もいるようだが、右のような「江南〜日本列島（九州）」間の伝播・交流の事実に、あるいは不案内だったのではあるまいか。新しい認識は、不断にわたしたちの眼前に開かれている。

日本列島の歴史を、日本列島内に限定して語ることはできない。――この自明の真理はやがて二十一世紀の日本人にとって常識となることであろう。
そのために、本書が役立つことをひそかに祈りつつ、この文庫版の運命を見守りたい。

一九八八年三月八日　記

古田武彦

日本の生きた歴史（十九）

第一　「時の位《くらい》」論

第二　漢音と呉音論

第三　「安倍家文書」の真実——秋田孝季、再論

日本の生きた歴史（十九）

第一 「時の位《くらい》」論

一

わたしは「現代」を論じます。それは当然です。なぜならわたしは「現代」に生きています。だから、その「現代の目」から「古代」を見る、あるいは「中世」を見ているのですから。

これに対して「古田は古代史だけに限定して書いてほしい。」と要望される方があります。その人独自の「現代史」に対する立場（イデオロギー）をお持ちの方なのでしょう。しかし、それは無理です。わたしにとっての「学問の方法」ではありません。

わたしが何回も、くりかえし書いてきたように、東北大学の日本思想史科の恩師、村岡典嗣先生から「ギリシャ語の単位をとるように。」と教えられました。当時の一世を風靡《ふうび》していた「皇国史観」の立場から、古事記や日本書紀といった日本の古典を研究するのではなく、ソクラテス・プラトンの「視野」に立って日本の古典を見るように、そういう教えだったのです。「普遍的な、人間の理性」という原点から日本の歴史そのものを見よ、という貴重な教えでした。

そのさい、具体的な「師表」としてしめされたのが、ドイツのアウグスト・ベエク（ベーク）のフィロロギイだったのです。彼の「フィロロギイ」とは、一言にして集約すれば「認識されたものの、認識」です。文献だけではなく、祭儀や建築物や一片の鏃《やじり》に至るまで、人間が〝造った〟ものは、すべてその人間の認識の「表現」なのです。

わたしは「村岡史学」を越えて「ベエク史学」へと進むこととなりました。それが村岡先生の「教え」だったからです。村岡先生は自分の場合、（ベエクと異なり）「文献」に研究を限定した、と言われたのです。そしてその〝あと〟の発展を、わたし（古田）に話そうとされたのだと思います。

二

今のわたしの「目」から見ると、わたしたちは、その「ベエク」をも〝越え〟なければならないのです。なぜなら、ベエクの場合、研究対象は「ギリシャ」に限られていたようです。しかし、その「学問の方法」は本来、決してただ「ギリシャ」にのみ〝限られる〟はずはありません。たとえばキリスト教の母国、イスラエル、あのイエスの「歴史上の真実」を探求する上でも、同じです。当然適用されるべき方法です。

たとえば、バイブル（旧約聖書）の冒頭の神々（複数形）が、なぜ単数の「神」へと〝書き変えられた〟か。現在、世界最大の発行部数をもつといわれるバイブル（英語・ドイツ語・フランス語・スペイン語・ロシア語等の各国語）は、本来の「複数形」原典（ヘブライ語）を〝書き変えた〟改竄本だったのです。もちろん「イエス」を「神」ないし「神の子」とする「宗教上のイデオロギー」によるものです。この点、わたしの『俾弥呼』（ミネルヴァ書房、二〇一一年刊）に明記しました。

問題は、右にとどまりません。バイブル（四福音書とも）では、イエスに対する処刑（十字架による死刑）がイスラエルの大祭司たちの「主導」そして「意志」によるもの、として明記しています。これに対してローマ総督のピラトは、「反対」だったけれど、〝しぶしぶ〟従わざるをえなかった。そのように「描かれ」ています。

これは〝真っ赤な、ウソ〟です。それをよく知る者、それは現代日本の、わたしたちです。昭和二十年（一九四五）の八月十五日以降の日本において、昭和天皇や吉田茂等が主導して、マッカーサーが（それに反対だけれど）〝しぶしぶ〟従った、そんなことがあったでしょうか。全くありません。たとえば「A級戦犯・B級戦犯・C級戦犯・D級戦犯」なども、マッカーサーは「反対」していたが、昭和天皇や吉田茂等の「意志」に引きずられて〝しぶしぶ〟従ったか、全くありえません。逆です。

この点、「古代」と「現代」との間に〝ちがい〟があろうとは、思われません。「勝った側」と「負けた側」との間の、当然の関係、自明の道理だからです。

すなわち、「四福音書以前」の原型をしめすもの、それが『トマスによる福音書』です。これも、『俾弥呼』と自伝『真実に悔いなし』に明記しましたが、「反応」は一切ありません。『反応なし』が「真実の証拠」、わたしはそう考えています。

この問題一つ採ってみても、「現代こそ古代史に対する、最高の証人」なのです。世界最大の「古典」というべきバイブルは、「ローマ側の利害によって〝書き変えられた〟改竄本」であることが、ここに疑うべくもなく「提起」されているのですから。全世界からの反論を、わたしは日夜期待しています。

この問題に関する、詳細な叙述は「言素論のバイブル批判」（『多元』一一九号）でのべました。是非、参照してください。

第二　漢音と呉音論

一

今回（二〇一三年九月）公刊された『真実に悔いなし』（自伝）の読者から、早速の反応が寄せられました。お知らせいただいたのは「結城令聞」。わたしは「ゆうきれいぶん」と振仮名をつけていたのですが、「れいもん」が正しい、というのです。

この読者は兵庫県の姫路のお寺（東本願寺系）の方で、同じ姫路市生まれで（東大教授を経てのち）善教寺住職として平成四年に没せられた結城令聞氏のことをよくご存知だったのです（谿口憲昭氏）。

わたしがこの結城令聞氏にふれたのは、「三つの序文」問題からでした。親鸞の主著『教行信証』には「總序」「信巻序」「後序」の三つの序文があり、結城氏は「本来、教行信巻が中心だったのではないか。」と問題提起しました。いわゆる「信巻別撰論」です。やがてこの学説は〝実証的に〟否定されました。けれどもわたしは今回自分の当面した『三国志』にも「三つの序文」問題があるのを見出し、いわゆる「東夷伝序文」が〝本来の、三国志全体の序文〟だったのではないか、という問題提起を行ったのです（『俾弥呼』「第七章　『三国志序文』の発見」参照）。

幸いにも、わたしの場合、結城提言とは異なり、「三国志の史料批判」や考古学的出土物（南米と日本の神籠石山城等）の〝裏付け〟を得て、現在に至っています（『真実に悔いなし』「第七章　新たな発見の日々」等参照）。

けれども、谿口氏の言われるように「れいぶん」という〝訓み〟はまちがい、「れいもん」が正しいのです。と東本願寺側の確かな資料をお送りいただきました。感謝します。

二

ここから、新たな「問題」が発生しました。「れいもん」は、御両親の〝つけられた〟文字と〝訓み〟でしょうから、何の問題もありません。

しかし、もし「漢音」で訓めば「れいぶん」、「呉音」で訓めば「りょうもん」です。ですから、御両親の〝つけられた〟「れいもん」は「漢音と呉音との混合訓み」なのです。

御両親の〝名づけ〟自体は、全く御自由なこと、当然ですが、同じ「聞」の一字に、一方では「ぶん」、他方では「もん」という二通りの〝訓み〟が、なぜ「発生」したのか。

あるいは「もん」は「もの」からの〝音《おん》の転化〟かもしれません。「物音」は「ものおと」であり、「ぶつおと」とは〝訓み〟ません。もちろん「おと」は日本語です。

前にも、何回かふれたように「からすんまくら」という黒曜石に対する呼び名（佐賀県）は、「からすのまくら」からの「音の転化」でした。あれと〝同類〟です。一方は「所有格」、他方は「名詞」ですが、あるいは〝同類〟の「音の転化」なのかもしれないのです。

三

まだ「断言」できるようなテーマではありませんが、いわゆる「呉音」と「原初日本語」との間には、切っても切れぬ〝深いかかわり〟があるようです。

たとえば「呉・越同舟」と言われる「呉」は「漢音」ですが、「越」の「えつ」は「江津」という「原初日本語」である、という可能性は、極めて高い、と思います。

これらの点、改めて「言素論」の一環として体系的にふれてみたいと思います。

今年（二〇一三年）の十一月二十日（水）に到着したこの玉便は、思いがけぬ「言語論の進展」へと改めてわたしを導いてくださったようです。

第三　「安倍家文書」の真実――秋田孝季、再論

一

「あったよ、あった。」

「何が。」

「寛政原本だよ。」

生前の、和田喜八郎さんとの忘れられぬ応答でした。「古田さんは喜八郎にだまされたのだ。」という人もありましたが、やがてそうではなかったことが証明されました。「東日流《つがる》内三郡誌」の秋田孝季、自筆本が見つかったのです。喜八郎さんから藤本光幸さんへ渡していた「東日流内三郡誌」がわたしたちの眼前に現われたのです。その「序巻、第一巻」の合冊本でした。喜八郎さんも、光幸さんも亡くなられたあと、光幸さんの妹、竹田侑子さんが〝見つけ〟られたのです。

侑子さんからわたしに送られてきた、その本について「和田末吉のものでしょうか。」と添え書きが

つけられていましたが、もちろん侑子さんも「寛政原本」の可能性を考えておられたと思います。

二

「寛政原本」という言葉は、わたしが作ったものです。幕末から大正まで、和田吉次の子孫の和田末吉は「東日流外三郡誌」の〝訓《よ》み下《くだ》し本〟を作りました。秋田孝季・りく・和田吉次の三人が写し、書いた「古写本」に対する〝訓み下し本〟です。これが現在「東日流外三郡誌」として活字本化されているものです。最初に、市浦村史本（五巻）、次いで、北方新社本（七巻）、八幡書店本（六巻その他）、和田家資料〈北方新社〉（四巻）とつづいています。これらの「元本《もと》」に当るものが和田末吉と息子の長作が、〝訓み下した〟写本なのです。その大部分は「明治時代」です。ですからわたしはこれらを「明治写本」と名付けました。

けれどもわたしは、この「明治写本」では〝満足〟しませんでした。さらにその「原本」に当る「寛政原本」は、江戸時代の中期末ないし下期初頭の成立ですから、彼等の自筆本が「必ず見つかる」と、そう信じていたからです。

この「東日流外三郡誌」に対する「偽作説」はすでに出ていました。最初は、市浦村史版に関係した豊島勝蔵氏がその「犯人」とされ、やがて和田喜八郎氏へと「犯人扱い」が〝移行〟しました。

しかしわたしにとって、それらは「論外」でした。なぜなら「物」がちがいます。執筆者側の本質の「異同」です。

まず、最初に出会った「孝季の思想」は「津軽審疑録」の中でした。『市浦村史資料編　下巻』の末尾です。すでに紹介しましたが、再録します。

「諸行無常の中におのが一代を飾り、いやしき身分を貴家に血縁し、いつしか皇縁高官職の血脈とぞ世人に思はすはいつの世の掌握せる者の常なり。」

〝勝った者は、必ず自己を「尊い身分」として誇ろうとする。〟というのです。

「然るに、その実相はかくなればやと審さば人皆祖にして平なりとぞ思ふべし。」

〝けれども、人間は本来平等である。〟

「津軽藩主として為信のその上を審さば、今なる血縁なきいやしき野武士物盗りのたぐいなり。」

〝津軽藩主の場合も、その祖先はいやしい『野武士・物盗り』のたぐいである。〟

「いつぞや世とて勝者は過去の罪障も滅却すといふごとく、人ぞ皆蓮の根ある処の如く審せば泥の内に芯根もつものばかりなり。」

〝勝者は過去を消し去るけれども、その根本は蓮と同じく、汚濁の泥にまみれている。〟

「然るに実相を消滅し、天の理に叶はずとも無き過去を作説し、いつしか真史の如くならむ事末代に遺るを吾は怒るなり。」

〝「天の理」に合わぬ偽りの歴史を作りなしている、その「公の歴史」に対して、わたしは怒っている。〟

「津軽の藩史は偽なり。」

〝現在（十八世紀）の津軽藩の公の歴史は、偽りである。〟

「依て吾は外三郡誌を以て是を末代に遺し置きて流転の末代に聖者顕れ是を怖れず世にいださむために記し置くも（「の」脱）なり。」

〝わたしはこの「外三郡誌」を記して末代に遺し、「流転の末代」に「聖者」があらわれ、これを怖れず世に出してくれるときの来ることを信じ、記しおくものである。〟

末尾に「寛政五年（一七九三）、秋田孝季」と記されています。これはいわゆる「明治写本」による、和田末吉・長作の「再写本」です。

この一文を読んで、わたしは驚嘆しました。この著者、秋田孝季の「目」の高さ、そして「目」の深さです。

同時代の「読者」の多寡に一喜一憂している、わたしなどの到底及ぶところではありません。

その上、ここで彼から向けられている批判は、明治維新以降、現在（二十一世紀）に至る、日本の「公教育」に対しても、ピッタリ当てはまっています。

明治維新において、長州（山口県）と薩州（鹿児島県）の下級武士が政権を奪取して以来、近畿の天皇家を「表」に立て、「万世一系」を〝正面〟にすえ、くりかえし詔勅で強調させました。秋田孝季が言うように、「勝ちたる者」が己が歴史を〝書き変え〟、それを「公の歴史」としたのです。

その根本は、昭和二十年（一九四五）八月十五日の「敗戦」によっても変わりませんでした。戦勝者、アメリカ側の「天皇家利用」の政策により、「象徴」という〝外来語（シンボル）の日本語訳〟として〝延命〟させられたのです。

その結果、「日出ず（づ）る処の天子、書を日没する処の天子に致す、恙（つつが）なきや。」という男性の王者（多利思北孤）が中国側（魏朝）の天子に贈った国書の自署名を「無視（シカト）」し、女性の推古天皇の時代の「発言」とする、という「非道理」否、「反道理」の歴史、虚偽の「日本の歴史像」を「公の歴史」としたまま、明治から平成までの百三十年を過ごしてきたのです。

「日本国の歴史は偽りなり。…吾れはそれに怒るなり。」

秋田孝季は、ハッキリとそう言い切ることでしょう。

しかし、わたしの熟知する和田喜八郎氏はちがいます。抜群の「昭和天皇心酔者」なのです。その天皇の亡くなられたさい、寸刻をおかず、東京へ馳せ向かい、その葬儀の人々の片隅に加わっていました。それはそれで結構なのですが、「天皇観の基本」において、秋田孝季と和田喜八郎との間には「天地の格差」があるのです。

三

「思想家」としての秋田孝季の内蔵する〝卓抜性〟は、竹田侑子さんからわたしにもたらされた「東日流内三郡誌」(序、第一巻)において、さらに鋭く、さらに深いものがありました。すでに前回(「日本の生きた歴史〈十八〉」)で略述しましたが、その全体を再録しましょう。

「一、天地之創乃至命體之起源」の一篇、第一巻の冒頭です(古田武彦・竹田侑子『東日流〔内・外〕三郡誌』オンブック、五五〜五六ページ)。

「大宇宙ニ星ナル天體ノ數幾千萬ソ。ソノ遠近亦計不知。我等ニ見ユル光陰ノ日月トテ摩訶不可思議ナル天體ニテ古人ヨリタタ神トソ教へ傳ハル耳也。」

〝大宇宙は、数千万という「星」から成り立っている。「日月」もその一つである。古人はこれを「神」と呼んだのに過ぎない。〟

「凡ソ大宇宙トテソノ創アリ地上ナル生命體トテ起原アリテ現世ニ移セミタルモノナレバナリ」

〝大宇宙には、その創《はじ》めがあり、生命体にも起原がある。これはこの「現世」に移してみたものである。〟

「大宇宙ナル創メニ於テ星ノ顯レキハ宇宙空間ニ原相アリ。無限ノ星幾千萬ト誕生セシメタルモノニシテ是ヲ吾等ガ祖人ハ荒覇吐祖神トソ言フナルモ他ニ解難故ナリ」

〝大宇宙の中の星がこの宇宙空間の「原相」をしめしている。無限の星が幾千万あるのがその現われであり、わたしたちの祖先が星を「荒覇吐（あらはばき）祖神」と呼んだのは、他には〝説明のしようがない〟からであった。〟

「日輪月界地界トテ星界ヨリ誕生セルモノナリ地界ニ生命體ノ發生ヲセシハ日輪乃至光熱月界乃暗冷ニ依リテ大海中ニ生命乃原體誕生セム也。抑々萬物生生乃モノハ皆此乃原ナル生命體ヨリ種々ニ分生セリト言フ」

〝日界・月界・地界などすべて星界より誕生した。その地界に生命体が光熱と暗冷によって成立した。大海中に生命の原体が誕生したのである。本来、万物の中の生き物は、此の原《もと》となる生命体からの「分生」であるという。〟

「依テ萬物ハ皆生命原祖ハ同ジク永キ世襲ニテ萬種ニ類生セルモノト思ヘ覚リテ真實ナリ。星界ニ於テモ死骸アリ。常々星モ生死セリ」

〝万物における生命の「原祖」は同じく、「永き世襲」である。それが万物に同類のものとして現われたと見なすのが真実（まこと）である。星界においても、「生命」あり「死骸」あり、星自体も「生死」している。〟

「星即天地ノ創リニシテ萬物生命體ノ起原ナリ」

〝星自身が「天地の創り」と「万物生命体の起原」をしめしている。〟

「依テ是ヲ天然自然ノ原則ト號ク。カマエテ天地ノ開闢ヲ神ナル創造ト迷信スル不可。」

〝以上は、「天地自然の原則」である。決してこの「天地の開闢」を「神による創造」などとする「迷信」におち入ってはならない。〟

天地宇宙にはすべて「創り」があり、「終り」があり、その例外はない。これは「天地自然の原則」であり、〝正体不明〟の「神」がこの宇宙を作った、などというのは、一個の「迷信」にすぎぬ。そう言い切っているのです。

同じ、この「東日流内三郡誌」の「次第序巻」に、「寛政五年」の「十月四日」として「天地開闢之事」が書かれ、そこには、

「西洋紅毛人トマス學士より傳ふ
飽田孝季」

とありますから、紅毛人からの「教示」にもとづいていること、確実ですが、一方彼が「荒覇吐祖神」について論及しているように、彼独自の「思想」ないし「宇宙認識」として〝結実〟していることもまた、疑えません。

特に、最後の「神による創造」説を「迷信」と呼んで一擲《いってき》しているところ、果して「西欧思想」の〝伝播〟なのでしょうか。西欧は「キリスト教単性社会」だからです。今後の研究を待ちたいと思います。

四

わたしが今回、重複を恐れず、あえてこの「秋田孝季、再論」の稿を書きはじめたのは、たった一つの目的からです。それは「寛政原本の全面公開」のためです。その全体を、日本国民の、否、全世界の

人々のための「無上の知的資産」として〝とりもどす〟ためなのです。今がその最高のチャンスです。その第一の理由、それはこの「寛政原本」が青森県の五所川原市、石塔山近辺、すなわち「国有地」に埋納されている可能性が高いことです。

かつて自民党の責任者（五所川原市）だった田沢吉郎氏（一九一八〜二〇〇一）、そのあと安倍晋太郎氏（安倍晋三首相の父親）の〝肝入《きも》り〟で、「国有地」の石塔山近辺が「神社祭祀の行事」のため、使用許可とされました。関係者御承知の通りです。

若干の「使用料」は、今も、和田喜八郎氏の娘の章子さんから毎年支払われているようですが、肝心の「毎年の神社祭祀」は行われていません。

時として行われても、それは関係者のみで（和田章子さん、竹田侑子さん等）、「国民全体」はおろか「県民全体」あるいは「市民全体」への〝呼びかけ〟ではないようです。とても「国有地」にふさわしいルールが行われている、とは言えないのです。

五

「和田家文書」という名前も、わたしの「命名」です。はじめは「秋田家文書」と呼んでいました。秋田孝季が三春藩（福島県）の藩主（秋田一季）からの依頼によって、この一大集成の事業をはじめたものだからです。その費用も、三春藩側の「費用」でした。その藩命にもとづいた活動の一端だったのです。「秋田家文書」とは「秋田一季」の「秋田」に拠ったものです。

ところが、わたしが「呼び名」を変え、「和田家文書」と言いはじめたのは、現在（十八世紀〜二十一世紀）の当文書の「管理者」が、和田家（吉次の子孫）に属していたからです。たとえば、親鸞の主著

『教行信証』の自筆本が「坂東本」と呼ばれているようなものです（関東の「坂東報恩寺」に所在していたため）。

ところが、この「呼び名」によって「誤解」が生じました。和田家の人々がこの全文書を「自家の私有物」のように〝思いはじめた〟のです。「偽作説、流行」の時期には、これとの「関係」を否定する傾向をとっていたのに、「偽作に非ず」となると、あたかも「私有財産」のように〝見なし〟はじめられたようです。人間に「財産欲」のあることは、当然至極で、まともな「権利」ですらあるでしょうが、そばから見ていると、一種の「？」（疑問）を禁じえません。

もちろん、わたしには「誰の所有」であろうがなかろうが、全く無関心です。ですから、（コピーの他）文化財を「私有」しないことを「信条」としてきました。

それとは別個に、わたしは思います。「この貴重な、寛政原本は全日本国民、否全世界の人々共有の知的財産として必ず公開されねばならぬ。」と。

これは先にあげた、原著者、秋田孝季の冒頭の一文からも明らかです。「流転の末代」に現われる、志ある人々（「聖者」）のために、是を記し置いた、というのですから、「誰々家の私有財産として」書いたものではないこと、あまりにも明瞭です。

今は、絶好のチャンスです。この「秋田家」は、かつて「安倍家」を名乗っていました。津軽を追われて「秋田」に移ってから「秋田姓」に変えたのです。

ですから、安倍晋太郎（父親）・安倍晋三（現首相）氏にとって、この「秋田家文書（和田家文書）」は、〝自家の貴重な祖先文書〟に他ならないわけです。

もちろん、今さら日本国家の首相が、〝自家の財産〟として当文書を「私有化」するとは考えられません。それは秋田孝季の志にも反しましょう。

明言します。「未公開の、『東日流内三郡誌』と『東日流外三郡誌』の『寛政原本』を、日本国民、そして世界の人類のために全面公開すべきである。」と。

安倍首相は、若い時「文化」に関心が深かった、と聞きます（映画監督志望）。断乎、この全面公開を行うとき、彼は日本の歴史上に不滅の名声をとどめることでしょう。

天はそのために、彼を日本国の首相にしたのです。

――二〇一三年十一月二十日――

古田武彦・古代史コレクション

既刊は本体二八〇〇〜三五〇〇円

〈既刊〉

① 「邪馬台国」はなかった
② 失われた九州王朝
③ 盗まれた神話
④ 邪馬壹国の論理
⑤ ここに古代王朝ありき
⑥ 倭人伝を徹底して読む
⑦ よみがえる卑弥呼
⑧ 古代史を疑う
⑨ 古代は沈黙せず
⑩ 真実の東北王朝
⑪ 人麿の運命
⑫ 古代史の十字路
⑬ 壬申大乱
⑭ 多元的古代の成立（上）
⑮ 多元的古代の成立（下）
⑯ 九州王朝の歴史学
⑰ 失われた日本
⑱ よみがえる九州王朝
⑲ 古代は輝いていたⅠ

〈続刊予定〉

⑳ 古代は輝いていたⅡ
㉑ 古代は輝いていたⅢ
㉒ 古代の霧の中から
㉓ 古代史をひらく
㉔ 古代史をゆるがす
㉕ 邪馬一国への道標
㉖ 邪馬一国の証明
㉗ 古代通史

俾弥呼——鬼道に事え、見る有る者少なし　古田武彦著　四六判四四八頁　本体二八〇〇円

真実に悔いなし——親鸞から俾弥呼へ　日本史の謎を解読して　古田武彦著　四六判四〇八頁　本体三〇〇〇円

◉ミネルヴァ書房

《著者紹介》

古田武彦（ふるた・たけひこ）

1926年　福島県生まれ。

旧制広島高校を経て，東北大学法文学部，日本思想史科において村岡典嗣に学ぶ。

長野県松本深志高校教諭，神戸森高校講師，神戸市立湊川高校，京都市立洛陽高校教諭を経て，
1980年　龍谷大学講師。

1984～96年　昭和薬科大学教授。

著　作　『「邪馬台国」はなかった――解読された倭人伝の謎』朝日新聞社，1971年。

『失われた九州王朝――天皇家以前の古代史』朝日新聞社，1973年。

『盗まれた神話――記・紀の秘密』朝日新聞社，1975年。

『古田武彦著作集　親鸞・思想史研究編』全３巻，明石書店，2002年。

『俾弥呼――鬼道に事え，見る有る者少なし』ミネルヴァ書房，2011年。

『真実に悔いなし――親鸞から俾弥呼へ 日本史の謎を解読して』ミネルヴァ書房，2013年，ほか多数。

シリーズ「古田武彦・歴史への探究」ミネルヴァ書房，2013年～。

古田武彦・古代史コレクション⑲
古代は輝いていたⅠ
――『風土記』にいた卑弥呼――

2014年４月20日　初版第１刷発行　〈検印省略〉

定価はカバーに
表示しています

著　者　古　田　武　彦
発行者　杉　田　啓　三
印刷者　江　戸　宏　介

発行所　株式会社　ミネルヴァ書房
607-8494　京都市山科区日ノ岡堤谷町１
電話代表　(075)581-5191
振替口座　01020-0-8076

共同印刷工業・兼文堂

ISBN978-4-623-06666-7
Printed in Japan

人名索引

あ　行

か　行

さ 行

た 行

や　行

ら　行

わ　行

事項索引

あ 行

か 行

さ　行

た　行

地名索引

あ　行

か　行

さ　行

た　行

な　行

は　行

ま　行

や　行

ら　行

わ　行